KB044692

일본의 근대사 왜곡은 언제 시작되는가

한일 근대사 속살 이야기

일본의 근대사 왜곡은 언제 시작되는가

박경민 지음

밥북
B·O·O·K

머리글 ·〰〰〰〰〰〰〰〰〰〰〰〰〰〰〰

55년간(1850~1905년)의 한일 근대사를 다룬 『한일 근대인물 기행』에 대한 독자들의 뜨거운 반응에 고무되어 이번에 『일본의 근대사 왜곡은 언제 시작되는가』를 출간하게 되었다. 작년에 출간된 『한일 근대인물 기행』이 그 시기를 치열하게 살다 간 핵심 인물들의 활약상을 통해 한일 근대사를 전반적으로 훑어보았다면, 이 책은 특별한 두 역사적 사건을 자세히 들여다보면서 우리가 모르고 지나쳤던 당시의 시대적 배경과 숨겨진 이야기를 발굴하는 데에 주안점을 두었다. 시대 상황과 역사적 맥점이 두 사건에 함축되어 있기 때문이다.

첫 번째 사건은 강화도조약(또는 병자수호조약)으로 귀결되는 조선의 역사적 개항에 관련된 것이고, 두 번째 사건은 동학농민운동 기간 중에 벌어진 일본군의 경복궁 점령 사건이다.

이 두 사건을 통해 독자들은 당시의 조선이 얼마나 국제정세에 어두웠는지, 통치 체제와 정책 결정 과정은 얼마나 전근대적이고 비효율적이었는지를 알게 된다. 반면 근대화를 시작한 일본이 두 사건을 통해 어떻게 주변국에 영향력을 키워 나가는지, 국가적 과제와 목표 달성을 위해 어떻게 국력을 집중하고 대처하는지, 팽창성과 침략성을 특징으로 하는 제국주의적 성향이 언제부터 어떻게 나타나는지 잘 알 수 있게 된다.

특히 경복궁 점령 사건에 관하여는 사건 발생 초기부터 지금까지 일본 정부가 사건을 축소하고 거짓 주장으로 일관하였기에 이 책에서 집중적으로 자세히 다루었다. 다행히 최근 20여 년간 양심적 일본인의 역사적 발굴이 이어져 한국 측의 일방적 주장이 아니라 종합적 분석과 정리가 가능해졌다. 그런 의미에서 이 사건은 일본 정부의 한일 근대사 왜곡의 시발점이라고 볼 수 있다.

이 책이 비록 『한일 근대인물 기행』의 분량 문제로 빠뜨렸던 부분에 대한 송구함을 만회하겠다는 의지로 탄생했지만, 중요한 역사적 맥점인 두 사건의 시대적 배경과 잘 몰랐던 이면의 자세한 이야기는 그간 상상할 수 없었던 전혀 새로운 과거의 세계로 안내할 것이다. 뜻밖의 장면들과 숨어있는 디테일의 연속된 출현으로 책을 읽는 내내 지적 호기심과 놀람이 반복되기 때문이다.

책이 나오기까지 많은 분들에게 신세를 졌다. 힘들 때마다 정신적 힐링과 안식처를 주신 하동 악양에 계신 박화식 형님, 지난 번 책에 대한 극찬과 함께 집필의 용기를 북돋아 주신 이용경 회장님, 표상기 회장님, 유재욱 회장님, 양기곤 회장님, 박치석 사장님께 감사드린다. 늘 격려를 아끼지 않은 최창렬 교수, 윤 학 변호사, 김경태 변호사, 심규철 변호사, 조대환 변호사, 김재국, 김학연, 신장섭, 김승재, 제갈 석, 그리고 표지 삽화로 책을 빛내준 신일용 화백과 교정에 참여해 준 이호성에게 특별한 고마움을 전한다.

외손녀 서연의 첫돌을 맞은 2023년, 가을
박경민

제1편

조선의 개항

제1장 일본과의 외교 및 교역

조선의 이웃 국가와의 전통적 외교 원칙은 사대교린이었다. 제후국 조선이 천자국 중국을 조공으로 섬기고[사대조공(事大朝貢)], 같은 급의 제후국 일본과는 이웃 친구처럼 사귄다[교린(交隣)]는 원칙이다. 개인적 신분에 따른 유교 윤리가 국가간으로 확장되어 중국과는 군신간의 윤리[군신유의(君臣有義)]가, 일본과는 친구간의 윤리[붕우유신(朋友有信)]가 적용된 셈이다.

고려 말~조선 초 왜구의 침입과 약탈로 고심하던 조선 정부는 1419년(세종 1년) 대마도 정벌을 한 후에 왜인과의 교역을 중단했다. 그러자 대마도주가 사신을 보내 왜구를 자체적으로 통제하겠다고 약속하며 교역을 할 수 있도록 간청했다. 이에 조선은 삼포[1]를 개항해 왜관을 설치하고 무역을 함과 동시에 대마도주가 보내는 사신에게 같은 제후국의 사신에 준하는 후한 대접을 하였다.

이들의 왕래가 잦아지고 요구 사항이 많아지자 조선 정부는 세견선(연간 허락한 무역선으로 대마도주의 특사가 오는 특송선은 제외) 50척과 세사미두(연간 하사하는 쌀과 콩) 200석 지급이라는 기준을 정하여(계해약조, 1443년, 세종 25년) 조선 전기 일본과의 통교 원칙으로 적용해 이후 약 90년간 평화롭게

---

1) 부산포, 제포(현 창원), 염포(현 울산).

일본의 근대사 왜곡은 언제 시작되는가

교역이 이루어졌다.

세월이 흐르며 왜인들의 특송선을 남용한 교역량은 늘어났고 반대로 조선의 부담이 커져 점차 대우가 소홀해지자 불만을 품은 왜인 수천 명이 삼포에서 난을 일으켰다. 부산포첨사[2] 등 조선인 272명이 사망하는 대규모 폭동이어서 관군이 출동해 이들을 제압한 후 삼포를 폐쇄했다(삼포왜란, 1510년, 중종 5년).

삼포왜란 이후 대마도주의 애절한 간청으로 특송선을 폐지하고 세견선을 25척, 세사미두를 100석으로 반감하는 등의 조건으로 제포 1곳만 개항하여 교역이 겨우 재개된다(임신약조, 1512년, 중종 7년). 그러나 이때부터는 교린이라기보다는 왜인 통제에 주안점이 주어져 조선 전기에 구축된 대일 통교 체제가 사실상 무너져 버렸다.

이후에는 늘어난 왜인의 교역 수요에 비해 턱없이 축소된 교역량, 사신의 지위에서 사실상 통제의 대상으로 전락한 왜인들의 지위 등 여러가지 불만이 누적되어 왜인의 소규모 폭동('왜변'이라고 한다), 조선 조정의 왜관 폐쇄 조치와 교역 단절, 대마도주의 간청에 의한 교역 재개가 반복된다.[3]

약 50년간 폐쇄된 왜관이 재개된 것은 임진왜란 후 집권한 도쿠가와 이에야스가 양국의 외교관계를 정상화하자며 요청한 강화 교섭 중인 때였다. 임진왜란으로 인한 대일 적개심이 극에 달해 있었지만 만주

---

2) 첨사(또는 첨절제사)는 거류하는 진(鎭)의 장으로서 수군절도사의 지휘를 받는 종3품 무관직.
3) 사량진왜변 1544년(중종 39년), 정미약조 1547년(명종 2년), 을묘왜변 1555년(명종 10년) 등.

의 여진족이 후금을 건국해 명과 조선을 위협하는 형세가 전개되자 조선으로서는 북방의 방위를 위해 남방의 안전이 절실한 문제로 대두되었고, 또한 임진왜란 중 잡혀간 조선인 포로들을 쇄환(송환)하는 문제도 일본의 협조가 필요한 현안이었다.

또, 임진왜란 종전 후 도쿠가와 이에야스의 에도막부 개설(1603년)을 전후하여 내치에 주력해야 할 일본의 신정권에게 조선과의 관계 정상화는 필수적이었다. 양국 정부의 이러한 절실한 사정이 맞물려 강화 교섭은 급진전되었다.

1601년, 부산 절영도(현 영도)에 일본 사신을 위한 임시 왜관이 만들어졌다. 이어 조선인 포로 송환을 위한 제1차 회답겸쇄환사(조선통신사) 파견 즈음에 조선 조정은 허술한 절영도 왜관을 폐쇄하고 두모포(현 부산광역시 동구 구청로 1)에 왜관을 설치했다(1607년).

강화 교섭에서 조선은 일본에 다음의 두 가지를 요구했다.

- 국교를 재개하자는 내용의 국서를 보낼 것
- 임진왜란 중 왕릉을 범한 도굴꾼을 포박하여 보낼 것

조선의 대일 적개심을 잘 알고 있는 에도막부가 임진왜란을 일으킨 도요토미 정권을 붕괴시켜 조선의 원수를 대신 갚아주었다는 명분과 함께 이 두 조건을 충족시키자 조선은 외교관계를 복원하기로 결정했다.

결국 쇼군 취임 축하사절과 같은 부정기적인 조선통신사를 파견하는 것 외에 왜관에서의 상설적 교역관계를 위해 기유약조(1609년, 광해군 1년)

일본의 근대사 왜곡은 언제 시작되는가

를 체결했는데 그 핵심내용은 다음과 같다.

> - 세사미두는 100석으로 한다.
> - 세견선은 20척(특송선 3척 포함)이며 대선 6척, 중선 7척, 소선 7척으로 한다.
> - 왜관에 입국하는 배는 쓰시마 번주가 발급한 문인을 소지해야 하며, 조선이 쓰시마 번주에게 만들어 준 도서가 첨부되어야 한다.
> - 문인이 없거나 두모포 외에 정박한 자는 적으로 간주한다.
> - 왜관 체류 시일을 선박별로 제한한다.

교역이 정상화 되자 주재 인원만 500~600명 되는 왜인들이 두모포 왜관이 좁고 정박시설의 풍향이 맞지 않아 불편하다는 불만을 수차 제기하였다. 이에 조선 조정은 왜관을 약 10만 평 규모의 초량왜관으로 이전시키고 왜인 거주구역을 엄격히 제한했다(1678년, 숙종 4년). 이때 동래부사 이복은 왜관에 주재하는 왜인의 활동 규제에 관하여 7개 항의 통제책(7조 약조)이 필요하다며, 이 통제책에 관하여 왜관 주재 일본인 관리가 아닌 쓰시마 번주 측과의 협의가 바람직하다고 조정에 건의하였다.

이에 따라 조선은 제5대 쇼군 도쿠가와 쓰나요시의 취임 축하를 위한 조선통신사 사행 편에 쓰시마번과 7조 약조를 확인한 후 이를 비각하기로 하고 이 약조를 범할 때는 즉시 처단하기로 결정하였다. 이 외에도 사신과 세견선 숫자를 축소하고 사신의 왜관 체류일을 한정하는 등의 성과도 거두었다(임술약조, 1682년, 숙종 8년).

1682년, 동래부사 남익훈은 7조 약조를 비각하기에는 너무 글이 많다고 판단하여 이를 통폐합하여 5개 조문으로 축약했다. 다음 해 이를 돌에 새겨(『약조제찰비』) 왜관 내에 여러 곳에 세웠는데, 이 해가 계해년(1683년, 숙종 9년)이라 이를 『계해약조비』라 하기도 한다(세종 때의 계해약조와는 다른 내용이다).

아래는 현재 부산시립박물관에 보존되어 있는 『약조제찰비』의 내용이다.

> 가. 금표로 정한 경계 밖으로 대소사를 막론하고 제멋대로 넘어 나오는 자(난출자)는 죄로 다스릴 것.
>
> 나. 왜채(왜인에게 돈을 차용하는 행위)를 주고받다가 현장에서 체포되면, 준 자와 받은 자 모두 죄로 다스릴 것.
>
> 다. 개시(거래를 위해 시장을 여는 행위)할 때 각 방에 몰래 들어가 숨어서 매매하는 자(밀무역자)는 피차 모두 죄로 다스릴 것.
>
> 라. 오일잡물(5일마다 지급하는 생필품) 지급 시 왜인은 색리(色吏, 곡물 출납관의 심부름꾼), 고자(庫子, 창고지기), 소통사(小通事, 훈도와 별차[4]를 보좌하는 하급 통역사) 등을 끌고 다니며 구타하지 말 것.
>
> 마. 피차 양쪽의 범죄인은 모두 왜관 문 바깥에서 처형할 것.
>
> - 왜관에 있는 사람으로서 만약 일용품을 마련코자 한다면 왜관의 사직(관리)에게 알린 다음 통찰(통행증)을 가지고 훈도와 별차가 있는 곳에 왕래할 수 있다.
>
> - 각 조의 제찰을 써서 왜관 안에 세워 두어 이 내용을 밝게 살피도록 하라.
>
>   - 계해년 6월

---

4) 훈도는 역관 등 전문직으로서 지방 훈도는 종9품이며, 별차는 왜관 개시 때의 통역인.

                                        일본의 근대사 왜곡은 언제 시작되는가

◇ **약조제찰비**(約條制札碑)
(소장: 부산시립박물관)

약조제찰비의 첫 조문이 난출 금지 조항이며 이를 위반하면 왜관 밖에서 처형된다는 점에서 알 수 있듯이, 조선은 일본과의 외교관계에서 시혜적 입장으로 초량왜관을 설치해 운영하되 내륙 및 일반 조선인과 철저히 단절 통제하는 쇄국책을 최우선으로 삼고 있었다.

제2장 메이지 신정부의 새로운 외교관계

제1절 동아시아의 신국제질서

도쿠가와 이에야스가 세운 에도막부를 끝으로 700년간 쇼군이 통치하던 막부 정권이 삿초동맹[1]에 의해 무너지고 1868년 초 메이지 천황의 친정이 시작되자, 메이지 신정부는 이웃 국가 청, 조선과도 새로운 외교관계를 수립하고자 하였다. 동아시아에서 중국 중심의 전통적 사대교린 체제를 전제로 한 그간의 막부 정권의 외교를 쇼군이 아닌 천황이 주체가 되어 근대적 외교로 탈바꿈하고자 한 것이다.

이에 따라 청과 대등한 근대조약 체결을 원하는 일본은 청의 의사를 타진하기 위해 1870년 8월, 비공식 사절을 청에 보냈다. 양국이 단속과 관리의 필요성을 느낀 상하이 거류 일본 상인과 나가사키 거류 청 상인의 문제 등을 상하이에서 논의한 후, 톈진으로 이동해 직예총독 겸 북양대신 이홍장을 접견하고 수호통상을 요구했다.

---

1) 앙숙 관계였던 사쓰마번(현 가고시마현)과 조슈번(현 야마구치현)이 에도막부 타도를 위해 극적으로 체결한 정치적·군사적 밀약(1866년). 이를 기반으로 에도막부가 몰락하고 왕정복고 및 메이지유신이 이루어졌다.
삿초동맹과 메이지유신에 관한 자세한 스토리는 『한일 근대인물 기행』의 88~123쪽을 참조.

일본의 근대사 왜곡은 언제 시작되는가

일본의 요구에 청 조정은 찬성파와 반대파로 갈렸다. 베이징에 있는 청 황제 참모들의 논리는 일본과의 수호통상조약이 결국 수천 년간 동아시아에서 유지된 청의 조공 책봉 체제가 무너짐을 의미하고, 이는 청이 누렸던 패권국에서 내려와 스스로 약소국임을 인정하는 것이기에 절대 수용할 수 없다고 했다.

그러나 이홍장은 일본의 요구를 거절할 때 일본이 서구열강과 합세할 가능성이 있고, 또 일본은 조선이나 월남과 같은 속방이 아니므로 조공 책봉 체제와는 아무 상관이 없다고 주장했다. 당시 제2차 아편전쟁(1856~1860년)과 톈진사태(1870년)2) 등으로 서구열강에 줄곧 시달리고 있던 청의 상황에서는 일본의 요구를 수용해 일본을 청의 영향권 하에 둠으로써 오히려 서구열강에 공동으로 대항할 수 있다고 강조했다. 동치제를 섭정하는 서태후는 이홍장의 의견을 받아들여 메이지 천황이 공식 사절(전권대신)을 보낸다면 수호통상을 의논하겠다고 결정하고 이홍장에게는 대비책을 준비하라고 명했다.

메이지 신정부 수립 이후 전권대사를 파견하는 것은 처음이어서 일본은 대단하게 부산을 떨었다. 1871년, 우와지마번(현 에히메현) 번주 출신의 대장경(재무대신) 다테 무네나리를 전권대사로 임명하고 대일본국새를 새로 만들어 지참할 국서에 찍었다.

---

2) 톈진 개항 후 프랑스 등 서양의 적극적 선교 활동에 반감을 가진 톈진 시민 수만 명이 교회를 습격해 수십 명의 서양인과 신도를 살해한 폭동이 발생했다. 프랑스를 비롯한 서구열강은 톈진으로 군함을 파견해 무력시위를 벌이며 책임자 처벌과 손해배상을 요구했다. 전쟁을 피하기 위해 서양 열강의 주장을 수용한 직예총독 증국번에 대한 분노의 여론이 들끓자 서태후는 증국번을 해임하고 후임에 이홍장을 임명했다.

천황 명의로 중국 황제에게 국서를 보내는 것은 일본 역사에서 고대 천황제 이후 처음이다. 숙의를 거듭해 확정한 국서의 내용은 다음과 같다.

> "대일본국 천황이 대청국 황제에게 공경히 아룁니다. 지금 세계에서는 국제교류가 날로 융성해지고 있습니다. 우리나라는 이미 구미 여러 나라와 수호통상하고 있으니 이웃한 귀국과 같은 나라와 더불어 친선의 예를 닦는 것이 진실로 마땅합니다. 그렇지만 아직 사신과 폐백을 보내 화호를 맺지 못해 심히 유감으로 생각합니다. 이에 특별히 대장경 다테 무네나리를 귀국에 파견해 성신을 통하고 아울러 전권으로서 편의에 따라 일을 처리하게 하려 합니다. 귀국은 교의를 생각하고 인호를 돈독히 해 즉시 전권대신을 파견해 함께 협상해 조약을 체결하기 바랍니다."

1871년 6월, 톈진에 도착한 다테 무네나리(54세)의 상대는 이홍장(49세)이었다. 6월 9일, 상견례를 시작으로 두 사람은 본격적인 협상으로 들어갔다.

협상의 최대 쟁점은 '양국의 관계를 근대조약으로 할 것인가, 종전의 조공 책봉 체제로 할 것인가'였다. 다테 무네나리는 "청이 이미 서구와 맺은 것과 동일한 형식과 내용으로 일본과도 수호통상조약을 맺어야 한다"라고 주장했다. '대일본국 천황과 대청국 황제'가 대등한 주체로서 조약을 맺으며 통상권과 영사재판권도 요구했다.

이에 대해 이홍장은 "청의 입장에서 서구와 일본은 여러 면에서 다르므로 동일한 근대조약을 맺을 수 없다"라는 논리였다. 예를 들면,

◇ 이홍장 (출처: 위키피디아 중국어판)　　　　◇ 다테 무네나리 (출처: 위키피디아 일본어판)

"청의 상선이 서구에는 왕래하지 않지만 이미 일본과는 자주 왕래하는 현실을 고려하면 청과 일본의 수호통상은 서구와는 다른 형식과 내용으로 맺는 것이 맞다"라고 주장했다. 한발 더 나아가 이홍장은 "청과 일본은 같은 동아시아 국가로서 힘을 합해 서구열강에 대항해야 할 공동의 운명이므로 서구의 근대조약을 무비판적으로 적용하는 것은 옳지 않다"라는 것이다.

이런 입장에서 이홍장은 2개 조항의 조문을 강력히 요구했다. 하나는 "양국 중 일방이 제3국으로부터 불공정한 일을 당하거나 무시당하는 일을 당하면 상대방은 서로 돕거나 중간에 개입해 주선함으로써 우의를 돈독히 한다"이고, 또 하나는 "양국에 속한 방토도 서로 예로써 대하고 상호 간에 침략하지 않는다"였다. 방(邦)은 제후국 또는 속방의 영토를 말하고, 토(土)는 본국의 영토라는 의미다. 따라서 이 조항은 일본이 청의 본토는 물론 조선, 류큐, 월남과 같은 청의 속방도 침략하지 말아야 한다는 뜻이다.

아울러 이홍장은 체결의 당사자를 '대일본국 천황과 대청국 황제'가 아닌 양국의 전권대신으로 주장했고, 내지 통상과 영사재판권 요구도 거부했다.

한 달이 넘는 협상 끝에 1871년 7월, 마침내 앞서와 같은 이홍장의 주장이 대부분 반영된 청일수호조규와 통상장정이 양국의 전권대신 사이에 조인되었다. 명칭이 조약이 아니라 조규인 데서 알 수 있듯이 완전한 근대조약의 형식은 아니었지만 내용 면에서는 대등한 관계를 바탕으로 영사재판권 등을 반영하여 일본의 입장이 어느 정도 절충된 내용이었다.

이로써 동아시아에서는 고대 이래로 유지되었던 중국 중심의 조공 책봉 체제가 무너지고 일본이 신흥패권국으로 부상하는 새로운 국제 질서가 형성되기 시작했다.

일본의 근대사 왜곡은 언제 시작되는가

제2절 조선에 대한 국서 전달 시도

◇ **「초량왜관도」**, 18세기 무렵 추정, 작가 미상.

한편 1868년 말, 메이지 천황은 종전 에도막부 시대의 외교 루트인 쓰시마를 통해 조선에 국서를 보냈다. 일본인들은 일단 막부 때의 관행대로 초량왜관의 훈도 안동준에게 다음의 문장으로 시작하는 국서를 전달했다.

> 요즈음 대일본국은 시세 일변하여 대정이 **황실**에 귀의하였습니다. 귀국과의 정의가 돈독하므로 귀국에 별사를 파견하여 그 전말을 알리고자 하니 양해하시기 바랍니다.

그러나 국서의 내용에는 종전 쇼군의 국서에는 없던 '황(皇)', '칙(勅)' 같은 황제를 의미하는 용어가 있었을 뿐 아니라, 날인된 인감도 조선 정부가 인정한 것이 아니어서 훈도는 관례에 어긋난다는 이유를 들어 접수를 거부했다.

쓰시마인들은 1년 넘게 초량왜관에 머물며 국서를 접수시키려 했으나 훈도는 물론 부산포첨사(종3품 무관), 동래부사(정3품 문관)도 요지부동이었다. 물론 이들은 중앙 정부의 방침인 흥선대원군의 쇄국정책에 따랐을 뿐이었다.

1870년, 일본 천황은 다시 조선에 국서를 보냈는데 이번에는 외무성 관리 3명을 함께 파견했다. 이들은 11월 초량왜관에 도착해 1년 정도 머물며 훈도, 부산포첨사, 동래부사와 국서 접수를 위해 줄다리기를 했지만 소용없었다.

1871년 말, 천황은 외무성 관리들을 추가로 파견하며 또다시 국서를 보냈으나 마찬가지였다. 다음 해 5월까지 기다린 그들이 들은 답변은 다음과 같았다.

"나라 안에서 널리 의논을 들어본 다음에야 답을 줄 수 있다는 것이 조정의 명령인데 그 기한은 예약할 수 없습니다."

쓰시마인을 통한 국서 접수 시도로부터 3년 6개월, 첫 외무성 관리가 도착해 주재한 날부터 1년 6개월이 경과했고, 추가로 온 외무성 관리들까지 합세해 왜관 내에서 순리대로 국서를 접수하고자 한 노력에도 불구하고 접수가 계속 거부되고 언제 조선의 답변을 받을지도 모르는 게 확실해지자, 마침내 이들은 행동을 개시한다.

일본의 근대사 왜곡은 언제 시작되는가

1872년 5월 27일 새벽, 훈도 안동준은 관수왜(왜관의 일본인 최고 관리자)로부터 급히 만나자는 연락을 받는다. 다음은 오전 6시경 초량왜관으로 들어간 안동준이 관수왜와 나눈 대화를 복원한 것이다.

> **관수왜**: 일본 외무성 외교관이 동래부사와 면담하기 위해 외교문서를 가지고 온 지 이미 오래지만 아직 접수도 못 했습니다. 부득이 관련자들과 함께 동래부로 가서 직접 동래부사에게 접수시키고자 합니다.
>
> **안동준**: 교린에는 자고로 규범이 있습니다. 외무성의 외교관이 동래부사와 면담하는 것은 전례가 없을 뿐만 아니라 난출 금지는 약조에도 있습니다. 그런데도 갑자기 난출하겠다고 하니 이것이 어찌 성신의 도리란 말입니까?
>
> **관수왜**: 우리도 금법이 있음을 잘 압니다. 그러나 우리나라는 관백이 혁파된(막부의 멸망과 왕정복고를 의미) 이후 외무성을 설치해 새로 조선과 수호하게 했습니다. 이에 외무성 외교관이 그 뜻을 직접 동래부사에게 전하려 했지만 아직도 못하고 있습니다. 이는 실무자가 잘 주선하지 못했기 때문입니다. 간절히 요청하고자 외교문서를 가지고 죽음을 무릅쓰고 나가겠습니다.
>
> ― 『각사등록』 경상도편 2, 「동래부계록」 8,
> 장계: 발신자 동래부사 정현덕, 수신자 승정원, 동치 11년(1872년) 5.27.

관수왜가 진짜 난출할 기세를 보이자 훈도 안동준은 어쩔 줄 몰라 부산포첨사에게 대책을 물었고, 첨사는 "약조를 들어 잘 설득하라"는 명령만 내렸다. 자물쇠와 문을 부순 일본인들은 난출을 감행해 동래부로 향하기 시작했다.

문밖에 군사들이 지키고 있었지만, 외교관들을 포함한 일본인 56명전부를 무력으로 체포해 『약조제찰비』에 각인된 약조대로 사형에 처하려면 전쟁을 각오해야만 했다. 말로 타일렀지만 소용없었고 난출한 일본인들이 동래부 방향으로 가는 것을 보면서 군사들은 이러지도 저러지도 못했다.

난출 보고를 받은 첨사는 일단 군사를 징발하고 경유지인 두모포와 개운포의 만호(종4품의 외직 무관)에게 명령해 일본인들을 막도록 했으나 죽음을 무릅쓴 이들을 막을 수가 없었다. 만호나 첨사 역시 전쟁 위험을 감수할 엄두가 안 났기에 시간을 끄는 전략을 택했다. 첨사와 만호는 길을 막으며 일본인들을 설득했다. 왜관에서 동래부까지 30리 길 곳곳에서 조선군과 난출한 일본인 사이에 길을 막거나 또는 같이 가면서 지루한 논쟁이 반복되었다.

이들은 나흘만인 6월 1일 오후 8시경, 동래부에 도착했다.

동래부사 정현덕은 난출인들을 동래부 별관에 머물게 했지만 접견하지는 않았다. 정현덕은 그들이 제풀에 지쳐 돌아가기를 기다렸다. 그 사이 훈도 안동준과 별차 고재건은 난출 책임으로 파면되고 후임자로 현풍서와 한인진이 임시 훈도와 별차에 임명되었다.

6월 6일에도 아무 소식이 없자 일본인들은 훈도 현풍서에게 면담을 요청했고, 현풍서와 한인진이 이에 응했다.

"우리들이 법을 어기고 난출한 이유는 오직 외교문서를 전달하고 사정을 직접 설명하기 위해서입니다. 그래서 부득이 이럴 수밖에 없었습니다."

일본의 근대사 왜곡은 언제 시작되는가

난출인들의 어투는 한결 누그러져 있었다. 보고를 받은 동래부사는 잘 설득해 돌려보낼 수 있겠다고 판단해 다음과 같이 설득하라고 현풍서에게 지시했다.

> "교린의 약조가 밝게 갖춰져 있으니 약조 이외에 무슨 면담할 일이 있겠습니까? 그런데도 난출했으니 몹시 놀랍습니다. 또한 연향(연회) 때 서로 접촉하는 것 외에는 사사로운 면담을 못 하는 것이 예로부터의 관행입니다. 사정을 잘 알면서도 이런 일을 벌였으니 천만 번 하소연해도 들어줄 도리가 없습니다. 다시 번거롭게 하지 말고 속히 돌아가십시오."

더 있어 봤자 희망이 없다고 판단한 일본인들은 곧 동래부를 떠났다. 4시간쯤 후에 초량왜관에 들어감으로써 난출사건은 발생 9일 만에 일단락되었다(신명호, 「[신명호의 근대 동북아 삼국지 (5)] 메이지 천황의 외교관들, 초량왜관을 난출하다」, 『월간중앙』 2017년 5월호).

이 난출 행위로 인해 계해약조(『약조제찰비』)는 사실상 파기되고, 이후 일본의 정국과 조선의 외교관계에 각각 엄청난 후폭풍을 몰고 오게 된다.

제3절 정한론 파동

일본의 국서에는 종전과 달리 일본 통치자가 황제임을 의미하는 황, 칙 등의 표현이 있어서 조선이 이를 접수하면 일본 군주를 황제로 인정하는 꼴이 되어 조선의 국격이 졸지에 낮아지는 문제점이 있었다. 더 근원적으로 살펴보면 오랜 세월 조선은 중국의 제후국으로서 중국 황제에 조공하되 조선왕은 내정의 자율권을 보장받았고 일본과는 동등한 입장에서 교린 관계를 맺은 것이기에 일본의 국서를 수리하는 순간 그간 유지된 동아시아의 근본적 국제질서가 무너지는 것이다.

게다가 병인양요(1866년)를 겪은 후 쇄국정책을 더욱 강화한 조선의 정세로서는 변화된 일본의 국서를 받아들일 여지가 전혀 없었다.

메이지 신정부가 요청한 국서의 접수가 계속 거부되자 천황 및 신정부의 위신이 손상되었다고 생각하고 있던 차에 이를 더욱 자극하는 사건이 발생한다.

1873년 5월, 일본 외무성은 초량왜관에 파견된 외교관으로부터 보고를 받았는데, 동래부사가 메이지 신정부를 모욕하는 문서를 왜관에 게시했다는 것이다. 난출 등 계해약조를 범하는 일본인들의 행위에 대해 "요사이 저들이 하는 짓을 보니 가히 무법지국이라 할 만하다"라는 표현이 동래부사의 게시문에 들어있었다. 근대화로 치닫고 있는 메이지 신정부를 '무법지국'이라 한 내용이 알려지자 일본인들은 이를 일본과 천황에 대한 모욕으로 간주해 파병 여론이 들끓게 된다.

파병 여론, 즉 정한론이 거세지자 천황은 태정대신[1] 산조 사네토미에게 조선에 먼저 파병하는 게 좋을지, 먼저 사절을 파견하는 것이 좋을지 논의해 보고하라는 칙명을 내렸다.

18세기 후반부터 지식인들에게 신지식으로 자리 잡은 국학[2]의 영향으로 국학자들에 의한 정한론이 주장된 적이 종종 있었지만 이는 재야 학자들에 의한 무책임한 일방적 주장에 불과했다. 그러나 이번의 정한론은 천황을 포함하여 국가정책을 주무르는 고급 관리들에 의해 숙고와 논의가 이루어졌다는 점에서 종전과는 전혀 차원이 다른 문제였다.

산조가 회의를 소집해 참의(국무위원)들의 의견을 물은바, 비주류인 도사번(현 고치현) 출신과 히젠번(현 사가현) 출신의 참의들이 즉각적인 전쟁을 주장했다.[3]

그러자 유신 3걸[4] 중 한 사람인 사이고 다카모리는 먼저 사절을 파견한 후, 여의치 않으면 그때 토벌을 하자면서 자신을 사절로 보내달라고 강력하게 주장했다.

자신이 사절로 가더라도 조선이 국서를

◇ 사이고 다카모리
(출처: 위키피디아 일본어판)

1) 메이지 정부의 내각제 도입 전 태정관제 하에서의 최고위직으로 내각제의 총리대신에 해당함.
2) 18세기 중반부터 오랜 기간 일본의 지배적 주류 사상이었던 불교와 유교를 외래의 것이라 비판하고 일본의 독자적 문화와 사상을 고전 및 고대사 연구를 통해 재발견해 일본의 우월성을 주장하는 학자들이 등장했다. 이들 국학자들은 8세기에 편찬된 고사기와 일본서기에 기록된 신화와 전설을 역사적 사실이라 주장하고 '일본은 신국이다', '신공황후가 삼한을 토벌했다'는 임나일본부설', '만주토벌과 정한론' 등을 주장했다.
3) 도사번 출신의 참의는 이타가키 다이스케, 고토 쇼지로 등이었고, 히젠번 출신의 참의는 소에지마 다네오미, 에토 신페이 등이었다.
4) 메이지유신에 혁혁한 공을 세운 조슈번의 기도 다카요시, 사쓰마번의 사이고 다카모리와 오쿠보 도시미치 3인을 일본인들은 흔히 '유신 3걸' 또는 '메이지유신 3걸'이라 한다.

수리할 가능성은 없다고 보았기에, 조선을 자극해 자신을 죽이게 만들거나 여의치 않으면 할복을 하든가 하여 자신의 도발로 전쟁의 명분을 만들려는 정략이었다. 1873년 초 징병제령 발표로 특권과 직업을 잃은 사무라이(사족)의 극심한 반발과 불만에 대한 탈출구로서 조선과의 전쟁이 필요하다고 사이고는 일본의 정국을 분석하고 있었다.

단계적 절차를 밟자는 점에서 즉각적인 전쟁론자들보다는 합리적이라 여겨졌고, 무엇보다도 메이지유신을 이끈 유신 3걸 중 육군 대장 및 근위도독을 겸하고 있는 실세 참의가 자신의 희생을 전제로 한 계책을 묵직하게 얘기하는 순간 좌중은 압도될 수밖에 없었다.

그러나 전쟁을 피하려는 천황의 의중을 읽은 태정대신 산조는 결정을 차일피일 미루었다. 사이고의 독촉에 못 이겨, 유럽에 시찰 중인 이와쿠라 사절단 일부를 급거 귀국시켜 그들의 의견을 듣고 결정하는 것으로 천황의 칙허(勅許)를 얻었다.

당시 메이지 신정부는 서구 따라잡기를 통한 조속한 근대화에 진력하고 있었다. 오늘날의 장·차관과 국장에 해당하는 신정부의 핵심인사 중 약 절반에 가까운 이와쿠라 사절단을 2년 가까이(1871.11.~1873.9.) 미국과 유럽 등에 장기 체류시키면서 서구의 선진문물을 체험하도록 하고 있었다. 이와쿠라 도모미, 기도 다카요시, 오쿠보 도시미치, 이토 히로부미 등 사절단이 귀국하면 틀림없이 섣부른 전쟁을 반대할 것이 분명하다고 산조는 판단했다.

1873년 7월 말, 기도 다카요시, 오쿠보 도시미치에 이어 외무대신 소에지마 다네오미가 귀국하자 사이고는 8월 초에 산조에게 촉구 서신

◇ 1872년, 메이지 4년 12월, 런던에 체류 중인 이와쿠라 사절단 지도부의 모습. (출처: 위키피디아 일본어판)
왼쪽부터 기도 다카요시, 야마구치 마스카, 이와쿠라 도모미, 이토 히로부미, 오쿠보 도시미치

을 보냈다. 산조의 반응이 없자, 중순에는 사이고가 산조를 직접 방문해 각의 결의를 재촉구했다.

산조는 어쩔 수 없이 각의를 소집했다(8.17.). 그러나 산조의 기대와는 달리 귀국한 기도와 오쿠보가 불참하는 바람에 각의에서 사이고를 제지할 사람이 없어 사절파견이 결정되었다. 각의의 결과를 보고받은 천황은 이례적으로 "사이고의 사절파견은 이와쿠라가 귀국하기를 기다려 숙의한 후 다시 보고하라"는 칙명을 내렸다.

9월 중순, 이와쿠라 도모미가 이토 히로부미와 함께 귀국했다. 산조는 이와쿠라와 논의하여 10월 중순 각의를 개최하였다. 와병 중인 기도 다카요시를 제외한 모든 참의가 참여한 각의에서 사절파견을 놓고 이와쿠라 도모미와 사이고 다카모리는 격렬한 논쟁을 벌였다.

이와쿠라는 러시아와의 사할린 영토 문제, 미야코지마 주민 피살 사건(혹은 대만의 모란사사건, 1874년, 33쪽 참조.), 조선 사절 파견 등 3건의 외교 당면현안을 열거한 후 이들이 모두 국가 중대사이기는 하나 우선순위를 정해서 일을 처리해야 하며, 사할린 영토 문제를 해결해 러시아와의 국경을 확정하는 것이 우선이라고 주장했다. 러일화친조약(1855년)에 의해 러시아와의 공동 관리 지역으로 남아있는 사할린에서 러시아인과 일본인과의 분쟁이 종종 발생하고 있었기 때문이었다.

이에 대해 사이고는 조선에 사절을 파견하는 문제는 천황 폐하의 위신이 걸려있는 중대한 문제이므로 최우선이라고 주장하고, 만에 하나 사할린 사건 해결 후 조선 사절문제를 해결하고자 한다면 마땅히 자신을 먼저 러시아 사절로 보내달라고 했다. 이에 대해 이와쿠라는 사할린 사건은 외무경 소관이며 러시아 정부와의 협상에 시일이 걸리는 일이니 그동안 마땅히 내치를 정비하여 국력을 양성해야 한다며 사이고의 주장을 배척하였다.

태정대신 산조 사네토미가 다른 참의들 의견을 물어보니 사이고에 동의하는 참의들이 더 많았다. 산조는 결정을 내리지 않기 위해 합의가 이뤄지지 않았다고 발표하며 이날 회의를 종료했다. 그러나 다시 각의를 연 다음 날 결국 사이고와 다수의 주장을 수용하는 방향으로 결론을 낼 수밖에 없었다.

그러자 불똥이 엉뚱한 방향으로 튀었다. 이와쿠라 도모미가 출근을 거부하고 기도 다카요시와 오쿠보 도시미치가 사의 표명을 한 것이다. 천황의 의중과 사이고 등 강경파 사이에서 이러지도 저러지도 못한 산조 사네토미는 각의 결정을 천황에게 보고하지 않은 채 시간을 벌며 사태를 해결하고자 했으나 그의 정치적 역량은 거기까지였다.

10월 중순 어느 날 밤, 산조는 이와쿠라의 집을 방문했다. 허심탄회하게 얘기하며 이와쿠라를 설득하려 하였으나, 이와쿠라는 오히려 한 발 더 나아가 우대신을 사직하겠다고 했다. 이미 사의 표명을 한 기도와 오쿠보까지 포함하면 메이지 신정부를 움직이는 태정관의 핵심 실세 5인[5] 중 3인이 사표를 낸 셈이다.

막부를 무너뜨리고 메이지유신까지 강철대오를 형성하며 일사불란하게 움직였던 개혁추진 세력이 양분되고 말았다. 이념이나 노선의 차이라기보다는 내부 권력투쟁의 성격이 훨씬 더 강했다. 온건파는 이와쿠라를 필두로 기도, 오쿠보, 이토 등이었으며 강경파는 사이고와 비주류 번 출신의 참의들[6]이었다. 비주류 번 출신의 참의들은 삿초(사쓰마번과 조슈번) 출신들이 주도하는 정계의 판도를 변화시키고자 하는 욕구가 강했다.

정한론 파동의 결과는 흔히 '메이지 6년의 정변'으로 불리는 일본 정치사의 대변혁으로 귀결되었다. 태정대신 산조 사네토미가 병석에 눕고 이와쿠라 도모미가 태정대신 역할을 대리하게 되었다. 천황이 산조에게 병문안까지 가는 이 같은 방책은 꽉 막힌 정국을 푸는 묘수로 이토 히로부미가 제안했다는 설이 있다.

---

5) 태정대신 산조 사네토미, 우대신 이와쿠라 도모미, 유신 3걸(참의 사이고 다카모리, 오쿠보 도시미치, 기도 다카요시).
6) 이타가키 다이스케, 고토 쇼지로, 소에지마 다네오미, 에토 신페이 등 삿초(사쓰마, 조슈) 이외의 번 출신 참의.

정한론을 주장한 강경파는 몰락하여 사직하고 낙향할 수밖에 없었다. 이는 이와쿠라 도모미, 기도 다카요시, 오쿠보 도시미치, 이토 히로부미 등 기존 주도세력의 권력을 더욱 강화시키면서 정계에서 정한론은 잦아들었다. 정한론 파동에서 밀려난 강경파는 이후 신정부에 무력으로 반항하는 부류와 자유민권 운동파의 두 부류[7]로 갈려 향후 일본 정국에 큰 영향을 끼치게 된다.

일본의 정한론 파동이 정점을 지날 무렵 그 대상이 되는 조선에서는 이러한 이웃 국가의 동향을 전혀 모른 채 오직 흥선대원군의 권력 유지와 고종의 친정 개시 여부 등 권력 다툼에만 집중하고 있었다는 점이 우리에게는 매우 뼈아픈 대목이다.

---

7) 초대 사법경을 역임한 에토 신페이에 의한 사가의 난(1874년), 폐도령 발표와 강제적 금록공채증서 발행으로 무사들에 대한 가록 지불이 중단되자(1876년) 일어난 신푸렌의 난, 아키즈키의 난, 바키의 난과 메이지 신정부 마지막 반란인 사이고 다카모리에 의한 세이난 전쟁(1877년) 등이 전자에 해당한다. 도사번 출신의 참의에서 사직한 이타가키 다이스케, 고토 쇼지로, 소에지마 다네오미는 1874년 '민선의원건립건백서'를 통해 삿초 중심의 주류 독재에 반발해 민선의원의 설립을 주장했다. 국민들을 계몽하며 국회개설운동과 정당정치를 추진한 세력인 후자가 재야에서 정부와 대립하며 전개한 정치사회운동을 자유민권운동이라 한다. 확산되는 자유민권운동에 의해 결국 1881년, 제1차 이토 내각은 9년 후(1890년) 국회를 개설하겠다고 공표할 수밖에 없었다.
정한론 파동과 이후 일본 정계의 변화에 대한 상세한 내용은 『한일 근대인물 기행』의 114~119쪽과 152~174쪽을 참조.

일본의 근대사 왜곡은 언제 시작되는가

제4절 대만 침공

류큐왕국(琉球王國, 현 오키나와현)은 명나라 때부터 중국의 속국으로 국왕은 중국의 책봉을 받아왔다. 조공무역을 허가받은 횟수는 속국 중 가장 많았다. 중국은 오랫동안 일본과의 무역을 거절했으므로 류큐왕국이 중간에서 3국 무역으로 막대한 이익을 얻었다. 일본의 에도막부는 류큐왕국이 중계무역의 거점으로 번성하고 있음을 잘 알고 있었다.

1609년, 에도막부의 사쓰마번은 3천 명의 병력을 파견하여 류큐왕국의 수도 슈리성을 공격해 국왕을 포로로 잡아갔다. 이후 류큐왕국은 중국과 사쓰마번 양쪽의 속국이 된다. 한편으로는 중국의 책봉을 받고 조공무역을 진행하면서 동시에 국정은 일상적으로 사쓰마번의 통제를 받게 되었다. 중국을 두려워 한 사쓰마번은 이 사실을 중국에는 비밀에 부치도록 단속하고 류큐왕국이 조공무역으로 중국에서 얻은 이익을 편취해 오고 있었다.

1. 미야코지마 주민 피살 사건[1]

류큐왕국은 미야코지마(宮古島)를 포함하여 오키나와 섬에서부터 대만에 이르는 작은 섬들로 이루어진 왕국이었다. 오키나와 섬 북동쪽의 섬들은 가고시마현(종전의 사쓰마번) 관할이었다.

---

1) 일본에서는 미야코지마 조난 사건, 류큐 어민 살해 사건, 대만 사건 등으로도 불렸다. 대만에서는 팔요만 사건 또는 모란사 사건이라고 한다.

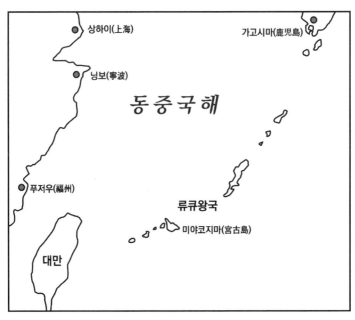

◇ 동중국해 지도

1871년 10월, 류큐왕국의 미야코지마에서 수도로 공물을 바치고 오던 산원호가 태풍을 만나 대만 동남부 팔요만(현 대만 구붕만)으로 표류했다. 미야코지마는 대만과 류큐의 수도 중간에 위치한 섬으로, 예로부터 태풍으로 대만에 표류하는 일이 잦았다.

69명의 선원 중 3명은 익사하고 66명이 대만에 상륙했다. 생존자들은 대만의 원주민인 파이완족(고산족의 한 부류)과 의사소통이 잘되지 않아 도주했으나 파이완족은 이들을 추적해 54명을 살해했다. 나머지 12명은 가까스로 탈출해 청나라 관청에 구조를 요청했고 관례에 따라 청은 이들을 복건성 푸저우의 유구관으로 보내어 돌본 후 배를 태워

고향에 돌려보냈다.

류큐왕국이 이 사건을 가고시마현에 보고함으로써 일본 정부가 이 사건을 알게 되었다. 그해 메이지유신의 폐번치현[2] 조치로 인해 사쓰마번은 이미 가고시마현으로 바뀌어 있었기에 일본 입장에서 류큐왕국은 가고시마현에 예속되어 있었다. 1872년, 일본 정부는 일방적으로 류큐왕국을 폐지하고 류큐번으로 격하시킨 뒤 1879년에는 오키나와현으로 완전히 일본 영토에 편입시킨다.

류큐왕국의 미야코지마 주민 피살사건은 당시 국제법적으로 매우 복잡한 사건이었다. 류큐왕국과 대만 원주민 고산족의 성격이 애매모호했기 때문이다.

우선 류큐왕국은 청과 일본 양쪽에 조공했기에 청의 속국이기도 했고, 일본의 속국이기도 했다. 또한, 청이 대만을 지배한다고 했지만, 당시 청의 지배권이 대만 전체에 미치지 못했다. 따라서 청의 지배에 복속한 대만인을 '숙번(熟蕃)', 청의 지배에 벗어나 있는 고산족 등 원주민을 '생번(生蕃)'이라고 불렀다. 미야코지마 주민을 살해한 가해자들은 생번이었기에 이들을 명백하게 청의 백성이라 단정하기는 어려웠다.

따라서 류큐왕국이 어느 나라 속국인지, 가해자인 생번의 국적이 어디인지에 따라 이 사건의 성격은 다음과 같은 여러 가지 경우의 수가 발생한다.

---

2) 판적봉환(에도막부의 번주들이 다스리던 지방정부(번)의 판적(영지와 영민)을 천황에게 반환함)에 이어 1871년 막부 시대의 번을 폐지하고 중앙정부가 관할하는 현으로 대체시킨 행정체제의 대변화를 말한다.

① 청 속국 & 청 백성인 경우: 이 사건은 청의 내부 문제

② 청 속국 & 청 백성이 아닌 경우: 이 사건은 청과 생번의 문제

③ 일본 속국 & 청 백성인 경우: 일본과 청의 외교 문제

④ 일본 속국 & 청 백성이 아닌 경우: 일본과 생번의 문제

◇ 소에지마 다네오미
(출처: 위키피디아 일본어판)

메이지 천황은 1873년 초 외무경 소에지마 다네오미를 특명전권공사로 선임했다. 청과는 1871년 체결한 청일수호조규의 비준서 교환, 청 동치제의 결혼 축하 국서 전달과 미야코지마 주민 피살사건 해결 등 다수의 현안이 있어서 소에지마를 특명전권공사로 파견했다.

그러나 소에지마는 비준서 교환 후 동치제 알현 시의 예법을 놓고 청 정부와 초반부터 격돌했다. 일본의 근현대사에서 처음으로 청 황제를 접견하는 일본 대신이었기에 전례가 없었다. 청은 삼궤구고두례(三跪九叩頭禮)를 요구했고, 소에지마는 입식례를 주장했다. 세 번 절하고 절할 때마다 세 번 이마를 바닥에 대는 삼궤구고두례는 병자호란 때 인조가 삼전도에서 청 황제 홍타이지에게 행한 예로서 군신 관계를 의미하는 청의 전통예법이다. 소에지마는 청의 요구는 조공 책봉 관계의 국가에 적용되는 것이기에 받아들일 수 없다며 1개월이나 버틴 끝에 결국 소에지마의 입식례가 받아들여졌다.

일본의 근대사 왜곡은 언제 시작되는가

미야코지마 주민 피살사건에 대해서 소에지마가 청의 책임을 추궁하자 청나라는 '대만의 생번은 화외(중국 밖)의 백성'이라며 책임이 없다고 변명했다. 소에지마와 일본이 기다리던 대답이었다. 이미 살펴본 위의 경우의 수 중에서 ④에 해당된다고 주장할 수 있어서 설사 일본이 대만의 생번을 공격하더라도 청은 간여할 명분이 없기 때문이다.

소에지마가 귀국한 시점인 1873년 7월 말은 일본 정계에 정한론의 태풍이 한창 몰아칠 때였다. 기술한 바와 같이 정한론은 메이지유신으로 막부시대의 특권을 잃고 실직한 사족들의 불만이라는 사회적 배경을 바탕으로 신정부의 비주류가 삿초 출신들의 주류와 벌인 권력투쟁이었다.

귀국 후, 소에지마는 정한론을 주장하다 결국 사이고 다카모리 등 정한론자 참의들과 함께 실각한다. 후일 1890년대에 이르러서야 그는 내무대신, 추밀원 부의장, 외무대신으로 복귀하는 인물로서 당시 일본인들이 말하는 '사가의 7현인'[3] 중 1인으로 꼽힌다.

2. 대만 정벌

1873년 10월, 정한론 강경파인 비주류 참의들이 실각하고 정한론 태풍이 잦아들자, 대만 정벌이 부각되기 시작했다.

---

3) 막부 말기~메이지 시대 큰 업적을 남긴 사가현(종전의 사가번 또는 히젠번) 출신의 7인. 소에지마 다네오미 외에도 나베시마 나오마사(사가번 10대 번주), 사노 쓰네타미(일본적십자사 초대 사장), 시마 요시타케(삿포로 도시 개발 등 홋카이도 개척의 공로자), 오키 다카토(최초의 문부경), 에토 신페이(최초의 사법경), 오쿠마 시게노부(대장경 및 총리대신, 와세다대학 설립자)가 있다.

특히 사이고 다카모리를 지지하는 사족들이 정한론을 좌절시킨 이와쿠라 도모미를 습격하자(1874.1.), 정부에서도 실직 사족의 불만을 누그러뜨리기 위한 대책으로 대만 정벌을 본격 검토하기 시작했다. 1월 말 태정대신 산조 사네토미가 이와쿠라 도모미와 대만 문제를 논의한 후 정한론 파동 후 실권을 장악한 오쿠보 도시미치와 오쿠마 시게노부에게 대책 마련을 지시했다.

정한론에서 실각한 에토 신페이에 의한 사가의 난(1874.2.)으로 잠시 멈췄던 대만 침공 문제는 난이 진압되자 다시 적극 추진되었다. 당시 일본 군부 내에서 대만 침공에 가장 적극적으로 나선 인물은 실각한 사이고 다카모리의 동생으로 유럽에서 군사학을 공부하고 귀국한 육군 대보 사이고 주도(또는 사이고 쓰구미치)였다.

1874년 4월, 사이고 주도는 대만번지 사무총독(사령관)에 임명되었다. 도쿄에는 대만번지 사무국이 설치되고 그 장관에는 참의 겸 대장경 오쿠마 시게노부가 임명되었다.

천황은 사이고 주도에게 대만 처분에 관한 전권위임장을 주었다. 위임장에서 생번에게 피살된 미야코지마 주민을 일본인으로 명기하고 대만 생번은 청의 백성이 아니므로 청은 간섭하지 말아야 한다는 입장을 분명히 했다. 이 입장에 따라 일본은 대만 침공을 청에 통고조차 하지 않았다.

사이고 주도의 침공군은 육군 보병 및 포병, 해군을 포함 약 5천 명의 병력과 5척의 군함으로 이루어졌다. 당시 총 일본군의 10%와 근대 군함의 50%에 상당한 군사력이었다. 대만으로 출동하여 6월 1일부터

일본의 근대사 왜곡은 언제 시작되는가

공격을 개시해 5일 만에 평정을 끝냈다.

　나중에야 사태를 알게 된 청은 당장 항의 사절을 파견했다. 사절은
6월 도쿄에서 청일수호조규의 소속 방토 불침략 조항을 들어 엄중 항
의했다. 대만은 청 소속 방토이고, 생번은 화외의 백성이긴 하지만 청
의 백성이 맞다며 즉각 철병을 요구했다. 일본은 화외의 백성인 생번은
청의 백성이 아니고 따라서 그들의 거주 지역 역시 청의 소속 방토가
아니라고 맞섰다.

　7월 8일, 태정대신 산조의 주재로 열린 각의에서 청과의 전쟁 여부
를 놓고 격론 끝에 청과 외교적 협상을 우선하되 협상 결렬에 대비해
전쟁도 준비하는 것으로 결론을 냈다. 이에 따라 일본 전역은 전쟁 열
기로 들끓었으며 전쟁물자 헌납과 자원입대자가 속출했다.

　이 같은 열기 속에서 천황은 청과의 외교담판을 위해 오쿠보 도시미
치를 전권변리대신으로 임명하며 '평화와 전쟁 중 알아서 판단하라'고
전권을 위임했다. 9월 10일, 베이징에 도착한 오쿠보는 청의 공친왕과
협상을 벌였으나 서로의 입장 차이가 좁혀지지 않자, 10월 5일에 협상
결렬을 선언하고 귀국하겠다는 입장을 밝혔다.

　오쿠보가 귀국하면 남는 것은 전쟁뿐. 이미 서구와 전쟁을 해본 청
나라는 근대 군함의 부족을 절감하고 있었기에 전쟁이 나면 승리를
장담할 수 없었다. 오쿠보의 귀국 선언에 청은 저자세로 바뀌었다. 일
본군의 철병 대가로 유족위로금 10만 냥과 전쟁비용 40만 냥을 일
본에 지불하는 것으로 합의하면서 청은 겨우 전쟁을 피할 수 있었다
(1874.12.31.).

청과 일본의 빠른 강화에 영국의 입김이 작용했다는 설도 있다. 대만에 대한 일본의 영향력 확대가 그간 중국 남부지역에서 획득한 자국의 이권과 충돌할 것을 염려한 영국이 청에게 조속한 강화를 권고하고 일본에게도 대만 점령을 묵인할 수 없다는 뜻을 밝혔다는 것이다. 베이징을 방문한 오쿠보에게 일본이 조선에 진출할 경우 열강들의 지원을 받을 수 있다고 영국 측이 귀띔했다는 주장이다(김용삼, 『지금 천천히 고종을 읽는 이유』, 백년동안, 2020, 120~121쪽.).

어찌 되었건 대만 침공과 그 수습 과정은 일본이 동아시아의 신흥패권국임을 확실히 보여주는 사건이었다. 이 사건을 계기로 일본에서는 군부의 발언권이 더욱 드세어졌다.

제5절 운요호 사건

메이지 신정부와 조선의 외교관계는 아직 에도막부 시대에 머물러 있었다. 조선통신사의 일본 방문은 끊긴 지 오래되었고, 그나마 조선이 시혜적인 관점에서 허락해주는 초량왜관을 통한 무역이 유일했다. 이러한 전근대적 관계를 메이지 신정부의 출범과 함께 근대적 관계로 전환하겠다는 것이 신정부의 애초 구상이었다. 그러나 신정부의 탄생을 알리고 새로 우호 관계를 구축해 보자는 일본 천황의 국서 자체가 조선에서 몇 년째 접수가 안 되고 있으니 일본 신정부로서는 갑갑한 노릇이었다.

메이지 신정부는 대만 침공(1874년)을 통해 사족들의 불만을 어느 정도 잠재우고 대외관계에 상당한 자신감이 붙어 있었다. 때맞추어 조선은 10년 동안 쇄국정책을 펴던 흥선대원군이 실각하고 고종이 친정을 개시하여, 일본 정부는 조선과의 관계를 재설정할 절호의 기회로 판단하였다.

1874년 6월, 조선의 상황을 정탐하고자 보낸 외무성 관리 모리야마 시게루가 초량왜관에 도착해 훈도 현석운과 회담했다. 그간 외교 창구로 오직 쓰시마 번주만 인정했던 조선이 공식적으로 외무성 관리와 한 첫 회담이기에 일본에서는 이 회담을 '조선 정부가 우리 외무성 관리를 인정하고 공식적으로 응접한 효시'라고 획기적으로 평가했다(『메이지 천황기』).

조선 조정은 모리야마의 제안 중에서 조선의 요구 사항('황', '칙' 등의 표현을 자제)을 반영해 일본이 다시 국서를 작성해오면 조일 교류를 재개하고 러시아 위협에 공동 대처하자는 내용으로 합의하고, 내년에 이 원칙에 맞게 국서를 고쳐오면 수용하겠다는 의사를 표명하였다.

1875년, 새로 작성한 국서를 모리야마가 가져오자 조선 조정은 접수 여부에 관해 찬반 논의가 갈렸는데 여전히 반대가 대다수였다. 그러자 고종이 동래부사로 하여금 특별 연향을 베풀게 하고 그 기회에 국서를 살펴본 후 접수 여부를 결정하자는 절충안을 제시했다. 사실 새로운 국서에는 여전히 황, 칙 같은 표현이 있었다.

그런데 문제는 전혀 엉뚱한 곳에서 불거졌다. 연회를 앞두고 모리야마는 종전의 전통적인 복식 대신에 양복을 입고 연회에 참석하겠다고 조선에 통보했다. 근대화로 치닫는 일본의 외무성 관리로서는 신정부의 근대적 복식 규정에 따라야 할 의무가 있었다. 또, 외관상 달라진 복식에서부터 일본은 이미 달라졌음을 보여주고, 종전과 다른 근대적 외교 관계를 맺을 것을 조선에 요구하려는 상징적 의미도 있었다. 그러나 동래부사는 관례에 따라 옛 복장을 갖춰야 한다고 주장했다. 복장에 관한 의견이 전혀 조율되지 않자 동래부사는 예정된 연회를 취소해 버렸다.

요즘의 시각에서는 전혀 이해할 수 없는 처사이지만, 유교적 봉건사회 조선에서는 신분에 맞는 의복과 외관을 갖추는 것이 대인관계와 국가관계의 기본이었다. 신분과 계급에 따라 의복과 모자가 달랐으며, 기혼자와 미혼자는 두발이 달랐다. 따라서 국가 간의 공식적 연회에 서양 오랑캐들이 입는 양복 모습으로 나오는 사절을 당시 조선의 기준에서는 도저히 파트너로 인정하기 어려웠을 것이다.

사태가 전혀 예상치 못한 방향으로 흐르자 모리야마는 갑자기 영웅 심리가 발동했다. '어떤 수단을 쓰든 조선과의 수교에 성공하면 자신이 역사에 남는 인물이 되지 않을까? 일본 개항 시의 미국의 페리 제독처럼…' 이번 기회에 무력도발로 일본의 이익을 극대화할 수 있다고 확신해 정부에 군함 한두 척을 파견해 무력도발을 일으키자고 건의했고 이를 메이지 신정부가 승인했다.

몇 년간 국서 수리 거부로 한 발짝도 진전이 없는 조선과의 수교협상에 답답해하던 일본 신정부 입장에서는 대조선 외교정책에 관하여 어떤 방식으로든 돌파구가 필요한 시점이었다. 일본 국내용 명분은 조선이 요청한 대로 국서를 다시 보냈는데 조선이 약속을 어기고 접수를 안 한다는 것이고, 조선에는 연해 항로를 조사하기 위해서라는 명분을 내세웠다.

쓰시마 연해를 조사한 군함 운요호는 초량왜관에 입항했다(1875.4. 20.). 조선은 사전예고 없이 군함이 입항하는 것은 전례에 어긋난다며 철수를 요구했다. 일본 측은 왜관의 일본 거주민 보호를 위한 조치라며 무시했고 군함 제2정묘호까지 입항했다(5.9.). 항의차 훈도 현석운이 승선했을 때 두 군함에서는 연습을 핑계로 함포사격을 해 주변 지역을 공포에 몰아넣었다. 일본은 자신들이 개항 당할 때 미국의 페리 제독에게 당한 함포 외교를 이번에 그대로 이웃 조선에 써먹었다.

5월 10일, 고종은 중신들을 소집해 국서 접수 여부를 놓고 논의했으나 여전히 중신 다수가 거부했다. 고종은 내심 접수를 희망했지만, 접수에 찬성하는 중신이 박규수 등 소수에 불과하자 결단을 내리지 못하고 다음과 같이 의정부에 최종 결정을 맡겼다.

고종: 일본에서 보내온 서계에 대한 일로 널리 하문하여 재결해야 할 것인 데다 변경의
정세에 관계된 일이라 짚고 넘어가야 할 점이 있어서 이렇게 모이라는 하교를 내린 것
이다.

영부사 이유원: 이 일이 결말나지 않은 지 벌써 한 해가 넘었습니다. 서계를 받아들인
다면 일시적인 미봉책이야 되겠지만, 앞으로 무궁한 근심이 이루 말할 수 없을 것입
니다. 이렇게 하든 저렇게 하든 매우 어렵고 신중히 해야 하는데, 신은 용렬하여 이
미 원대한 사려가 없다 보니 눈앞에 닥친 근심을 결단할 수가 없습니다. 오직 충분히
타산하여 헤아려서 재결하여 주소서.

영돈녕부사 김병학: 서계를 받아들이지 않고 있는 것은 거기에 있는 서너 마디의 말 때
문에 그러한 것입니다… 지금 서계의 호칭은 해괴망측하여 전에 없었던 일일 뿐만
아니라 또한 지난날의 서첩에도 없던 바입니다. 이 때문에 한 해 넘게 허락하지 않고
있는 것입니다. 그리고 연향 때 저들이 이전에 입던 옷을 입지 않는다면 훗날의 폐단
에 크게 관계될 수 있는 만큼 신중히 살피고 삼가지 않을 수 없습니다.

판중추부사 홍순목: 지금 이 일은 이웃 나라끼리 강화를 닦자는 것이니 포용하는 것이
마땅하지 굳이 우리가 먼저 트집을 만들 필요는 없습니다.

판중추부사 박규수: 저들의 서계에서 칭호를 참람하고 망령되게 한 것은 몹시 놀라운
일입니다만… 그 나라에서 황제라고 칭한 것은 이미 수 천 년이 된 셈입니다. 저들의

일본의 근대사 왜곡은 언제 시작되는가

서계에서 본국이 칭하는 대로 따른 것은 신하로서 어쩔 수 없는 것이니, 성상께서 어떻게 포용하는가에 달려 있는 것입니다. 저 사람들이 스스로 나라와 제도를 변경하여 크게 이웃 나라와 우호를 닦자고 말한 것이 지금까지 저지당하고 보니, 반드시 한스럽게 여기는 바가 있을 것입니다…

좌의정 이최응: 서계가 대마도를 경유하지 않고 외무성에서 보내온 것은 300년 동안 없던 일이니 허용해서는 안 되고, 칭호를 사용하는 데 망령되게 스스로 존대하였으니 허용해서는 안 되며, 연향의 의식 절차를 갑자기 전날과 다르게 하였으니 허용해서는 안 됩니다…

우의정 김병국: 서계는 글자 모양의 한 점이나 한 획이라도 전의 규례와 같지 않으면 곧바로 물리치는 것이 바로 규례입니다. 지금 이 서계의 몇 구절은 한 점 한 획에 비교할 정도가 아니니, 지금까지 서로 버텨온 것은 이 때문이었습니다. 지난번 먼 곳에서 온 사람을 친절히 대우하는 뜻에서 연향하라는 처분을 내렸는데, 의복 등의 일을 야기하여 지금까지 질질 끌고 있는 것은 진실로 그 뜻이 어디에 있는지 모르겠습니다…

여러 신하들의 의논이 일치하지 않았다. 하교하기를,
고종: 내가 여러 사람들의 말을 들어보고 재결하려고 하였는데, 오늘은 날이 몹시 더우니 물러가고 정승들과 여러 재신들이 서로 의논하여 정론을 세우라.

이유원: 이것은 위에서 처분하시기에 달려 있는 것인데, 어찌 다시 상의할 것이 있겠습니까?

—『고종실록』 음 1875.5.10.

국가 중대사에 대하여 본인이 책임지지 않는 고종의 이러한 의사결
정 방식은 안타깝게도 망국 시까지 되풀이된다. 고종의 지시에 따라
의정부는 재논의를 거쳐 다음과 같이 보고하여 고종의 윤허를 받는다.

> 의정부가 아뢰기를,
>
> "일본의 서계에 관한 일로 삼가 하교대로 동래부사 황정연의 장계를 살펴보
> 니, '연향 절차 및 서계와 도서 등 격식을 어긴 여러 조목을 현지 역관들로 하
> 여금 계속해 관수왜에게 알아듣도록 설명하자, 비록 몇 건은 순순히 따랐으
> 나 그 외 여러 조목은 시종 번거롭게 간청하며 동래부에 직접 올리고자 한다
> 고 하였습니다. 이에 다시 더욱 엄히 책하고 연향은 옛 법식대로 시행하라고
> 하였습니다.'
>
> 서계를 대마도를 통하지 않고 외무성에서 보내온 것은 300년 동안 없던 일
> 이니 이것이 허용해서는 안 되는 첫째 이유입니다. 교린의 글에 겸공함이 없
> 고 말하는 사이에 망령되이 스스로 존대하였으니 이것이 허용해서는 안 되는
> 둘째 이유입니다. 특별히 연향을 베푸는 것은 바로 먼 나라 사람을 대접하는
> 덕의에서 나온 것인데 제반 의식 절차를 갑자기 전의 규칙과 다르게 바꾸었으
> 니 이것이 허용해서는 안 되는 셋째 이유입니다.
>
> 변정(국경지역의 정무)에 관계된 일이므로 매우 조심스럽게 다루어야 하니 훈
> 도로 하여금 계속 꾸짖는데 그칠 게 아니라 별도로 일을 아는 역관을 보내어
> 조목조목 바로잡고 속히 전하에게 보고한 후 다시 품처(윗사람의 지시를 받아서
> 일 처리함)하는 것이 어떻겠습니까?"
>
> 하니, 윤허한다고 전교하였다.
>
> — 『승정원일기』음 1875.5.10.

일본의 근대사 왜곡은 언제 시작되는가

그러나 보름 후, '서계 문제로 서로 버티고 있다'는 동래부사의 보고를 받은 의정부는 다음과 같은 문책성 지시를 내릴 것을 고종에게 윤허 받는다.

동래부에서 사리로써 잘 달래며 타일렀으면 왜인들이 스스로 깨닫지 못했을 리 없다. 서계는 동래부가 보고 물리칠 것인지 또는 허락할 것인지를 판단하여 조정이 먼 곳에서 온 손님을 친절히 대우하는 덕으로써 답을 하여 보내도록 하되, 이번에 역관을 별도로 파견한 것은 조정에서 명한 뜻이 중대하다는 것을 알게 하려 함이다.

— 『고종실록』 음 1875.5.25. / 『승정원일기』 음 1875.5.25.

동래부사가 노력해도 뜻대로 되지 않고 시간이 흘러도 왜인들과 주장이 서로 평행선을 달리자 동래부사는 다음과 같은 인책대죄[1] 장계를 올렸다.

변방을 지키는 임무를 띠고 있으면서도 타고난 자질이 본래 우매하고 용렬한 결과, 좋은 말로 잘 타이르지 못하여 교활한 왜적으로 하여금 한결같이 버티게 하였습니다. 직무를 게을리한 죄 황공하여 처벌을 기다립니다.

— 『승정원일기』 음 1875.7.1.

---

1) 책임을 인정하고 죄를 기다림.

이에 대해 고종이 "동래부사의 장계를 시·원임대신(현직대신과 전직대신)들이 잘 의논해 해법을 찾아 보고하라"고 지시하자 다음 날 의정부에서는 다음과 같이 논의하여 고종의 윤허를 받았다.

"신들이 본부에 모여 동래부사 황정연의 장계를 보니, '특별히 파견한 역관 김계련이 내려온 뒤 그로 하여금 왜관에 가서 왜인 모리야마 시게루를 만나서, 조정에서 역관을 보내 서계를 취해 보고 교린의 범례를 구례에 따라 의논하여 정하게 하였다는 뜻으로 설명하니, 모리야마 시게루가 두 왜인을 시켜 말을 전해오기를, "특별히 파견된 역관은 이미 귀 조정에서 임명한 관리이니 의례상 예복을 갖추고 접대하지 않을 수 없고, 서계를 바치는 것도 연향하는 날에 할 것이다" 하였습니다. 그래서 해당 역관은 저들의 이른바 예복을 갖추고 만나자는 요구를 허락할 수 없어서 서계를 취해 볼 수 없었습니다' 하였습니다.

서계 문제로 오랫동안 버티면서 선뜻 받지 못하는 데에는 어찌 그럴 만한 이유가 없겠습니까. 이 문제는 한번 분명하게 깨우쳐 주어 저들이 그 곡절을 알도록 해야만 되므로 역관을 특별히 파견하여 전적으로 이 일의 상세한 경위를 설명하도록 했던 것입니다. 그런데 저들의 이른바 예복을 갖추고 만나자는 주장은 약조에 있는 내용이 아니니, 파견된 역관이 마음대로 허락할 수 없었던 것은 괴이할 것이 없습니다. 그러나 한 번 연향을 베풀라고 명한 뒤에 세세한 일로 버티면서 연향에 대해 거론하지 않는 것은 사리에 어긋납니다. 이러한 문제로 인하여 서계를 받지 않는 곡절을 아직까지 명백하게 깨우쳐 주지 않았으니, 먼 곳에서 온 사람들이 오래도록 머무르며 의구심을 품는 것이 또한 당연하지 않겠습니까.

그러니 동래부사로 하여금 먼저 연향을 베풀고 서계를 취하여 본 후 즉시

일본의 근대사 왜곡은 언제 시작되는가

베껴 써서 올려보내도록 해야 할 것입니다. 서계 중에 칭호를 스스로 높인 것은 비록 그 나라 신하로서의 표현이라고 하더라도 겸손과 공경을 귀하게 여기는 외교문서상 저들이 먼저 예모를 잃은 것이고 우리도 받아들이는 데는 걸리는 점이 있습니다.

이제 가져다 볼 서계가 종전 서계와 같다면 그들로 하여금 다시 수정해 오도록 하고, 저들이 또 끝내 따르지 않는다면 이웃 나라 간 우호의 의리상 잘못이 저쪽에 있으니 이것은 물리치지 않을 수 없을 것입니다. 이런 뜻으로 먼저 알아듣게 타이르도록 분부하는 것이 어떻겠습니까?" 하니, 윤허한다고 전교하였다.

— 『승정원일기』 음 1875.7.8. / 음 1875.7.9.

8월 초, 다음과 같은 동래부사의 보고가 올라왔다.

"이번의 서계는 마땅히 연향하는 날에 받아보아야 하겠으나 연향을 아직 설행하지 못한 것은 왜인들이 전적으로 복색과 정문 출입에 옛 방식을 따르지 않기 때문입니다.

지금 조정의 지시가 내려왔으므로 마땅히 연향의 설행을 서둘러야 하겠으나 그들이 끝끝내 구식을 따르지 않고 새로운 절차를 만들어 내려고 하는 만큼 신이 자의로 결정하지 못하고 있습니다. 누차 조정의 지시가 있었음에도 교활한 저들이 버티고 있기 때문에 아직 경연을 못 하고 있습니다.

이것은 신이 저들을 제압하지 못한 죄가 아닐 수 없으니 황공한 마음으로 죄를 심사해 주시기를 기다립니다."

— 『고종실록』 음 1875.8.2.

이 보고에 대해 고종은 의정부에서 심의하여 처리케 하고, 의정부에서는 동래부사를 다음과 같이 문책하고 교체하였다.

"왜인들에게 연향을 하지 못하는 것은 순전히 그들이 복색과 정문 출입의 옛 방식을 따르지 않고 기어코 새 규례를 만들어 내려고 하기 때문에 감히 마음대로 정하지 못한다고 하였는데 만약 소상히 알아듣도록 타일러 의심을 확 풀어준다면 어찌 따르지 않을 리가 있겠습니까?

그런데 지금 복색 등의 문제를 가지고 번거롭게 조정에 문서를 오가게 하면서 오랫동안 서로 버티면서 조정의 명령을 집행하지 않으니 변경의 신하로서 몹시 놀랍고 소홀한 행동입니다.

전 부사는 엄하게 죄를 따질 것이며 새로 임명된 부사는 며칠 안으로 출발해야 할 것입니다. 서계와 연향의 절차는 전에 조정에서 정한 대로 상세히 알아듣도록 타일러서 일의 큰 골격이 상하지 않도록 특별히 주의를 주는 것이 어떻겠습니까?" 하니, 윤허하였다.

— 『고종실록』 음 1875.8.6.

양복을 입고 연향에서 국서를 접수시키려던 모리야마는 복식 문제로 조선이 연향조차 열 기미를 보이지 않던 차에 동래부사마저 문책 교체당하자 국서 접수가 물 건너간 것으로 판단하고 무력도발을 일본 정부에 다시 건의했다.

일본 정부는 8월 13일, 운요호를 다시 출항시켰다. 서해안에서 청에 이르는 항로 조사를 출항 명분으로 내세웠지만, 실제 목적은 서해안에

◇ 운요호 (출처: 위키피디아 한국어판)

서의 무력도발이었다.

운요호는 옥포와 서해안을 거쳐 8월 20일 월미도 앞바다에, 다음날
은 영종도 위의 난지도에 정박했다. 영종첨사는 일본 군함인 줄 모른
채 이양선의 난지도 정박을 보고했고, 조정은 도성 가까운 곳에 무단
정박한 이양선 때문에 긴장했다.

8월 21일, 운요호에서 10여 명의 일본군이 작은 배로 옮겨타고 강화
도 초지진에 접근했다. 정체불명의 배가 내양[2]으로 침입해 들어오자
초지진 포대에서 경고 발포를 했다. 작은 배도 응사하여 짧은 교전을
한 후 되돌아갔다.

---

2) 조선은 육지에서 10리까지의 바다는 영해로 인식해 내양이라 불렀다.

이튿날, 운요호는 강화도 초지진에 접근해 먼저 발포하고 초지진 포대에서도 대응 사격했다. 그러나 조선군 포탄은 목표에 미치지 못한 반면 운요호의 함포사격은 초지진 포대를 강타했다. 포대는 파괴되고 많은 희생자가 발생했다. 두 시간 정도 포격을 마치고 운요호는 유유히 사라졌다.

23일 오전 7시, 영종도 앞바다에 나타난 운요호는 영종성에 대포를 쏘아댔다. 이어 두 척의 작은 배로 병력을 보내 영종성을 함락시켰다. 도주하는 조선군을 향해 무차별 사격으로 수십여 명을 사살하고 성을 불태우고 전리품을 약탈했다. 그날 밤, 운요호에서 승전축하 파티가 벌어졌고 다음 날 오전 영종도를 떠났다.

누군지도 모르는 침입자에게 영문도 모른 채 졸지에 당하고 나서 조선 조정은 다음과 같이 고종에게 상황을 보고하고 문책하였다.

삼군부에서 아뢰기를, "영종을 지켜내지 못했다는 보고가 방금 도착했습니다. 어떤 추악한 놈들이 갑자기 달려들어 성에 남은 병력으로 설령 막아낼 수 없었다고 하더라도, 많지도 않은 적도들이 함부로 날뛰도록 놓아두어 관청이 몽땅 불에 타버리고 공문서용 인감이 녹아버렸는데도 한 놈의 괴수의 목도 베지 못한 채 밖으로 퇴각해 머물렀다고 하니, 그렇다면 무얼 방어한 것입니까? 군율로 헤아려볼 때 놀라운 일입니다. 해당 방어사 이민덕을 우선 직무 정지시키고 임무가 교대되는 대로 해당 부처에서 붙잡아 죄를 물어야 합니다" 하니, 윤허하였다. 또 아뢰기를, "방금 경기 감사의 보고를 보니, '적선이 방금 외양으로 나갔습니다'라고 하였습니다. 그러나 이들의 움직임이 동에 번

일본의 근대사 왜곡은 언제 시작되는가

쩍 서에 번쩍하여 실상과 종적을 헤아리기 어려운 만큼 계엄하는 방도를 조금도 늦출 수 없습니다. 군사를 늘리고 군량을 보내는 방도를 경기감사가 강화유수와 함께 상의하고 계획해서 견고하게 수비할 대책을 도모하게 하고 연해의 요충지들도 일체 단속하고 방어하도록 단단히 경계시켜 대비시키는 것이 어떻겠습니까?" 하니, 윤허하였다.

— 『고종실록』 음 1875.8.26.

다음은 며칠 후 정승들과의 어전회의에서 나온 조선의 대책이다.

좌의정 이최응이 아뢰기를, "일전의 영종진 사건은 극히 격분할 일이어서 말을 꺼내고 싶지도 않습니다. 설사 성이 고립되고 군사가 적다고 하더라도 추악한 무리들이 육지로 올라오는 것을 좌시한 채 접전도 못 하고 휘하의 600명이나 되는 포수와 군사들이 부상을 당해 흩어지게 만들고 성과 인감을 버리고서 놀라고 겁에 질려 쥐새끼처럼 도망쳤습니다. 해당 방어사의 죄는 해당하는 형률이 있습니다… 저들의 배가 방금 물러갔다고 하여 조금도 해이하거나 소홀히 해서는 안 됩니다. 문무관을 막론하고 그 적임자를 뽑고 재능이 있는 자를 취해야 하는 것이 제일 급선무입니다. 그래서 감히 이처럼 외람되게 진술하는 것입니다. 삼가 바라건대, 성념에 깊이 유념하소서" 하니, 하교하기를, "변경의 금법이 이와 같이 해이해졌으니 나라에 기강이 있다고 할 수 있겠는가? '아뢴 대로 하되 별도로 규찰하도록 하라'라고 문무관에게 엄하게 타일러 경계시켜라" 하였다.

우의정 김병국이 아뢰기를, "이양선이 지금 물러갔지만 저놈들이 물러갔다고 하여 조금도 경계를 늦출 수 없습니다. 앞일을 걱정하고 미리 준비하는 일은 늦출 수 없으며 안으로 국정을 닦고 밖으로 침략을 막는 방법을 강구하는 것도 오늘의 급선무입니다. 인천을 방어영으로 승격시키는 것이나 연해의 방어에 대하여 다시 엄하게 경계시켜 단속하는 것은 밖으로 외적을 물리치려는 것입니다.

안으로 국정을 닦는 요체는 재정을 절약하고 규율을 세우며 부정부패를 징계하고 사치를 금지하는 것인데 그 근본은 오직 늘 학문에 힘쓰시는 일입니다… 지금은 초가을의 서늘한 기운이 생겼으니, 분발하여 날마다 경연[3]을 열어 시종일관 꾸준하게 공부하시고 계속해서 밝히는 성상의 학문이 더욱더 밝게 되고 이르신 광명의 경지가 더욱더 광명하게 된다면 비단 눈앞의 시급한 폐단을 바로잡을 수 있을 뿐만 아니라 북채가 닿자 북소리가 울리고 풀이 바람에 눕듯 꼭 하고자 하는 대로 다스려지게 될 것입니다. 그리고 안으로 국정을 닦고 밖으로 침략을 막는 일도 다 제대로 될 것입니다. 힘쓰시고 힘쓰기 바랍니다" 하니 하교하기를,

"안으로 국정을 닦고 밖으로 침략을 막는 일은 참으로 오늘날의 급선무이다. 학문에 모든 힘을 다하는 것이 곧 국정을 닦는 것이라는 것은 매우 적중한 말인데 어찌 가슴에 새겨두지 않겠는가?" 하였다.

— 『고종실록』 음 1875.8.29.

참으로 한가한 대책이다. 임금과 고위 관료들이 유교 경전을 배우는

---

3) 임금이 유교 경전 등 학문에 관해 신하들과 강의와 토론을 하는 일을 말한다.

일본의 근대사 왜곡은 언제 시작되는가

학문에 모든 힘을 다하는 것이 국가안보 위협에 대한 근본 대책이라니… 오늘날의 관점에서는 도저히 이해할 수 없는 사고방식이지만, 당시 교조적 유교 국가 조선은 모든 문제의 원인과 해법을 성리학 안에서 찾고 있었다.

정체 모를 함선에서 대포 사격을 받고, 정체 모를 병사들로부터 방화, 약탈, 살육까지 당했으니 조선은 큰 피해자였다. 그러나 어느새 조선은 가해자로 뒤바뀌어 있었다. 일본이 세계를 상대로 흑색선전을 벌였기 때문이다. 식수를 구하기 위해 평화롭게 해로를 측량하던 배에 조선이 무단 발포해 자신들이 피해자라는 주장이었다. 쇄국으로 세계와의 통로가 없는 조선은 벙어리였고 이미 세계와 각종 네트워크를 가진 일본은 그들 각본대로 흑색선전을 전파해 나갔다.

운요호 함장이 기술한 아래의 내용은 영종도 약탈 직전 장병에게 했다는 훈시이자 귀국 후 정부에 보고한 보고서의 내용이다.

> 어제 우리의 작은 배가 해로를 측량할 때 조선 측 포대가 한마디 심문도 없이 제멋대로 발포했기에 우리는 어쩔 수 없이 퇴각해야만 했다. 이대로 물러나면 나라의 치욕이 되며 더욱이 해군의 임무를 게을리 한 것이 된다. 따라서 오늘 저들의 포대를 향해 그 죄를 다스리려 한다. 일동은 그 임무를 받들어 국위를 떨어뜨리지 않도록 힘써 노력하라.

조선은 사후에라도 진상을 조사해 재발을 막아야 했는데, 그러지 못한 조선 조정의 무능함을 확인한 일본은 근대적 무기로 무장한 위력을 믿고 점점 더 노골적으로 도발의 강도를 높여 나간다. 조선이 어느 정도 대응력을 갖추었는지 일종의 '간 보기'다.

1875년 10월 11일, 일본 해군 7명이 메추리 사냥을 하겠다며 초량 왜관을 난출했고, 다음날에는 무려 70명의 일본 해군이 난출해 구초량리 마을을 휘저어 놓고 왜관으로 돌아갔다. 다음은 당시 상황에 관한 보고와 조정의 대책에 관한 기록이다.

의정부에서 아뢰기를, "방금 경상감사 박제인의 보고를 보니, '동래부사 홍우창의 보고에 의하면, 훈도 현석운과 별차 이준수가 보고한 손글씨에, '사하면 구초량리는 바로 왜관과 이웃한 곳인데, 11일에 화륜선 격군(해군) 7명이 메추리 사냥을 한다며 마을에 난입하려고 했습니다. 그래서 갖가지 방법으로 막았더니 사람들을 향해 칼을 빼 들기도 했는데 얼마 동안 대치하다가 돌아갔습니다. 12일에는 격군 70명 등이 갑자기 마을에 들이닥쳐 총을 쏘고 칼을 빼서 일반인들의 집에 출입했는데 황당했습니다. 전날처럼 막을 수는 없었기에 오직 법례 상 옳지 않다고 타일러 설득하자 왜인들이 일제히 돌아갔습니다. 그래서 이틀 동안 벌어진 상황을 관수왜에게 따지니, 격군의 무례한 행동은 마땅히 꾸짖어야 하나, 격군이 해군성 소속이라서 외무성 소속인 내가 통제하기는 어렵다고 대답했습니다'라고 하였습니다.

… 교린조약이 얼마나 엄중한 것인데 이번에 화륜선 격군들이 무제한으로 민가에서 행패를 부린 변괴는 매우 통분스럽습니다. 관수왜가 어물쩍 책임을 남에게 미루는 것은 더욱 지극히 교활합니다. 행패를 부린 왜인 격군들에게 빨리 해당되는 율을 시행하라고 역관을 시켜서 관수왜에게 따지게 해야 하며, 왜관 근처에서 파수하는 등의 일을 엄히 시행해야 한다는 뜻으로 공문을 발송하여

　　　　　　　　　일본의 근대사 왜곡은 언제 시작되는가

꾸짖어 경계해야 합니다. 그리고 동래부에서는 평시의 경계를 소홀히 한 죄를 면할 수 없으니, 훈도와 별차는 엄중히 처벌하는 것으로 묘당(의정부)에서 조치를 내리도록 하소서'라고 하였습니다.

… 소란을 피운 무리들이 비록 무지한 격군들이라 하더라도 법규가 본래 엄밀하고 법규를 감히 위반하여 넘지 말아야 하니, 이 사건을 그저 한때의 망동으로만 귀결시켜서는 안 됩니다. 변정이 해이하게 된 것에 대해서는 말하고 싶지 않습니다. 만일 미리 단속하고 잘 제압하였더라면 어찌 이처럼 날뛰는 버릇이 생겼겠습니까? 해당 부사는 진실로 논죄해야 마땅하지만 부임한 지 얼마 되지 않음을 참작하여 용서하고 우선 그로 하여금 죄를 진 채로 임무를 수행하도록 해야 합니다.

일이 생길 때마다 주선하고 저들의 소란을 차단시키는 것이 바로 동래부 주재 역관의 책임인데, 입 다물고 팔짱 끼고 앉아있으니 그들을 각별히 징계하도록 해야 합니다. 또한, 특별히 파견한 역관은 계절이 지나도록 한 번도 그들을 만나 말하지 않고 제멋대로 왕래하도록 방임하였으니 조정의 명령을 집행할 날이 없을 것입니다. 참으로 놀라운 일이니 그대로 둘 수 없습니다. 해당 역관 김계운은 동래부에서 붙잡아 죄를 물어야 할 것이며 훈도와 별차 등은 엄격히 꾸짖어 경책하여 지난번에 지시한 대로 빨리 시행하라고 분부하는 것이 어떻겠습니까?" 하니, 윤허하였다.

— 『고종실록』 음 1875.10.28.

일본 해군의 난출에 훈도, 부산첨사, 동래부사는 속수무책이었다. 근대적 신식 무기로 무장한 일본군을 도저히 제압할 수가 없었기 때문이다. 이런 현실을 인정하지 않고 경상감사와 동래부사는 훈도를 닥달하며 모든 책임을 돌리기 바빴고 중앙 정부 역시 마찬가지였다. 조선인들이 전혀 인식할 수 없는 근대 상황을 이들은 전근대라는 잣대로 재단하고 있었다.

한편, 운요호 사건에 이어 조선 조정에 대한 일련의 '간 보기' 테스트가 끝나자 자신감에 충만한 일본 정부는 태정대신 산조의 집에서 드디어 대조선 전략을 점검하고 다음과 같은 종합대책을 세웠다 (1875.10.27.).

① 운요호 사건의 폭거를 조선 정부에 따진다.
② 따지기 전에 조선에 사절을 보내 외교 협상을 벌인다.
③ 위 2개 항에 앞서 오랜 기간 조선에 대한 종주권을 가진 청에 특명전권공사를 파견해 운요호 폭거와 조선 침공에 대한 청의 의중을 먼저 떠본다.

천황은 청에 파견할 특명전권공사로 모리 아리노리를 임명하고 (11.10.), 조선에 파견할 특명전권공사로 구로다 기요타카를 임명하였다 (12.9.). 사쓰마번 출신의 구로다는 후일 일본 내각에서 이토 히로부미에 이어 제2대 총리대신을 지내는 인물이다.

베이징에 도착한 모리는 신임장을 제출 후, 12월 14일에 운요호 사건에 관한 일본 입장을 총리아문에 제출했다.
그 요지는 '조선이 예로서 우리 사신을 대접하고 우리가 요구하는 것

일본의 근대사 왜곡은 언제 시작되는가

을 거부하지 않으면 영원히 평화를 보장하지만, 그렇지 않으면 조선은 헤아릴 수 없는 참화를 입을 것이다'였다. 모리는 만일 청이 조선 문제에 개입한다면 일본의 만주 침략 가능성도 있음을 슬쩍 내비쳤다.

12월 23일, 이홍장은 광서제에게 운요호 사건으로 인한 감정 격화로 전쟁이 발발하면 조선이 일본을 감당하기 어렵다고 보고했다. 전쟁 발발 시 조선이 청에 파병을 요청할 경우, 청의 파병 거절은 순식간에 일본의 조선 점령으로 귀결됨을, 청의 파병은 동북3성이 공격받을 가능성을 우려했다. 이홍장은 조선과 청을 입술과 이빨의 관계[4]로 비유하고 두 가지 방책을 제시했다. 자신이 모리를 만나 설득하는 것과 조선 측에 일본과의 수교를 설득하는 것이었다.

당시 29세의 모리는 영미 유학파 출신으로 26세에 초대 미국 주재 일본공사를 역임하여 자신감과 패기 넘치는 외교관이었다. 후일 영국 공사를 거쳐 제1차 이토 내각에서 초대 문부대신에 임명되어 국가주의 교육을 보편화시킨 인물이다. 실력과 경륜을 겸비한 청의 실세 이홍장(당시 53세)은 나이로만 보면 한참 아래인 모리에게 정성껏 만찬을 베풀며 밤늦도록 이야기를 나누었다. 조선이 청의 속국이라는 점을 강조하고 조선에 전쟁 위협을 하는 모리를 정중하게 타이르며 설득했다(신명호, 「'서태후의 오른팔' 이홍장, 조선에 밀서를 보내다」, 『월간중앙』, 2017년 11월호).

---

4) 순망치한(脣亡齒寒, 입술이 없으면 이가 시리다)에서 나온 비유.

제3장 개항

제1절 칙사 맞이

1875년 봄, 첫 돌 즈음에 세자(후일의 순종)가 책봉되자, 조선 조정은 세자 책봉 칙허를 받기 위해 전 영의정 이유원을 주청사[1]로 임명하여 청에 보냈다.

고종과 왕비의 희망대로 이례적으로 어린 나이에 세자 책봉을 하다 보니 혹시나 청 황제의 칙허를 받는 데 어려움이 있지 않을까 조선 조정은 고위급을 주청사로 파견했음에도 불구하고 노심초사하고 있었다. 그해 11월 중순, 청 황제의 세자 책봉 칙서를 전달할 칙사가 결정되었으며 이들이 조선으로 출발할 날짜가 멀지 않았다는 주청사의 현지 보고를 받고 나서 조선 조정은 기대와 설렘으로 칙사를 맞이할 준비로 부산을 떨고 있었다.

오늘날까지도 흔히 사용하는 '칙사 대접'이라는 말이 어떤 의미인지 정확히 알기 위해서라도 청의 칙사를 맞이하는 당시의 조선으로 한번

---

1) 주청사(奏請使)는 중국에 어떤 사안을 요청할 때 파견되는 사절을 의미한다.

돌아가 보자. 조선의 칙사 맞이 준비 상황을 고종실록과 승정원일기에
의해 요약하면 다음과 같다.

▷ 정기세를 원접사(의주에서 칙사를 맞이하는 사절)에 임명하다.

— 『고종실록』 음 1875.11.17.

▷ 칙사 맞이에 필요한 물자를 지방 감영에 미리 내주다.

— 『고종실록』 음 1875.11.18.

▷ 칙사 맞이 장소와 의례 절차를 정하다.

— 『승정원일기』 음 1875.11.19.

▷ 주청사의 수행 역관을 귀경하는 주청사와 분리시켜 일단 의주에 머물게 하
고 칙사를 맞아 수행하는 것으로 결정하다.

— 『승정원일기』 음 1875.11.20.

▷ 칙서 수령 후 종묘에 고하는 절차에 관해 결정하다.

— 『승정원일기』 음 1875.11.20.

▷ 원접사 정기세를 의주로 출발시키기에 앞서 고종이 소견하다.

— 『고종실록』 음 1875.12.2.

▷ 칙사 접대 발탁 인원을 증원하다.

— 『승정원일기』 음 1875.12.14.

▷ 귀국한 주청사 이유원 일행을 고종이 소견하다.

— 『고종실록』 음 1875.12.16.

▷ 칙사 대접에 소홀함이 없도록 오는 경로의 지방관들에 긴급 공문을 보내다.

— 『승정원일기』 음 1875.12.17.

▷ 귀국한 주청사 이유원 등 3인에게 시상하다.

— 『고종실록』 음 1875.12.18.

▷ 칙사 접대의 수준을 임신년 사례대로 할 것을 정하다.

— 『승정원일기』 음 1875.12.20.

▷ 칙사의 입경 시 호위, 경로, 역할별 분담 인원 등을 정하다.

— 『승정원일기』 음 1875.12.22.

▷ 칙사가 지나는 개성부의 별문안사로 보낼 인원을 결정하다.

— 『승정원일기』 음 1875.12.24.

▷ 칙서를 받은 다음 날의 세자 책봉 축하 의례는 권정례(약식)로 거행하기로
결정하다.

— 『승정원일기』 음 1875.12.25.

▷ 칙사 접대 시의 상차림 숫자, 다례의 그릇 수를 결정하다.

— 『승정원일기』 음 1875.12.27.

▷ 칙사 접견 시의 대화 내용을 결정하다.

— 『승정원일기』 음 1876.1.5.

▷ 칙사 접견 시의 다례의 차 종류를 결정하다.

— 『승정원일기』 음 1876.1.7.

▷ 칙사가 가져온 하사품의 종류별 숫자, 칙사의 인적 사항과 여행 경로기를
베껴 보고하다.

— 『승정원일기』 음 1876.1.12.

드디어 1876년 1월 22일, 고종은 칙사가 도착한 돈의문 밖의 모화
관[2]까지 나아가 칙사를 영접했다.

---

2) 모화관(慕華館)은 '중화(중국)를 사모한다'는 의미를 내포한 중국 황제의 칙사가 머무는 숙소이다. 칙사들은 '은인을 환영한다'는 의미의 영은문(迎恩門)을 거쳐 모화관에 출입했다. 후일 영은문과 모화관 자리에 서재필이 주도해 국민의 성금으로 독립문과 독립관을 지었다.

일본의 근대사 왜곡은 언제 시작되는가

그날의 현장을 『고종실록』과 『승정원일기』에 의거하여 복기해 보자.

오전 8시, 대가(왕의 수레)가 모화관으로 나아가 칙사를 맞이하기 위해 거동하였다. 이때 입시한 행도승지[3] 심이택 등 27인의 신하가 차례로 시립하였다.

때가 되자 의전관이 어가의 출발 준비를 무릎 꿇고 청하니, 상이 익선관과 곤룡포를 입었다. 가마를 타고 숭양문을 나갔다. 약방제조 김유연, 부제조 심이택이 앞에 나와 아뢰기를, "아침 일찍 수고로이 거동하셨는데 성상의 체후는 어떠하십니까?" 하니, 상이 이르기를, "한결같다" 하고, 이어 광화문을 나갔다. 의전관이 대가가 잠시 머무르기를 무릎 꿇고 청하여 신하들이 말에 오르자 또 청하여 출발하였다. 종각, 동현 앞길을 거쳐 숭례문 밖으로 나가자 대가 앞뒤에서 취타대가 연주를 하며 갔다.

모화관 임시 천막 앞에 이르러 좌의전관의 청으로 교자에서 내린 후 좌우의 전관 인도로 천막 안으로 들어갔다. 종친과 문무백관이 각각의 자리에 나아갔다. "원접사는 나오라"라는 전교가 있자 원접사 정기세가 앞으로 나왔다.

고종: 추운 철에 먼 길을 잘 다녀왔는가?

정기세: 임금의 영적인 위엄이 미쳐 일행이 편안하였고, 또 날씨가 좋아 그리 춥지 않으므로 화기애애한 가운데에서 내왕하였으니 매우 다행입니다.

고종: 상칙사와 부칙사는 인품이 과연 어떠한가?

정기세: 상칙사는 외모가 매우 곱고 가지런하며 접견 시 공손한데 세습 관직이라 합니다. 부칙사는 보기에 매우 관후하였고 한림 출신인데 학식이 넉넉하고 오는 길에 시

---

3) 비서실에 해당하는 승정원에는 도승지(비서실장)과 승지(비서)들이 있었다. 행도승지는 도승지를 대행한다.

를 읊은 것이 많습니다.

고종: 오는 도중에는 과연 폐단이 없고 칙사를 대우하는 범절은 잘 거행하였는가?

정기세: 관서(평안도)는 길이 멀거니와 역참 수도 많은데 평안감사가 마음을 다하고 힘을 다하여 거행하지 않은 일이 없었기에, 칙사도 잘 대접한다는 뜻으로 여러 번 치사하였습니다.

고종: 해서(황해), 경기 두 도에서도 다 잘 거행하였는가?

정기세: 해서에서도 잘 대우받아 지냈고, 경기 고을은 이양선 소요 때문에 연해의 각 고을은 접대하러 나오지 못한 곳이 많았으나 경기도 관리들이 뜻밖의 수요에 대비해 역참마다 쓸 것을 저축해 놓았기에 이에 힘입어 탈 없이 지낼 수 있었습니다…

고종: 칙사도 왜선이 나온 일을 들었는가?

정기세: 파주 역참에서 두 사신을 청하여 만났을 때 왜선의 일에 대해 말하기를, "의주에 있을 때 긴급히 빠른 말로 우송되는 베이징 예부의 공문을 얻어 보니, 일본 사신이 통첩한 것을 총리각국아문이 아뢴 것을 보면 조선과 수호하는 일로 장차 나아갈 것이라 하니, 두 나라는 상의하여 선처하여 화기(和氣)를 잃지 않도록 하라" 하였습니다. "상국이 작은 나라에 이처럼 간곡히 알려주시니 매우 감사합니다. 과연 일전에 왜선 대여섯 척이 강화부에 와서 정박하고 왜국이 보낸 대관과 부관이 우리나라도 대관을 보내어 대신의 일을 판리하기를 바란다 하므로 우리나라도 대관을 보내어 일전에 비로소 접견하는 예를 행하였다는 것을 지금 한성의 기별로 들었습니다" 하였더니, 상칙사가 말하기를, "이 일의 전말을 들려주기 바랍니다" 하므로 대략 말하기를, "무진년(1868, 고종 5)에 왜국이 나라의 제도를 일변하고 외무성에서 세계를 새로 만들어 왔는데, 그 가운데에 황·칙 따위의 문자가 있으므로 우리나라에서 이런 문자는 지금 천하에서 중국만이 써야 하는 것이고 교린하는 나라는 칭할 수 없다고 답하며 서로 버티고 받지 않고 오늘에 이르렀습니다" 하니, 상칙사가 말하기를,

"참으로 옳습니다" 하고 부칙사가 말하기를, "왜국의 정상은 본디 헤아리기 어려운 것이 많으니, 해방(海防)의 계엄을 소홀히 해서는 안 됩니다" 하였습니다…

상이 원접사, 승지와 사관에게 명하여 차례로 물러 나오게 하였다. 좌우의 전관이 앞에서 인도하여 지영위(임금의 출입궁 거동 시 백관을 맞는 자리)에 나아가 자 종친과 문무백관이 차례로 시립하였다.

조서 가마가 이르자 의전관이 국궁(존경의 뜻으로 허리를 숙임)을 무릎 꿇고 청 하니 상이 국궁하고, 조서 가마가 지나간 뒤에 의전관이 평신(허리를 펌)하기를 무릎 꿇고 청하니 상이 평신하였다. 대신이 앞에 나아가 문안하고 나서 좌의 전관이 교자를 무릎 꿇고 타기를 청하니, 상이 교자를 타고 돈의문을 거쳐 광 화문, 흥례문을 거쳐 근정문에 이르렀다. 좌의전관이 교자에서 내리기를 무릎 꿇고 청하니, 상이 교자에서 내려 소차(임금이 쉬기 위해 막을 친 곳)에 들어갔다.

… 문안 승지가 보고한 뒤에 조금 있다가 칙사와 조서가 이르렀다. 좌우의 전관이 앞에서 인도하여 지영위에 나아갔다. 조서 가마가 정문을 거쳐 들어 오고 칙사가 가마(임금용)에서 내려 따라 들어왔다. 좌의전관이 국궁하기를 무릎 꿇고 청하니 상이 국궁하고, 조서 가마가 지나간 뒤에 상이 평신하였다. 조서 가마가 전(殿)에 오르고 상이 도로 소차로 들어갔다.

칙사 인도 의전관이 칙사를 인도하여 황악 안에 가서 조서를 받들고 정문 을 거쳐 들어와 전내(殿內)에 나아갔다. 칙사가 칙서와 임명장을 받들어 각각 책상 위에 놓고, 의전관이 칙사를 인도하여 자리에 나아갔다. 좌의전관이 소 차에서 나가기를 무릎 꿇고 청하니, 상이 소차에서 절하는 위치로 나아가 네 번 절하였다.

향을 담당하는 관리 2인이 세 번 향을 올리니 상이 엎드렸다 일어나 평신하고 종친과 문무백관이 같이 하였다. 의전관이 상을 인도하여 서쪽 계단을 거쳐 대전 문밖에 이르렀다. 승지 2인이 앞에서 인도하여 칙서를 받는 자리에 나아가 북향하여 섰다.

칙사가 황제의 문서가 있다고 말하고 승지가 무릎 꿇기를 청하니 상이 무릎 꿇었다. 칙사가 조서를 받들어 주니, 상이 받아서 본 후 신하에게 줘 도로 책상 위에 놓았다. 칙사가 또 임명장을 받들고 서서 전하니, 상이 받아서 본 후 또한 책상 위에 놓았다. 칙사가 하사물을 받들고 서서 전하니, 상이 받아서 신하에게 준 후 책상 위에 놓았다.

상이 전에서 나와 계단 위에서 동향하여 서고, 봉조관[4] 한용규·최석규와 선조관 김만식과 전조관 오인공·강영수가 동쪽 계단을 거쳐 올라갔다.

봉조관이 책상 앞에 나아가니 칙사가 조서를 받들어 주었다. 봉조관이 정문을 거쳐 나가 조서 선포 자리로 나아가고, 의전관이 칙사를 인도하여 나아가 궁전 계단에 이르러 서향하여 섰다. 봉조관이 조서를 선조관에게 주고 선조관이 전조관에게 주니, 무릎 꿇고 받고 서서 마주 폈다. 종친과 문무백관이 꿇어앉으니 선조관이 읽고 나서 봉조관이 조서를 받들고 들어가 책상 위에 놓고 다 내려와 자리에 돌아가니 종친과 문무백관이 엎드려 고두례(머리가 바닥에 닿는 청나라 방식의 절)를 하고 일어나 평신하였다.

칙사 인도 의전관이 칙사를 인도하여 도로 들어가 자리에 나아가고 의전관이 상을 인도하여 내려와 자리에 돌아갔다. 좌의전관이 국궁하고 네 번 절하고 무릎 꿇고 일어나 평신하기를 청하니, 상이 네 번 절하고 종친과 문무백관이 따랐다. 끝나고서 좌의전관이 예가 끝났음을 무릎 꿇고 아뢰었다. 칙사 인

---

4) 봉조관(捧詔官)은 조서를 받드는 관리, 선조관(宣詔官)은 조서를 선포하는 관리, 전조관(展詔官)은 선조관이 읽는 조서를 펴서 들던 관리를 의미한다.

일본의 근대사 왜곡은 언제 시작되는가

◇ 아극돈의 「봉사도(奉使圖)」 중, 7폭 '모화관 마당에서의 연회' (출처: 북경 중앙민족대학 소장)

조선에 4차례 칙사로 왔던 아극돈이 청 귀국 직후(1725년, 영조 1년) 봉사도(奉使圖, 사행의 임무를 수행하는 그림) 20폭을 완성했다. 그의 마지막 사행은 경종의 조문과 영조를 국왕에 봉하는 옹정제의 칙서 전달이었다. 봉사도 7폭에 모화관 마당에서의 연회 모습, 18폭에 대궐에서 영조와 마주 앉아 진행하는 연회 모습이 그려져 있다. 임금 책봉을 위해 입경한 칙사에게는 통상 6차례의 공식연회가 베풀어졌다. 칙사가 모화관에 도착한 날의 하마연(下馬宴), 다음날의 익일연(翌日宴), 대전 에서의 청연(請宴), 노고를 위로하는 위연(慰宴), 출국일이 결정되었을 때의 상마연(上馬宴), 출국일의 전연(餞宴) 등으로 구성되어 있다.

도 의전관이 칙사를 인도하여 임시 천막에 가고, 의전관이 상을 인도하여 소차에 들어갔다. 조서와 임명장은 조서 가마에 싣고 하사물은 채색 수레에 싣고서 대내로 들어갔다.

승지가 사관을 보내어 칙사에게 문안하기를 청하였다. 민영규가 명을 받고 칙사의 임시 천막에 가서 문안하고 돌아와 승지에게 전하니, 승지가 들어가 아뢰었다. 접견할 때가 되어 좌의전관이 소차에서 나가기를 무릎 꿇고 청하니 상이 소차에서 나왔다. 의전관이 상을 인도하여 서정문 밖에 이르렀다. 칙사 인도 의전관이 칙사를 인도하여 동정문을 거쳐 들어와 전내 배석 머리에 가서 서향하여 서고, 승지 2인이 상을 인도하여 서정문을 거쳐 들어와 전내 배석 머리에 가서 동향하여 섰다.

(다음은 역관을 통한 대화)

고종: 재배례(두 번 절하는 예)를 하겠습니다.

두 칙사: 감히 감당할 수 없습니다.

고종: 빈객과 주인의 초견례(상견례)는 그만둘 수 없는데, 더구나 대인들은 황제의 명을 받고 멀리 왔으니 감히 의식대로 하지 않을 수 있겠습니까.

두 칙사: 읍례(두 손을 맞잡고 서서 하는 인사법)를 행하기를 바랍니다.

고종: 대인의 말씀을 감히 따르지 않을 수 있겠습니까. 읍례를 행하겠으나… 한꺼번에 두 대인에게 읍하는 것도 결례가 되니, 먼저 상칙사 대인에게 읍하고 다음에 부칙사 대인에게 읍하는 것이 좋겠습니다.

두 칙사: 말씀대로 따르겠습니다.

(읍례가 끝나고 상이 황제, 황태후, 여러 왕과 종실의 안부를 일일이 물은 후)

고종: 날씨가 차고 길이 험하고 멀어서 대인들께서 고생은 없었습니까?

칙사: 잘 왔습니다.

고종: 저희 작은 나라가 황은을 입은 것이 하늘과 같이 그지없어 고하는 것마다 으레 윤허 받았습니다. 세자의 책봉도 상례를 벗어나 특별히 윤허하시어 주청사가 돌아오자 바로 칙서가 내려져 귀 사신이 명을 받들어오고 은혜로운 가르침이 정중하고 하사품도 이처럼 많으니, 변방의 국가가 어떻게 이런 행운을 얻었는지 일국의 상하가 기뻐서 감축하며 북쪽을 바라보고 손을 모을 뿐입니다.

칙사: 모두가 우리 황상의 은덕입니다. 우리가 무슨 공이 있겠습니까.

고종: 세자가 나와서 맞이하고 황제의 임명장을 받는 것이 예로서는 당연하나, 대인들

이 그 나이 어린 것을 깊이 헤아려 생략하게 하여 주셨는데, 이는 다 대인들이 황상의 덕의를 본받아 세심하게 염려해 주신 것이라 더욱 감사드립니다.

칙사: 왕세자의 나이가 많지 않으니 자연히 예를 다하지 못하는 것입니다.

고종: 주청사로부터 황태후의 말씀을 듣자오니, 이번 책봉은 조선의 경사인데 주청을 보니 매우 기쁘거니와 하사품을 고루 다 신선하고 모양 좋은 것으로 해야 한다고 하셨다 합니다. 저희 작은 나라의 신민이 춤추며 기뻐하여 말할 바를 모르거니와 대인들이 조정에 돌아가시거든 은혜에 감사하고 성의에 축수한다는 뜻을 아뢰어 주시기를 바랍니다.

칙사: 조정에 돌아가거든 옮겨 아뢰겠습니다.

(칙사가 상에게 대왕대비전, 왕대비전, 대비전의 안부를 차례로 묻자)

고종: 기력이 다 태평하십니다.

칙사: 우리가 왕세자와 한번 대면할 수 있으면 좋을 듯합니다마는, 날씨가 차서 온당치 않을 듯합니다.

고종: 날씨가 그리 차지 않은데 무슨 어려울 것이 있겠습니까.

칙사: 말씀이 이러하시니 감히 잠시 대면하겠습니다.

(왕세자와 접견한 뒤)

칙사: 이제 왕세자를 보건대, 용모가 비범하고 또 복의 기운이 많으니 국왕의 복이고 백성의 경사와 행복입니다.

고종: 지나치게 칭찬을 받으니 어찌 감당할 수 있겠습니까…

…(이후 대화 중략)…

고종: 칙사가 멀리서 오시니 외딴 이곳이 빛이 변합니다. 다례를 행하여 작은 정성이라도 조금 나타내고 싶습니다.

칙사: 감히 주시는 좋은 차를 받지 않을 수 있겠습니까.

고종: 수행원들에게도 차를 주는 것이 어떻겠습니까?

칙사: 말씀대로 따르겠습니다.

고종: 음식은 매우 변변치 못하나 소연을 열도록 허락하여 주시어 구구한 정성을 폅니다.

칙사: 술과 안주가 모두 좋으니 성의에 매우 감사합니다.

고종: 수행원들에게도 술을 주는 것이 어떻겠습니까?

칙사: 말씀대로 따르겠습니다.

고종: 한 번씩 잔을 주고받는 것이 빈객과 주인 사이의 예인데, 주량이 적어서 많이 보답하지 못하므로 대인들이 용서하시면 두어 잔을 권해 드리겠습니다.

칙사: 덕으로 실컷 취하겠습니다.

고종: 대인들이 여행 끝에 피로하실 터이니 감히 저녁 오래도록 조용히 이야기하기를 청할 수 없습니다. 숙소가 질박하고 누추함을 면하지 못하나 잘 쉬시기 바랄 뿐이며, 내일 몸소 나와서 문안하겠습니다.

칙사: 내일 다시 존귀한 대가를 수고로이 하실 것이 뭐 있겠습니까.

    이어 연회의 예를 행하여 음식을 바치고 음악이 연주되고 무희가 춤추었다. 끝나고서 칙사가 자리에서 일어났다. 두 칙사가 읍하여 배웅하고 상이 근정문 밖에 나왔다. 의전관이 가마를 타기를 무릎 꿇고 청하니, 상이 가마를 타고 숭양문을 들어갔다. 승지가 표신(궁중 상황의 급변을 알리거나 궁궐 문을 드나들 때 쓰던 문표)을 내어 계엄을 풀기를 청하였다.

    상이 대내로 돌아가고 신하들이 차례로 물러 나왔다.

— 『승정원일기』 음 1876.1.22.

일본의 근대사 왜곡은 언제 시작되는가

다음날 정오, 대가가 남소관에 나아가기 위해 거동하였다. 이때 입시한 행도승지 심이택 등 27인의 신하가 차례로 시립하였다. 전날과 같은 의전 절차를 거쳐 남소관에 이르렀다. 의전관이 교자에서 내리기를 무릎 꿇고 청하니 상이 교자에서 내려 천막에 들어갔다.

승지가 사관을 보내어 어첩을 받들고 가서 상칙사와 부칙사에게 문안하기를 청했다. 조동만이 어명을 받고 숙소에 가서 문안하니, 두 칙사가 "감히 감당할 수 없습니다" 하고, 양손으로 어첩을 받들어 도로 통역관에게 주며 "매우 불안합니다" 하였다. 조동만이 돌아와 승지에게 전하니, 승지가 아뢰었다.

조금 있다가 의전관이 천막에서 나가기를 무릎 꿇고 청하니 상이 나왔다. 의전관이 앞에서 인도하여 정청(正廳) 서쪽 계단 아래에 들어가고, 칙사 인도 의전관이 두 칙사를 동쪽 계단 아래로 인도하였다.

고종: 대인이 먼저 오르십시오.

두 칙사: 감히 감당할 수 없습니다. 국왕께서 먼저 오르십시오.

고종: 대인이 먼저 오르셔야지, 주인이 어찌 감히 먼저 오르겠습니까.

두 칙사: 감히 감당할 수 없으니 함께 오르소서.

(상이 계단을 거쳐 청(廳)에 올라 동향하여 서고 두 칙사가 계단을 거쳐 청에 올라 서향하여 섰다)

고종: 재배례를 하겠습니다.

두 칙사: 감히 명을 따를 수 없습니다.

고종: 예를 감히 그만둘 수 없습니다.

두 칙사: 함께 읍례를 하시지요.

고종: 대인이 오래 서 계신 것이 온당치 못하니 대인의 명을 따르겠습니다.

(함께 읍례를 하고 의자에 앉고 나서)

고종: 시·원임대신은 입시하라.

(대신들 입시 후)

고종: 날씨가 이러하고 숙소가 습하고 좁은데, 대인들이 노동하신 끝에 밤사이 기거가 어떠하셨습니까?

칙사: 공관이 마르고 깨끗하며 준비가 모두 좋아서 문득 몸이 안온함을 느낍니다.

고종: 숙소에서 접대하는 절차를 각별히 주의를 주었으나 제대로 갖추지 못한 것이 많은 듯하니 부끄러워 못 견디겠습니다.

칙사: 일체 정성껏 대우하니 두터운 염려를 극진히 입었습니다.

고종: 상칙사 대인은 연세가 몇이십니까?

칙사: 37세입니다.

고종: 부사 대인은 연세가 몇이십니까?

부사: 48세입니다.

고종: 대인들이 높은 연세에 멀리 오셨는데 조금도 손상이 없으시니 매우 경하합니다.

칙사: 우리는 나이가 아직 늙지 않았고 또 황상의 영적인 위엄에 힘입어 병을 면할 수 있었습니다. 더구나 여행 중 음식 대접 등이 모두 온당하였는데 말할 것이 있겠습니까. 어제 중간 관리를 보내어 후한 하사를 많이 받았으니 매우 감사합니다.

고종: 변변찮은 물건인데 감사하실 일이 뭐 있겠습니까. 대인들이 보내신 물건은 다 장식을 갖춘 진기한 물품이니 매우 감사합니다.

칙사: 행장 꾸리기가 어려워서 하찮은 물건으로 마음을 나타냈으니 도리어 매우 부끄럽습니다. 왕세자가 어제 바람을 쐬고 말았는데 특별히 손상된 데는 없습니까?

고종: 잘 있습니다.

부사: 어제 왕세자를 보니 숙성하고 큰 복의 기운이 있으니 귀국을 위하여 매우 다행

◇ 아극돈의 「봉사도」 중, 18폭 '청연' (출처: 북경 중앙민족대학 소장)

대궐에서 영조가 칙사를 대접하는 연회의 모습. 대전 북측에 음식이 배열되어 있고 영조가 서쪽에서 동향하고 칙사가 동쪽에서 서향하여 마주하고 있다. 방위 개념상 동이 서보다 상위이기에 중국 황제를 대리하는 칙사가 동쪽에 앉아있다.

입니다.

고종: 이토록 사랑받으니 매우 감사합니다. 대인들이 또한 많은 물건을 세자에게 보내어 주셨으니 매우 감사합니다.

칙사: 좋은 물건은 아니나 왕세자가 장성한 뒤에 이것을 보면 길이길이 우호를 맺을 수 있을 것입니다.

고종: 일본인이 세계의 일로 병선을 거느리고 와서 경기 연해에 정박하고 약조가 있다 하여 또 이렇게 서로 버티는데, 지난번 총리아문에서 급히 공문을 보낸 일이 있었으니 감사해 마지않습니다.

칙사: 도중에 이 이야기를 듣고 객의 마음이 불안하였습니다. 매우 바라건대, 귀국에

서 미리 방어를 베푸는 것이 좋겠습니다. 다만 세계에 대하여 버티는 것은 매우 존경합니다.

고종: 대인들이 조정에 돌아가거든 또한 이 뜻을 폐하께 전달하여 주시기를 매우 바랍니다.

칙사: 모두 전달하겠습니다.

부사: 관(館)을 설치한다는 말이 있다고 들었는데 과연 있습니까?

고종: 이는 강화에 관을 설치하려는 것이 아닙니다.

부사: 어느 곳에 두려는지는 모르나 듣기에 매우 불안합니다.

고종: 어제는 모시고 조용히 이야기하지 못하였으므로 못 잊어 남은 회포가 밤새도록 그치지 않았으니, 다과로 다하지 못한 성의를 조금 펴겠습니다.

칙사: 어제 후한 대접을 받았는데 이제 또 안부를 물으러 오시고 외람되게 성대한 예를 받게 되니 부끄러움과 감격이 함께 많습니다.

고종: 수행원들에게도 차를 내리는 것이 어떻겠습니까?

칙사: 공경히 말씀대로 따르겠습니다.

고종: 두어 가지 음식으로 초라하나마 소연을 행하니 억지로라도 수저를 대십시오.

칙사: 공경히 말씀대로 따르겠습니다.

고종: 대인들이 멀리 해외에 오신 것은 실로 얻기가 쉽지 않은 기회이니 어찌 기쁘지 않겠습니까. 숙소는 허술하고 음식은 변변치 않지만 여러 날 동안 편안히 쉬면서 조용히 피로를 푸십시오. 이것이 소망입니다.

칙사: 지금 돌아갈 마음은 한 시각도 염려되니 오래 머무르기 어렵습니다.

고종: 대인들이 높은 언덕과 낮은 땅을 달려오신 것도 오래거니와, 머무르기를 청하는 지극한 뜻을 행여 저버리지 말고 마음 편히 조금 더 머무르시기를 바랍니다.

칙사: 삼가 바라는 것은 바삐 돌아가는 것이니 감히 명을 따를 수 없습니다.

고종: 뜻이 그러시더라도 내 마음은 참으로 서운합니다. 하루를 더 머무르신들 무슨 장애될 것이 있겠습니까.

칙사: 이토록 권하시니 어찌 따르지 않을 수 있겠습니까.

고종: 종일 모시고 이야기하고 싶으나, 추운 마루에 오래 앉아있으면 귀체를 손상할세라 염려되니 돌아가겠습니다.

칙사: 말씀을 들은 지 이미 오래되었고 날이 저물 것 같으니 일찍이 돌아가시기 바랍니다.

고종: 숙소가 편리하지는 못하나 대인들이 잘 쉬시기를 다시 바랍니다. 돌아가시는 날 관사에서 모시고 작별하겠습니다.

칙사: 그날은 멀리 관사에 납실 것 없습니다.

이어서 다례를 행하여 음식을 바치고 음악을 연주하고 잔을 비웠다. 예가 끝나고 칙사가 자리에서 일어났다. 상이 두 칙사에게 읍하고 두 칙사도 답하여 읍하였다. 의전관이 상을 인도하여 서쪽 계단에 이르고 칙사 인도 의전관이 칙사를 인도하여 계단 아래에 이르렀다. 상이 연향청 서중문을 나갔다…

의전관이 교자를 타기를 무릎 꿇고 청하니, 상이 교자를 타고 이어 출발하였다. 대가가 광화문을 거쳐 숭양문 밖에 이르러 상이 교자에서 내려 가마를 갈아타고 숭양문을 들어갔다. 승지가 표신을 내어 계엄을 풀기를 청하였다. 상이 영화문을 거쳐 대내로 돌아가고 신하들이 차례로 물러나왔다.

— 『승정원일기』 음 1876.1.23.

제2절 구로다와 신헌

조선 조정이 청의 칙사를 맞이하기 위한 준비로 부산하고 모리가 베이징에서 이홍장의 의중을 알아보고 있던 1875년 12월 10일, 특명전권변리대신 구로다 기요타카와 부전권변리대신 이노우에 가오루(후일의 외무대신과 조선 주재 일본공사)는 군함 7척을 이끌고 시나가와항을 출발해 부산으로 향했다. 메이지 정부는 이들에게 운요호 사건을 트집 잡아 무력 위협으로라도 조선과 수교를 진행하라는 임무를 주었다. 그간 왜관을 오갔던 외교관 모리야마도 동행시켰다.

임무를 완수하고 귀국한 이유원 등 주청사 일행에게 고종이 시상을 한 다음날(12.19.) 일본 군함들이 부산 앞바다에 도착했다. 당시 훈도 현석운은 한양에 있었다. 별차 이준수가 관수왜로부터 일본 사절이 강화도로 간다는 사실과 사신이 접견하러 나오지 않으면 바로 한양까지 올라간다는 통고를 받았다. 보고받은 동래부사, 부산첨사, 경상좌수사가 할 수 있는 것이라곤 빨리 중앙 정부에 알리는 일밖에 없었다. 조선의 목제 병선으로 일본의 근대 군함을 도저히 당할 수는 없었기 때문이다.

> 남해를 돌아 서해로 북상하는 함대를 남양(현 아산만) 앞바다에서 관측한 남양부사는 12월 26일 이양선 출현 보고를 했다. 고종과 중신들은 이양선이 일본 군함일 것으로 추측해 마침 한양에 와있던 역관 현석운과 오경석을 이양선의 추정 목적지인 강화로 급파하며 강화도 주변의 경계를 대폭 강화했다.
>
> — 『고종실록』음 1875.12.26.

일본의 근대사 왜곡은 언제 시작되는가

남양 인근의 구로다 함대는 며칠 동안 강화도에 접근하지 않았다. 강화도의 주변 경비가 예상외로 강한 것을 파악한 구로다는 본국에 2개 대대의 추가병력을 요청하고 기다리고 있었다.

이들이 남양 부근에 있던 1876년 1월 2일, 다음과 같은 동래부사의 보고서가 한양에 도착했다.

동래부사 홍우창이, '12월 19일 일본의 사신선 7척이 흑암 앞바다에 와서 닿았는데, 4척은 강화도를 향하여 떠났고 3척은 아직 그곳에 머물러 있습니다. 왜관을 지키는 일본 사람의 구두 진술서 등본은 아래와 같습니다'라고 아뢰었다.

'우리 조정에서 변리대신을 귀국에 파견하는 문제에 대해서는 전번에 우리 외무경이 이사관을 파견하여 미리 알린 바입니다. 이제 우리의 특명전권변리대신인 육군 중장 겸 참의개척장관 구로다 기요타카와 특명부전권변리대신인 의관 이노우에 가오루가 대마도에서 강화도로 가서 귀국의 대신과 만나서 의논하려고 합니다. 나와서 접견하지 않으면 아마도 곧바로 경성으로 올라갈 것입니다. 다만, 때는 추운 겨울철이고 풍랑으로 길이 막히기 때문에 강화도까지 도달하려면 아마 7, 8일의 기간은 걸려야 할 것입니다. 상기의 내용을 다시 경성에 전달해 주기를 바랍니다.'

명치 9년 1월 15일

관장 대리 외무 4등 서기생 야마노죠 유조

— 『고종실록』 음 1876.1.2.

전교하기를,

"이처럼 변경의 형편에 대한 보고가 날마다 와 닿는 때에 방어를 갖추고 변란에 대처할 방책을 제때에 강구하지 않을 수 없다. 오늘부터 시임 대신과 원임 대신, 의정부의 당상은 본부에 모여 충분히 잘 의논하도록 하라" 하였다.

— 『고종실록』 음 1876.1.3.

고종과 중신들은 이양선이 일본 군함이라는 것과 사절을 접대할 사신을 파견하지 않으면 이들이 한양에 침입하려는 의도를 알게 되었다.

1월 4일, 구로다는 조선의 반응을 떠보러 기함 맹춘호를 강화도로 접근시켰다. 강화유수 조병식은 탐문을 위해 수군에 출동을 명했고 맹춘호는 조선 수군의 지시에 응했다. 다음은 조병식의 보고문이다.

강화 유수 조병식이, '일본국 군함 맹춘호가 바다의 수심을 측량하기 위하여 강화부 남쪽 바다에 와서 정박하였는데, 함장은 해군 소좌 가사마 고오슌이며, 판관 박제근과 군관 고영주가 함께 그 배에 들어가서 사유를 물어보았습니다.'라고 아뢰었다.

아래는 정황을 탐문한 내용입니다.

"묻기를, '지난번 동래부에서 전해온 보고는 일본국의 배가 지난달 27, 28일 사이에 우리 지역으로 향하였습니다.'라고 했는데, 귀 선박은 과연 일본국의 배인가? 이 추운 겨울에 멀리 바다를 건너오는 동안 일행은 무사하며, 땔나무와 식량이 모자랄 우려는 없는가? 하니, 대답하기를, '우리 선박은 대일본제국의 군함 맹춘호이

일본의 근대사 왜곡은 언제 시작되는가

고, 함장은 해군 소좌 가사마 고오슌이다. 우리나라에서 특명전권변리대신 구로다 기요타카를 파견하여 장차 귀국의 경성에 갈 것이기 때문에 군함들이 남양만의 당진포에 모이기 위해 먼저 이 배를 보내어 뱃길을 측량한 것이다. 일행은 모두 편안하나 다만 음료수가 부족할 뿐이다. 땔나무와 식량은 부족할 걱정이 없다. 후의에 감사하게 여긴다'라고 하였습니다.

묻기를, '무슨 일로 여기에 왔으며 언제 돌아갈 것인가?'라고 하니, 대답하기를, '오늘부터 모레까지 3일 동안 바다를 측량한 후, 다시 당진포로 내려가서 특명전권변리대신이 타고 있는 공사선 1척과 그 밖의 배 4척을 인도하여 모두 6척이 올 것이다. 무슨 일로 왔는가 하는 문제는 공사선이 와 닿은 뒤에 귀 조정과 토의하는 것이 어떻겠는가? 우리들은 다만 공사선을 보호할 뿐이다. 애초에 잘 모르기도 하거니와 안다고 해도 말할 필요가 없다'라고 하였습니다.

묻기를, '지금 응답하는 사람은 무슨 벼슬을 지니고 있으며, 성과 이름은 무엇인가?'라고 하니, 그가 대답하기를, '외무성 역관 아비루 유사쿠이다'라고 하였습니다.

그 통역관이 함장의 방에 들어오면 함장이 감사의 뜻을 표시하려고 한다고 하기에 거절하기 어려워서 따라 들어가 자리를 잡고 앉아서 인사를 나누었습니다.

이어 그들이 묻기를, '여기서 강화까지는 몇 리나 되며, 강화에서 경성까지는 몇 리나 되는가?'라고 하니, '강화까지는 100여 리이고, 강화에서 경성까지는 200여 리가 된다'라고 대답하였습니다.

함장이 통역을 시켜 말을 전하기를, '이렇게 수고로이 인사를 차려주니 대단히 고맙다. 당신네가 돌아간 다음 육지에 올라가 사의를 표하겠다'라고 하니, 대답하기를, '음료수를 길어가는 것쯤은 좋으나 답례차 육지에 오르는 것은 규례를 살펴볼 때 매우 타당치 않다. 다시는 이를 괘념치 않는 것이 좋겠다'라고 하였습니다. 이어서 '이 배가 비록 이곳에 왔지만, 이곳은 우리나라 영해이다. 우리나라의 법에 외국 선박이 영해에 마구 들어오지 못하게 되어 있으니, 더는 거슬러 올라가지 않는 것이 좋겠다'라고 하니, 그가 대답하기를, '이것도 공사선이 올라온 후에 결정할 문제이지 우리들이 대답할 문제가 아니다'라고 하였습니다.

그가 말하기를, '야채와 닭이나 생선을 좀 구했으면 하는데 귀국의 상평전으로 값을 치르겠다'라고 하기에, 대답하기를, '먼 곳에서 온 사람들을 친절히 대우하는 뜻에서 그런 사소한 물건을 사고팔고 할 것까지야 있겠는가?'라고 하였습니다. 그들이 말하기를, '공짜로 주는 것은 전례인가? 귀국 조령으로 인해 그러는 것인가?'라고 하기에, 대답하기를, '조령이 있을 겨를이나 있었는가? 또 어찌 전례가 있겠는가? 먼 지방 사람들을 친절히 대우하는 뜻에서 값을 따지지 않는 것이다'라고 하니, 그가 웃으면서 머리를 끄덕였습니다. 그 밖에는 별로 물을 말이 없어서 이에 작별하고 우리 배로 돌아왔습니다" 하였다.

— 『고종실록』음 1876.1.4.

비상 대기하던 조정의 중신들은 전쟁을 피해 시간을 벌어야 한다는 의견에 따라 일단 대신을 파견해 접견하며 대응하기로 결정했다. 1월 5일, 고종은 접견대관 신헌[1], 부총관 윤자승을 강화도에 보내 구로다를 접견토록 했다.

---

1) 신헌은 무관 출신으로, 흥선대원군 집권 시기에 형조·병조·공조판서를 역임하고 국방부문의 참모 역할을 했다. 병인양요 때 총융사로서 프랑스군의 한성 공격에 대비했으며 병인양요 후에는 훈련대장에 임명되어 조선의 국방정책을 이끌었다. 고종 친정 후에도 진무사 겸 강화유수로 임명되어 광성진·덕진진·초지진 세 곳에 포대를 설치하여 요새화하는 등 국방에 관하여는 여전히 중책을 맡았다. 그는 일찍이 정약용의 영향을 받아 실학을 받아들였고 김정희 문하에서 금석학을 배우고 예서에 조예가 깊었다. 김정호의 대동여지도 제작을 돕고, 개화파의 태두인 박규수와 강위 등과도 사상적 교류를 하는 등 학문적 소양이 풍부한 문무를 겸비한 장수였다.

　　　　　　　　　　　　　　일본의 근대사 왜곡은 언제 시작되는가

◇ 신헌의 초상화
(출처: 위키피디아 한국어판)

◇ 구로다 기요타카의 사진
(출처: 위키피디아 한국어판)

　1월 9일, 훈도 현석운과 오경석은 구로다 함대의 모리야마로부터 '강화에서 기다리는 귀국 대관과의 접견 절차와 날짜는 우리가 내일 강화성에 들어가 강화유수와 면담 후 결정하겠다. 이를 강화유수에게 알리고 군사와 백성들이 경솔한 행동을 하지 못하도록 하라'는 통고를 들었다. 이에 현석운이 '접견 날짜와 절차는 우리 대관이 결정할 것이니 강화에 가서 논의하는 것은 부당합니다. 게다가 성안에 들어가는 것은 조정의 명령이 있은 다음에야 논의할 수 있습니다'고 항의했으나, 모리야마는 들은 척도 하지 않았다.

　1월 10일, 일본 군함 4척이 강화도에 접근했다. 현석운을 통해 보고를 받은 강화유수는 속수무책이었다. 일본 군함이 정박하고 일본인들이 상륙해 강화성으로 들어왔다. 강화유수와의 면담에서 그들은 구로다가 400명의 병력으로 상륙할 것이니 맞이할 준비를 하라고 통고하고, 조만간 2,000명의 일본군이 인천과 부평 사이에 상륙할 것이니 역시 맞이할 준비를 하라고 통고했다.

1월 16일, 구로다는 400명의 병력과 함께 강화도 남문 앞에 상륙했다. 다음날, 서문 군영 안의 연무당에서 백전노장 신헌(66세)과 패기 넘치는 구로다(37세) 사이에 상견례와 협상이 벌어졌다. 역사적인 첫 대면에서 행해진 구로다의 공세와 신헌의 방어를 대화체로 복원해 본다.

> **구로다:** 두 나라가 대신을 파견한 것은 곧 큰일을 처리하기 위한 것이고, 또 이전의 좋은 관계를 다시 회복하기 위한 것입니다.
>
> **신헌:** 300년간의 오랜 좋은 관계를 지금 다시 회복해서 신의를 보이고 친목을 도모하는 것은 참으로 두 나라 간의 훌륭한 일이므로 매우 감격스럽습니다.
>
> **구로다:** 이번 사신의 임무는 종전에 외무성 관리가 언급한 문제입니다. 이웃 나라를 사귀는 도리로서 어찌하여 화목하게 지내지 않고 이렇듯 관계를 끊어버리는 것입니까?
>
> **신헌:** 일본과 사귀어온 이래 늘 격식 문제를 가지고 다투는 것이 그만 오랜 전례가 되어버렸습니다. 당신네가 이미 이전의 격식을 어긴 상황에서 변경을 책임진 신하는 그저 종전 관례만 지키다 보니 그렇게 된 것입니다. 좋은 관계를 다시 회복하려는 마당에 이런 사소한 말썽을 다시 장황하게 말할 필요가 뭐 있습니까?
>
> **구로다:** 우리 배 운요호가 작년에 중국 우장으로 가는 길에 귀국의 영해를 지나가는데, 귀국 사람들이 포격하였으니 이웃 나라를 사귀는 정의가 대체 있는 것입니까?
>
> **신헌:** 남의 나라 경내에 들어갈 때 금지 사항을 물어봐야 한다는 것은 『예기(禮記)』에도 씌어 있습니다. 작년 가을의 사건은 어느 나라 배가 무슨 일로 간다는 것을 미리

일본의 근대사 왜곡은 언제 시작되는가

통지도 없이 곧바로 방어 구역으로 들어왔으니, 변경을 지키는 군사들이 포를 쏜 것은 부득이 한 일입니다.

구로다: 운요호의 세 개의 돛에는 다 국기를 달아서 일본 배라는 것을 표시했는데 어째서 알지 못하였다고 말합니까?

신헌: 그때 배에 달았던 깃발은 누런색이었으므로 다른 나라의 배로 알았습니다. 설령 귀국 깃발이었다고 하더라도 방어하는 군사는 혹 모를 수도 있습니다.

구로다: 우리나라 깃발의 표시는 무슨 색이라는 것을 벌써 알렸는데 무엇 때문에 연해의 각지에 알려주지 않았습니까?

신헌: 여러 가지 문제를 아직 토의 결정하지 못했기 때문에 그것도 미처 알려주지 못했습니다. 그때 영종진의 군사 주둔지를 몽땅 태워버리고 군물까지 약탈해간 귀국의 행동은 이웃 나라를 사귀는 의리가 아닌 것 같습니다. 이러한 득실에 대해서는 아마 양쪽이 양해할 수 있을 것입니다. 이번에는 사신이 올 것을 동래부에서 미리 알려주었기 때문에 예우하는 것이니 양해할 수 있는 것입니다. 표류해 온 배에 대해서까지면 지방 사람을 잘 대우해주는 뜻으로 정성껏 대우하여 주는데 어찌 귀국의 군함을 마구 쏘겠습니까?

구로다: 이번에 우리들의 사명에 대하여 두 나라의 대신이 직접 만나서 토의 결정하려 하는데 일의 가부를 귀 대신이 마음대로 처리할 수 있습니까?

신헌: 귀 대신은 명을 받아 먼 지역에 나왔으므로 바로 보고하고 시행할 수 없기 때문에 전권이라는 직책을 가진 것이지만, 우리나라는 국내에서 전권이라는 칭호를 쓰지 않으며 더구나 수도 부근의 연해인 데야 말할 것이 더 있겠습니까? 나는 그저 접견하러 왔으니 제기되는 일을 보고하여 명령을 기다려야 합니다.

구로다: 지난번에 외무성 관리가 우리나라에서 전권대신을 파견한다고 보고한 적이 있고 이에 따라 귀 대신이 접견하러 왔는데, 어째서 마음대로 처리할 수 없습니까?

신헌: 우리나라에는 본래 전권이라는 직책이 없습니다. 또 어떤 사건이 있을지도 모르

　　　는데 어떻게 조정의 결정을 미리 받아 올 수 있겠습니까?

구로다: 사신도 만나주지 않고 서계도 받아주지 않고 6, 7년이라는 오랜 기간이 지났

　　　는데 이는 무슨 까닭입니까? 그 이유를 듣고 싶습니다.

신헌: 지난 정묘년(1867)에 중국에서 보내온 신문지를 보니 귀국 사람 야도 마사요시

　　　가 보낸 신문지상에, 조선 국왕이 5년마다 반드시 에도(도쿄)에 가서 쇼군을 배알

　　　하고 공물을 바치는 것이 옛 규례였는데, 조선 국왕이 오랫동안 이 규례를 폐하였기

　　　때문에 군사를 동원하여 그 죄를 추궁한다고 하였습니다. 이후 우리나라의 조정과

　　　민간에서는 모두 귀국에서 우리나라를 몹시 무고하고 있다고 하지 않는 자가 없습

　　　니다. 또 『만국공보(萬國公報)』 가운데는 공물이 들어오지 않기 때문에 귀국이 우리

　　　나라를 정벌하려고 한다는 말도 있습니다… 이것이 사실 서계를 막아버린 첫째가는

　　　근본 이유입니다. 이번에 관계를 좋게 하자는 마당에 지나간 일을 들추어낼 필요는

　　　없을 것입니다.

구로다: 귀국에서 이러한 곡절이 있는 것을 우리나라에서 어떻게 알았겠습니까? 이것

　　　도 떠도는 말에 지나지 않는 것인데, 수백 년 동안 이어온 이웃 간의 두터운 의리를

　　　어떻게 이런 소문 때문에 끊어버릴 수 있습니까? 설사 이런 황당한 말이 있었다고

　　　하더라도 우리나라 정부에서 귀국 정부에 통보한 일이 없는 이상 어떻게 그것을 믿

　　　고 이렇게 의절할 수 있단 말입니까? 도리어 귀국을 위해서 개탄할 일입니다.

신헌: 신문은 귀국 사람이 간행하여 각국에 돌린 것인데 어떻게 황당한 것으로 돌려

　　　버릴 수 있겠습니까?

구로다: 이른바 신문이라는 것은 비록 자기 나라 안의 고을에서의 일이라고 하더라도

　　　간혹 진실하지 못할 수 있습니다. 만약 이 신문만을 믿는다면 전쟁이 일어나지 않는

　　　날이 없을 것이니, 그저 한 번 웃고 넘어가면 그만일 뿐입니다.

신헌: 우리 조정과 민간에서는 실상 의심을 품어온 지 오래됩니다. 그러나 대체로 이웃 나라를 사귀는 도리는 성신예경(誠信禮敬) 이 네 글자를 중요하게 삼고 있으니 피차 간에 서로 예전의 좋은 관계를 회복한다면, 이것은 참으로 두 나라에 모두 다행한 일일 것입니다.

구로다: 그 당시 사실 여부를 우리나라에 물어왔기 때문에 사실이 아니라고 지금 회 답했습니다. 무슨 지금까지 의혹을 품을 것이 또 있겠습니까?

신헌: 이제부터는 설령 그런 일이 있더라도 서로 오가면서 의혹을 풀면 될 것입니다.

구로다: 전날에 서로 대치하였던 일과 연전에 새 서계를 받아주지 않은 사건에 대해서 다 뉘우칩니까?

신헌: 전날의 사건은 얼음이 녹듯 완전히 풀렸는데 다시 무엇을 말하겠습니까?

구로다: 득실을 따지지 말고 덮어두는 것이 좋겠다는 것은 실로 부당한 말입니다. 설령 친구 간의 약속이라도 저버릴 수 없는데 하물며 두 나라 사이에 좋게 지내는 우의는 말할 것이 있겠습니까?

신헌: 7, 8년 동안 관계를 끊어버린 이유는 이미 남김없이 다 드러났습니다.

구로다: 이제 운요호가 우리 배라는 것을 알았으니 옳고 그른 것이 어느 쪽에 있으며, 그때 포격을 한 변경 군사들을 어떻게 처리하겠습니까?

신헌: 이것은 알면서 고의적으로 포를 사격한 것과는 다릅니다.

구로다: 오늘은 이미 날이 저물었으니 다 말할 수 없습니다. 대체로 두 나라 간에 조약을 체결해서 영구히 변치 않게 된 다음에야 좋은 관계를 가진다고 말할 수 있을 것입니 다. 만약 두 대신이 면담하지 못하게 될 때는 수행원들을 시켜 서로 통지할 것입니다.

신헌: 책임진 관리가 있는데 그럴 필요가 있겠습니까?

구로다: 나의 수행원들은 각기 조정의 명령을 받은 직무가 있으며 모두 공무에 참여 하는 사람들입니다. 귀 수행원들도 공무에 참여할 수 있는 사람들로서 서로 만나게

하는 것이 좋겠습니다.

신헌: 나의 수행원들은 조정의 명령을 받은 것이 아니라 사신인 내가 임의로 데려온 사
람들입니다.

구로다: 그렇다면 나의 수행원이 귀국의 부관과 서로 만나는 것이 좋을 것 같습니다.

신헌: 서로 만나기에는 서로의 지위가 맞지 않지만, 만약 오갈 일이 있으면 내왕하도록
하는 것도 좋을 것 같습니다.

구로다: 무방할 것입니다.

신헌: 간단하게 다과를 준비하였으니 좀 들어보십시오.

구로다: 호의는 감사하나 그만두는 것이 좋겠습니다.

신헌: 이미 준비해 놓은 것이니 되도록 드십시오.

구로다: 이렇게까지 권하시니 감히 사양하지 못하겠습니다.

— 『고종실록』음 1876.1.19.

1월 18일, 속개된 협상에서도 구로다는 국서 문제와 운요호 사건을
추궁했고 신헌은 방어하기에 바빴다.

구로다: 오늘은 어제 끝맺지 못한 말을 다시 계속하겠습니다. 야도 마사요시의 일과 신
문 등의 일로 귀국의 신하와 백성들치고 분개해 하지 않은 사람이 없고, 이로 인해
300년 동안 이어온 이웃 간의 우의를 끊어버렸다는데 참으로 알 수 없는 처분입니
다. 신문지는 애초에 우리 정부에서 귀국 정부와 교환한 것도 아닌데 무엇에 근거해
믿는단 말입니까? 무진년(1868) 이후 국가제도가 크게 바뀐 것(메이지유신)을 이웃
나라에 알리려고 사신을 시켜 공문을 가지고 동래부에 가서 만나줄 것을 청한 것이

　　　　　　　　일본의 근대사 왜곡은 언제 시작되는가

한두 번이 아니었으며, 모리야마 시게루, 요시오카 히로타케, 히로쓰 히로노부도 동래부에 갔다가 역시 만나지 못하였습니다. 연전에 외무성에서 새로 서계를 만들어 가지고 왔지만 아직까지 만나주지 않고 있으니 이전의 좋은 관계를 다시 회복하려는 이 마당에 어찌 변명이 없을 수 있겠습니까?

신헌: 신문 일은 어제 이미 이야기하였으므로 오늘 다시 끄집어낼 필요가 없으며, 그동안의 정형을 낱낱이 이해할 수도 없습니다. 종전의 관계를 다시 회복하려는 오늘은 그저 화목하고 사이좋게 하면 그만입니다.

구로다: 이번에 수호하려는 의도는 이미 잘 알았습니다만, 우리나라에서 사신을 여러 차례 보냈으나 접견하지 못하였으므로 그 이유를 귀국에 물어보기 위해 이번과 같은 사명이 있을 수밖에 없었습니다. 귀국에서 우리 사신을 배척한 것 때문에 우리 조정에서는 논의가 분분했고, 심지어 대신 4명이 교체되거나 파면되었고 한 명은 죽임을 당하기까지 되었습니다. 그리고 해군·육군과 백성 등 수만 명이 히젠주와 사가현 등지에 모여 반드시 귀국에게 무력행사를 하자고 한 것이 바로 재작년 일입니다.[2] 그때 내무경 오쿠보 도시미치가 사가현에 가서 군사와 백성들을 무마시켰는데 이런 호의를 알아주기나 합니까? 귀 대신은 지나간 일을 가지고 다시 논의할 필요가 없다고 하지만, 그렇다면 이번 사신도 돌아가서 보고할 말이 없게 될 것입니다. 뉘우쳤는가 그렇지 못한가에 대해서는 자세히 딱 잘라 말하는 것이 옳을 것입니다.

신헌: 귀국의 사람들이 마음속으로 분하게 생각하면서도 무력행사를 하지 않는다고 말하였는데, 그에 대해서는 매우 감사히 생각합니다. 그러나 우리들은 단지 접견하러 온 것이니 이에 대하여 어떻게 확답할 수 있겠습니까? '뉘우친다'는 두 글자는 어제도 말했지만, 이것은 우리에게 우격다짐으로 물을 문제가 아닙니다.

---

2) 정한론 파동과 그 결과 실각한 강경파 에토 신페이가 사가현에서 일으킨 사가의 난을 의미한다.

모리야마 시게루: 무진년(1868)에 우리나라가 사신을 파견해 서계를 바치려고 한 일은 자세히 알고 있습니까? 대마도주와 동래부가 교환한 문건은 무진년부터 경오년(1870) 12월까지 한두 건이 아니었으며, 또 내가 요시오카 히로타케, 히로쓰 히로노부와 함께 신미년(1871)에 동래부를 거쳐 서계를 바치려고 하다가 또 바치지 못하고, 부본을 베껴서 전 훈도에게 준 것이 귀 정부에 있으리라고 생각합니다. 그때 부득이 구두로 진술한 문건은 두고 돌아왔습니다. 귀국은 단지 종전의 규례를 따르려고 하지만, 우리나라는 종전의 제도를 크게 고쳐 대마도주도 없애 이때부터는 종전의 외교 경로가 없어진 까닭에 외무대승 하나부사와 함께 왔다가 또 바치지 못하였습니다. 표류하여 온 백성이 있는데도 돌보아주지 않았으며, 문을 만들어 놓고 파수를 보게 한다는 전령도 또한 마음에 거슬리는 어구가 있었습니다만, 우리들은 오히려 이웃 나라와 사귀는 종전의 의리를 잊지 않고 왜관에 머물러 있었습니다. 갑술년(1874) 가을에 이르러서야 비로소 관계가 단절된 이유를 알고, 사신의 직무가 순조롭게 이행되기를 애타게 기다렸습니다. 새 훈도가 내려온 다음 연전에 가지고 온 서계를 즉시 바치는 문제, 외무성에서 새로 서계를 만들어 가지고 오는 문제, 귀국 사신을 도쿄로 초빙하는 문제, 이 3건 가운데서 1건을 지적하여 처분해 달라는 내용으로 훈도에게 주어서 조정에 삼가 품처하도록 하였습니다. 그 회답에서는 두 번째 문제(새로운 서계를 작성해 오는 것)로 결정했다고 했기 때문에 과연 외무성에서 새로운 서계를 작성해 왔지만 아직까지 만나주지 않아서 헛되이 객관에 머물러 있었습니다. 실로 좋은 대책이 없던 차에 특별히 관리를 임명해서 내려보낸다고 했으나, 또 의복 문제를 가지고 의견이 대립하여 서로 만나보지 못하고 부득이 돌아갈 수밖에 없었다가 오늘에 와서야 사리를 밝히는 조치가 있게 되었습니다.

신헌: 대략 알 만합니다.

구로다: 꼭 귀국 조정의 확실한 대답을 받아 가지고 돌아가는 것이 바로 우리의 직무

일본의 근대사 왜곡은 언제 시작되는가

인 만큼, 바라건대 조정에 전달하여 우리들이 돌아가서 보고할 말이 있게 하여 준다면 아주 다행한 일이겠습니다.

신헌: 조정에 알리기는 하겠습니다.

구로다: 이번에 귀국과 종전의 좋은 관계를 회복하는 것은 실로 두 나라의 다행한 일입니다. 그런데 신의와 친목을 강구하는 데서 특별히 상의해서 결정할 한 가지 문제가 있으니 초록한 13개 조목의 조약을 모름지기 상세히 열람하고 귀 대신이 직접 조정에 나아가 임금을 뵙고 품처해 주기를 간절히 바랍니다.

(구로다가 조약 책자를 꺼내 보임)

신헌: 조약이라고 하는 이것이 무슨 일입니까?

구로다: 귀국 지방에 관을 열고 함께 통상하자는 것입니다.

신헌: 300년 동안 어느 때라도 통상하지 않은 적이 있었습니까? 오늘 갑자기 이런 것을 가지고 따로 요청하는 것은 참으로 이해할 수 없습니다.

구로다: 지금 세계 각국에서 다 통행되고 있는 일이며, 일본에서도 또한 각국에 관을 이미 많이 열어놓고 있습니다.

신헌: 우리나라는 바다 동쪽에 치우쳐 있어 갈대만 무성하고 척박한 땅으로 단 한 곳도 물품이 집결되는 곳이 없습니다. 토산물로 말하더라도 곡식과 무명뿐이며 금·은·진주·옥 같은 보물이나 능라나 금수(비단) 같은 사치품은 전혀 없습니다. 나라의 풍속이 검박하여 옛 습관에 푹 빠져 있고 새로운 법령을 귀찮아하니 설사 조정에서 강제로 명령을 내려 실행하라고 하여도 반드시 따르지 않을 것입니다. 이제 만약 물품을 서로 무역하여 곳곳으로 분주하게 나돌게 된다면, 어리석은 백성들은 법을 어겨 반드시 이 일로 하여 번잡스럽게 될 것입니다. 그리하여 지금 영원토록 좋은 관계를 맺으려던 계획이 나중에 화목을 깨뜨리는 계기로 뒤바뀌지 않으리라고 어찌 알겠습니까? 귀국에는 별로 이로울 것이 없고, 우리나라에는 손해가 클 것입니다. 뒷

날의 이해관계를 생각해보면 이전과 같이 수백 년 동안 이미 실행해오던 동래부 왜관에서 교역하는 것만 못할 것입니다.

구로다: 두 나라의 관계가 그간에 막혔던 것은 바로 조례가 분명하지 못하였기 때문입니다. 조약을 체결해서 영원히 변치 않는 장정으로 삼지 않을 수 없으니, 그렇게 된다면 두 나라 사이에는 다시 교류가 끊어질 일은 없게 될 것이며 또 이것은 모두 없앨 수 없는 만국의 공법입니다. 이렇게 결정하는 것이 좋을 것입니다.

신헌: 지금 관을 열어 통상하자는 이 같은 논의는 우리나라로서는 아직 있어 본 적이 없으며 우리 백성들은 아직 듣도 보도 못한 일이니, 이와 같이 중대한 일을 어떻게 백성들의 의향을 들어보지 않고 승낙할 수 있겠습니까? 비록 우리 정부라 하더라도 즉시 자의로 승인하기는 어렵겠는데 하물며 파견되어 나온 사신이야 말할 것이 있겠습니까?

구로다: 귀 대신이 전권을 행사할 수 없다면 대사를 토의하여 결정하는 것이 아무래도 늦어지게 될 것입니다. 귀국의 전권을 잡은 대신이 와서 만나본 이후에야 결정할 수 있을 것입니다.

신헌: (얼굴을 붉히며) 나 역시 대관인데 이미 대신을 만나고 있으면서 어째서 다시 다른 대신을 청하여 와서 만나자는 것입니까? 결코 들어줄 만한 일도 시행할 만한 일도 아니니 다시는 이런 말을 꺼내지 마십시오.

구로다: 그러면 이 일을 누구와 의논하여 결정해야겠습니까?

신헌: 이 일은 조정에 보고한 다음에 가부를 회답하지 않을 수 없습니다.

구로다: 그렇다면 두 분이 직접 올라가서 임금을 뵙고 보고하고 토의해서 회답해주는 것도 괜찮겠습니다.

신헌: 이미 명령을 받고 내려왔으며 마음대로 자리를 떠나기도 어려우니 문건으로 교환하는 것이 마땅하겠습니다.

구로다: 문건이 오가는 동안에 날짜가 걸릴 것인데, 우리들의 형편이 실로 난감하니 며

칠 안으로 회답해줄 수는 없겠습니까?

신헌: 문건이 오고 가고 의논도 하노라면 며칠 날짜가 걸릴 것입니다.

구로다: 우리들이 명령을 받고 나라를 떠나온 지도 이미 오래되었습니다. 또 배 한 척

이 오로지 우리가 복명할 것을 재촉하기 위하여 왔으니 한시가 급합니다. 만일 또다

시 늦어진다면 어떻게 여기서 지체할 수 있겠습니까? 반드시 속히 일을 도모하여 우

리들을 속히 돌아갈 수 있도록 해주기 바랍니다.

신헌: 이런 취지로 문건을 보내겠습니다.

— 『고종실록』 음 1876.1.20.

신헌을 줄기차게 몰아세우던 구로다가 갑자기 한 책자를 신헌에게 건네주며 '조약'을 품처해 줄 것을 요청했다. 이에 신헌은 "조약이라고 하는 이것이 무슨 일입니까?"라고 구로다에게 물어보았다. 당시 조선인 중 어느 누구도 근대 외교의 기본인 '조약'이란 단어와 그 의미를 아는 사람이 없었다.

며칠 전, 고종은 청의 예부가 보낸 외교문서를 받았다(『고종실록』 음 1876. 1.13.). 모리 아리노리가 12월 북경에서 총리아문과 이홍장을 상대로 벌였던 외교활동의 내용이 요약된 문서(1875.12.23. 자)였다. 이를 보고서야 고종은 이번 사태와 관련된 일본의 의도와 청의 속내도 알게 되었다. '무력으로라도 조선을 개항하려는 일본, 전쟁이 벌어져도 도울 수 없다는 청'. 청의 외교문서는 조선이 알아서 결정할 일이라고 했지만 사실상 개항을 권고하고 있었다.

1월 20일, 시·원임대신과 의정부 당상관(정3품 이상의 고급 관리)이 어전
회의를 개최했다.

고종: 일본과 300년 동안이나 좋은 관계를 맺어왔는데, 지금 서계에 대한 문제를 가지
고 여러 날 서로 버티고 있으니 정말 모를 일이다. 의정부에서 미리 의논하여 적당한
대책을 세우는 것이 좋을 것 같다.

영부사 이유원: 신들이 날마다 의정부에 모여서 의논한 지 오래지만, 지금 저 사람들의
정상을 보면 고분고분할 것 같지는 않습니다.

영돈녕부사 김병학: 저 사람들이 좋은 관계를 맺으려 왔다고 말은 하지만, 여러 가지
상황으로 보아 좋은 관계를 맺으려는 것이 아니라 불화를 일으키려는 것입니다. 끝
내 어찌 될지 모르겠습니다만 신들은 날마다 모여서 의논하고 있습니다.

판중추부사 홍순목: 적국의 외환이 어느 시대인들 없었겠습니까만, 조정이 옳게 처리
하고 백성들의 마음이 굳건하다면 저절로 고분고분하게 될 것입니다.

판중추부사 박규수: 일본이 좋은 관계를 맺자고 하면서도 병선을 끌고 오니 그 속셈을
헤아리기 어렵습니다. 다만 생각건대 삼천리 강토가 안으로는 정사를 잘하고 밖으로
는 외적의 침입을 막는 방도를 다하여 부국강병해지는 성과를 얻는다면 어찌 감히
함부로 수도 부근에 와서 엿보며 마음대로 위협할 수 있겠습니까? 참으로 분함을
금치 못하겠습니다.

영의정 이최응: 신들이 올라온 보고를 보니 저 사람들의 속셈은 매우 헤아리기 어렵습
니다. 날마다 의정부에 모여서 처리할 방도를 의논해야 하겠습니다.

우의정 김병국: 저들의 정상이 과연 좋은 관계를 맺기 위해서 그러는 것이겠습니까?
내려간 대관이 여러 날 그들을 만나고 있으니 그의 보고를 기다려서 대책을 강구해
야 할 것입니다.

일본의 근대사 왜곡은 언제 시작되는가

고종: 오늘 시임대신과 원임대신들을 부른 것이 바로 이 일 때문이다. 여러 대신들은 충분히 의논하고 적당한 대책을 잘 세우도록 하라. 지금 강화에서 온 보고를 보면 저 사람들이 조약 13조가 있다고 하였는데 아직 보고가 오지 않았다. 아직 자세히 알 수는 없으나 첫째 관을 개설하여 통상하자는 것은 이미 동래부 왜관에서 설치하고 시장을 열고 있는데 무엇을 또다시 설치하겠는가?

김병국: 지금의 우환을 보면 어느 때가 지금과 같았겠습니까? 다만 그것을 사전에 대처하는 방도는 오직 재정뿐입니다. 그러나 공납은 기일을 지체시키면서 이럭저럭 날을 보내고, 중앙과 지방의 저축은 도처에서 고갈되었으나 위급한 상황에 따르는 대책을 세울 길이 없습니다. 공적이건 사적이건 일이 어떻게 될지 알 수 없으니 실로 위태롭기 그지없습니다. 또한, 이런 일이 있는 때를 타서 작게는 도적질을 하고 크게는 강도질을 하여 수도로부터 시골에 이르기까지 가는 곳마다 소란하여 형세는 위급해지고, 가난한 사람이건 부유한 사람이건 모두 곤경에 빠져 엎치락뒤치락하니 이것은 다 기강이 서지 않아 두려울 게 없기 때문입니다. 무릇 기강이란 저절로 서는 것이 아니라 반드시 세우는 사람이 있어야 서는 것입니다. 그러니 나쁜 사람은 내쫓고 좋은 사람을 등용하여 조정의 기강을 세우며, 표창과 책벌을 정확히 적용하여 온 나라의 기강을 세우는 것은 전하가 한 번 변경하기에 달려있습니다. 삼가 원하건대 힘쓰고 힘쓰소서.

고종: 여러 가지 예비책은 묘당(의정부)에서 잘 의논하여 조처하기에 달렸지만, 지금 이처럼 힘쓸 것을 당부하니 어찌 감히 명심하지 않겠는가?

— 『고종실록』 음 1876.1.20.

이처럼 고종과 대신들은 일본이 요구하는 근대조약과 개항의 의미를 전혀 모르고 있었다.

신헌과 구로다 사이에 협상이 한창이고 세자 책봉 칙허를 위한 청의 칙사가 한양에 도착할 즈음(1.22.) 보수 유림들의 상소가 시작된다. 화서 이항로를 필두로 개항을 반대하는 위정척사파 유림들은 왜양일체론[3]의 논리로 전쟁을 해서라도 일본 군함을 쫓아내야 한다고 주장했다.

1월 22일, 화서의 제자 최익현은 지부복궐상소[4]를 올리면서 도끼를 지참해 궁궐 앞에 엎드려 일본과의 수교통상을 반대했다. 2년여 전 섭정 흥선대원군을 하야시키고 고종이 그렇게 원하던 친정의 길을 상소로 열어주었던 최익현이 이번에는 고종이 추진하려는 개항을 극력 반대하는 상소를 올린 것이다.

신은 적들의 배가 왔다는 소식을 듣고 의정부에서 응당 확정적인 의논이 있으리라고 생각하여 여러 날 동안 귀를 기울이고 기다렸으나 아직도 들은 바가 없습니다. 항간에는 그들의 속셈이 화친을 요구하는 데 있을 것이라고 소문이 떠돌아 입 가진 사람은 모두 분격하며 온 나라가 뒤숭숭합니다. 이 소문이 시행된다면 전하의 일은 잘못되고 말 것입니다.

화친이 상대편의 구걸에서 나오고 우리에게 힘이 있어 능히 그들을 제압할 수 있어야 그 화친은 믿을 수 있는 것입니다. 겁나서 화친을 요구한다면 지금 당장은 좀 숨을 돌릴 수 있겠지만, 이후 그들의 끝없는 욕심을 무엇으로 채워주겠느니

---

3) 왜(倭)와 양이(洋夷, 서양 오랑캐)는 같다는 뜻.
4) 지부복궐상소(持斧伏闕上疏) 또는 지부상소(持斧上疏)는 도끼를 지참해 자신의 주장이 관철될 때까지 대궐 앞에 엎드려 상소하는 것을 말한다. 만일 상소를 수용하지 않으려면 도끼로 자신의 목을 내리치라는 뜻의 극렬한 상소 방식이다.

일본의 근대사 왜곡은 언제 시작되는가

까? 이것이 나라를 망하게 하는 첫째 이유입니다.

그들의 물건은 모두 지나치게 사치한 것과 괴상한 노리갯감들이지만, 우리의 물건은 백성들의 목숨이 걸린 것들이므로 통상한 지 몇 년 되지 않아서 더는 지탱할 수 없게 될 것이며, 나라도 망하게 될 것입니다. 이것이 나라를 망하게 하는 두 번째 이유입니다.

그들이 비록 왜인이라고 핑계 대지만 실제로는 서양 도적들이니, 화친이 일단 이루어지면 사학(천주교)이 전파되어 온 나라에 가득 차게 될 것입니다. 이것이 나라를 망하게 하는 세 번째 이유입니다.

그들이 뭍에 올라와 왕래하고 집을 짓고 살게 된다면 재물과 부녀들을 제 마음대로 취할 것이니, 이것이 나라를 망하게 하는 네 번째 이유입니다.

이런 설을 주장하는 자들은 병자년(1636년) 남한산성의 일을 끌어들여 말하기를, '병자년에 화친을 한 뒤로 두 나라가 서로 좋게 지내게 되어 오늘까지 관계가 반석 같은데, 지금은 왜 그렇게 할 수 없단 말인가?'라고 합니다. 저들은 재물과 여자만 알고 사람의 도리라고는 전혀 모르는데, 그들과 화친한다는 것은 어떻게 하자는 것인지 모르겠습니다. 이것이 나라를 망하게 하는 다섯째 이유입니다.

… 지금 기어든 왜인들은 서양 옷을 입고 서양 포를 쏘며 서양 배를 타고 다니니, 이는 왜인이나 서양 사람이나 한 가지라는 것의 뚜렷한 증거입니다. 무엇 때문에 그들에게 속겠습니까? … 도끼를 가지고 대궐 앞에 엎드렸으니, 삼가 바라건대 빨리 큰 계책을 세우고, 조정 관리들 가운데서 한 사람이라도 화친을 주장하여 나라를 팔아먹고 짐승을 끌어들여 사람을 해치려고 꾀하는 자가 있으면 사형으로 처단하기 바랍니다. 만일 그렇지 않을 경우 이 도끼로 신에게 죽음을 내리신다면 조정의 큰 은혜로 여기겠습니다.

— 『고종실록』, 음 1876.1.23.

일본과의 협상 중에 반대 상소를 올린 자들을 국문하여 처형하라는 양사(사헌부와 사간원)의 주장이 올라오자, 고종은 최익현에게 흑산도로 위리안치형(거처의 담장을 가시덩굴로 둘러싸는 형벌)을 내렸다(『고종실록』 음 1876. 1.27.). 최익현은 흑산도 유배 후 3년 만에 석방된다.

제3절 강화도조약(병자수호조약)

1월 24일, 의정부는 일본의 통상 요청을 거절할 필요가 없으며 수호조약의 문제는 더 토론하여 양측에 편리하게 하도록 진행하라고 신헌에게 통보하였다(『고종실록』, 음 1876.1.24.).

다음 날에는 신헌에게 통상문제 협상에 관한 전결권을 주어 협상 시 재량하여 처리하도록 했다(『고종실록』, 음 1876.1.25.). 신헌이 전결권을 받는 것에 대해 사양하는 상소를 올리자, 고종은 다음과 같이 비답을 내렸다.

> 이번 왜국 사신이 온 것이 수호 때문이라고는 하나 안위에 관계되는 것이 없지 않은데, 경은 문무의 재주를 갖추어 일찍부터 명망이 드러나 조정의 논의가 다 이 사람이 아니면 안 된다 하고, 임기응변은 전결하여 재량할 수밖에 없으므로 강토 밖으로 나가는 것은 아니지만, 옛날의 사례를 원용하였거니와, 경은 어찌하여 이토록 사양하는가… 내가 경을 장성처럼 높이 믿으니, 경은 내 지극한 뜻을 잘 알아야 한다.
>
> — 『승정원일기』 음 1876.1.29.

마침내 2월 3일, 신헌과 구로다는 총 12조로 이루어진 조약에 서명·날인 했으니 이것이 조일수호조규다. 조일수호조규를 시행하기 위한 후속 협상이 수개월 후 이루어져 약 20일간의 협상 후 7월 6일, 조일수호조규 부록 및 조일통상장정이 체결되었다. 조일수호조규, 부록 및 통상장정을 총칭하여 강화도조약 또는 병자수호조약이라 한다.

《조일수호조규》

대조선국은 대일본국과 본디 우의를 두터이 하여온 지가 여러 해 되었으나 지금 두 나라의 정의가 미흡한 것을 보고 다시 옛날의 우호 관계를 닦아 친목을 공고히 한다.

이는 일본국 정부에서 선발한 특명전권변리대신 육군 중장 겸 참의개척장관 구로다 기요타카와 특명부전권변리대신 의관 이노우에 가오루가 조선국 강화부에 와서 조선국 정부에서 선발한 판중추부사 신헌과 부총관 윤자승과 함께 각기 받든 유지에 따라 조관을 의정한 것으로서 아래에 열거한다.

【제1관】 조선국은 자주 국가로서 일본국과 평등한 권리를 보유한다. 이후 양국은 화친의 실상을 표시하려면 모름지기 서로 동등한 예의로 대해야 하고, 조금이 라도 상대방의 권리를 침범하거나 의심하지 말아야 한다. 우선 종전의 교제의 정을 막을 우려가 있는 여러 가지 규례들을 일체 혁파하여 없애고 너그럽고 융 통성 있는 법을 열고 넓히는 데 힘써 영구히 서로 편안하기를 기약한다.

【제2관】 일본국 정부는 지금부터 15개월 뒤에 수시로 사신을 파견하여 조선국 경 성에 가서 직접 예조 판서를 만나 교제 사무를 토의하며, 그 사신이 주재하는 기간은 다 그때의 형편에 맞게 정한다. 조선국 정부도 수시로 사신을 파견하여 일본국 동경에 가서 직접 외무경을 만나 교제 사무를 토의하며, 그 사신이 주 재하는 기간 역시 그때의 형편에 맞게 정한다.

【제3관】 이후 양국 간에 오가는 공문은, 일본은 자기 나라 글을 쓰되 지금부터 10년 동안은 한문으로 번역한 것 1본을 별도로 구비한다. 조선은 한문을 쓴다.

【제4관】 조선국 부산 초량항에는 오래전에 일본 공관이 세워져 있어 두 나라 백성의 통상 지구가 되었다. 지금은 종전의 관례와 세견선 등의 일은 혁파하여 없애고 새로 세운 조관에 준하여 무역 사무를 처리한다. 또 조선국 정부는 제5관에 실린 두 곳의 항구를 별도로 개항하여 일본국 인민이 오가면서 통상하도록 허가하며, 해당 지역에서 임차한 터에 가옥을 짓거나 혹은 임시로 거주하는 사람들의 집은 각각 그 편의에 따르게 한다.

【제5관】 경기, 충청, 전라, 경상, 함경 5도 가운데 연해의 통상하기 편리한 항구 두 곳을 골라 지명을 지정한다. 개항 시기는 일본력 명치 9년 2월, 조선력 병자년(1876) 2월부터 계산하여 모두 20개월로 한다.

【제6관】 이후 일본국 배가 조선국 연해에서 큰 바람을 만나거나 땔나무와 식량이 떨어져 지정된 항구까지 갈 수 없을 때는 즉시 곳에 따라 연안의 지항에 들어가 위험을 피하고 모자라는 것을 보충하며, 선구를 수리하고 땔나무와 숯을 사는 일 등은 그 지방에서 공급하고 비용은 반드시 선주가 배상해야 한다. 이러한 일들에 대해서 지방의 관리와 백성은 특별히 신경을 써서 가련히 여기고 구원하여 보충해 주지 않음이 없어야 할 것이며 감히 아끼고 인색해서는 안 된다. 혹시 양국의 배가 큰 바다에서 파괴되어 배에 탄 사람들이 표류하여 이르면 곳에 따라 지방 사람들이 즉시 구휼하여 생명을 보전해주고 지방관에게 보고하며 해당 관청에서는 본국으로 호송하거나 가까이에 주재하는 본국 관원에게 교부한다.

【제7관】 조선국 연해의 도서와 암초는 종전에 자세히 조사한 것이 없어 극히 위험

하므로 일본국 항해자들이 수시로 해안을 측량하여 위치와 깊이를 재고 도지를 제작하여 양국의 배와 사람들이 위험한 곳을 피하고 안전한 데로 다닐 수 있도록 한다.

【제8관】 이후 일본국 정부는 조선국에서 지정한 각 항구에 일본국 상인을 관리하는 관청을 수시로 설치하고, 양국에 관계되는 안건이 제기되면 소재지의 지방장관과 토의하여 처리한다.

【제9관】 양국이 우호 관계를 맺은 이상 피차의 백성들은 각자 임의로 무역하며 양국 관리들은 조금도 간섭할 수 없고 또 제한하거나 금지할 수도 없다. 양국 상인들이 값을 속여 팔거나 대차료를 물지 않는 등의 일이 있을 경우 양국 관리는 포탈한 해당 상인을 엄히 잡아서 부채를 갚게 한다. 단 양국 정부는 대신 상환하지 못한다.

【제10관】 일본국 인민이 조선국 지정의 각 항구에 머무르는 동안 죄를 범한 것이 조선국 인민에게 관계되는 사건은 모두 일본국 관원이 심리하여 판결하고, 조선국 인민이 죄를 범한 것이 일본국 인민에게 관계되는 사건은 모두 조선 관청에 넘겨 조사 판결하되 각각 그 나라의 법률에 근거하여 심문하고 판결하며, 조금이라도 엄호하거나 비호함이 없이 공평하고 정당하게 처리한다.

【제11관】 양국이 우호 관계를 맺은 이상 별도로 통상장정을 제정하여 양국 상인들이 편리하게 한다. 또 현재 논의하여 제정한 각 조관 가운데 다시 세목을 보충해서 적용 조건에 편리하게 한다. 지금부터 6개월 안에 양국은 따로 위원을 파견하여 조선국의 경성이나 혹은 강화부에 모여 상의하여 결정한다.

【제12관】 이상 11관 의정 조약은 이날부터 양국이 성실히 준수하고 준행하는 시작으로 삼는다. 양국 정부는 다시 고치지 못하고 영원히 성실하게 준수해서 화호를 두텁게 한다. 이를 위하여 조약서 2본을 작성하여 양국 위임 대신이 각각 날인하고 서로 교환하여 신임을 명백히 한다.

대조선국 개국 485년 병자년(1876) 2월 2일

　　대관 판중추부사 신헌

　　부관 도총부부총관 윤자승

대일본국 기원 2536년 명치 9년 2월 26일

　　대일본국 특명전권변리대신 육군 중장 겸 참의개척장관 구로다 기요타카

　　대일본국 특명부전권변리대신 의관 이노우에 가오루

메이지 신정부는 그토록 원하던 조선과의 공식적 외교관계를 맺었다.

22년 전 미국의 페리 함대에 당한 방식과 똑같은 방식인 함포외교로 조선과 불평등조약을 체결했다. 서구와의 불평등조약을 체결하고 나서 큰 문제가 있음을 일본이 깨달은 후 오랜 기간 자신들은 조약의 개정 노력에 거국적으로 애를 쓰고 있으면서도, 근대법에 관하여 아무것도 모르는 어리석은 이웃 조선에는 자신들이 당한 불평등조약의 체결을 그대로 강요한 것이다. 친구와는 믿음으로 사귀어야 한다는 유교 윤리에 충실하게 이웃 일본이 이양선의 출현에 대비하도록 우정의 충고를 해준 바보 조선과는 딴판이었다.

10년 전 프랑스군의 침입으로 병인양요를 당한 조선은 이미 서양과 수호통상까지 하는 일본의 사정은 전혀 모른 채 순진하게도 병인양요의 상황을 일본에 알려주었다.

또 아뢰기를 "… 일본은 강화조약을 맺은 이후로 변경의 상황에 관계되는 문제에 대해 서로 통보하였습니다… 지금 서양 오랑캐들이 바람처럼 순식간에 출몰하니 그들의 상황을 헤아리기 어렵습니다. 그리고 외양에서 출몰하는 배들이 일본에 사단을 끼치는 일이 꼭 없으리라고 보장하기 어렵습니다.

그러므로 이웃 나라와 사이좋게 지내는 방도로 그들이 일을 당하기 전에 통지하는 것이 합당할 듯합니다. 우리나라가 요사이 겪은 일의 전말을 자세히 적어 동래 왜관에 서계를 작성해 보내서 쇼군에게 전달되게 함으로써 변방 방어를 튼튼히 하고 이웃 나라와의 우호를 두터이 가지려는 뜻을 보여주는 것이 어떻겠습니까?" 하니 윤허하였다. 이에 따라 예조참의 임면호가 일본국 대마도 태수에게 다음과 같이 편지를 보냈다… (이후 병인양요 설명 후략)

— 『고종실록』 음 1866.10.15.

일본의 근대사 왜곡은 언제 시작되는가

◇ 강화도조약 체결 당시의 모습 (출처: 위키피디아 한국어판)

조약 체결을 기념해 구로다는 고종에게 최신식 회선포(개틀링 기관총) 1문, 탄약 2천 발, 전차 1량, 육연단총 1정과 탄약 100발, 칠연총 2정과 탄약 200발 등을 선물했다. 이에 답례로 고종은 구로다에게 유교 경전인 사서 각각 1질, 시전지(시를 쓰는 종이) 5권, 색필 100병, 붓 50정, 모시 10필, 비단 10필 등을 선물했다.

각기 귀중하다고 여긴 선물 목록을 보면 양국이 추구하는 가치는 너무나 대조적이다. 조선은 전통적인 유교 경전과 지필묵을 선물한 데 비해 일본은 최신식 근대 무기를 선물했다. 문과 무, 전근대 봉건과 근대의 만남이었다.

최신식 근대 무기를 조선에 선사한 것을 보면 당시 일본 정부는 아직은 조선을 침략할 의도는 없었던 것으로 평가할 수 있다. 이는 조약 체결 후 곧 일본을 방문하는 제1차 수신사 김기수의 일본 체류 시, 하루빨리 조선이 부국강병에 힘써 러시아의 위협에 공동으로 대처하자고 일본 관리들이 권유한 점에서도 잘 알 수 있다.

조선 최초의 근대조약인 강화도조약은 불평등조약으로 많은 문제점을 내포하고 있었다.

우선 조선의 자주국 규정(제1조)은 어찌 보면 당연한 규정이며 또 조선을 대우한 것처럼 보이지만, 수백 년 지속된 중국과의 사대 조공 관계에 있는 조선의 현실을 감안하면 청의 종주권 주장을 차단하기 위한 일본의 포석이었다. 이는 다음 편에 기술되는 동학농민운동 발발로 일본군이 파병되었을 때에 청과 조선을 향해 제기되는 '속방론'으로 그 위력을 발휘한다.

또, 해안 측량과 개항장에서의 치외법권 허용 조항은 주권 침해 조항이다.

가장 큰 문제는 개항장에서의 관세권을 전혀 규정하지 않은 점이다. 조선 정부는 근대적 외교 및 통상 지식이 없었을 뿐 아니라 일본과의 조약을 종래의 전통적인 교린 관계의 회복 정도로만 생각했다. 일본과의 통상이 시작되고 나서 얼마 후 조선 정부도 관세조항이 빠졌다는 사실을 깨달았다. 그러나 이후 조선의 조약 개정 요구에 일본 정부는 시종 미온적이었다. 결국 미국과의 조미수호통상조약(1882년)에서 관세조항이 규정되고 나서야 조선은 일본에 관세권을 행사할 수 있었다. 6년간 얻었을 관세 수입을 국제법의 무지로 인해 도둑맞았다.

또한, 조규부록과 통상장정에서 일본 상인에 의한 조선의 양곡 수출과 조선에서의 일본 화폐 유통을 허용함으로써 향후 일본의 경제적 수탈의 길이 열리게 된다.

일본의 근대사 왜곡은 언제 시작되는가

조일수호조규 체결 후 구로다와 이노우에는 곧 떠났고, 사후처리를 위해 남은 실무자 미야모토 오카즈(또는 미야모토 고이치)가 신헌을 찾아와 두 가지 메시지를 전달했다.

하나는, 지도를 꺼내놓고 러시아의 남하 가능성을 설명하고 일본이 조선과 강화한 목적은 러시아의 남하를 공동으로 저지하자는 것이라고 강조했다. 에도막부 말기부터 수없이 일본에 출몰한 러시아 함선들과 쓰시마 점령 사태[1], 상트페테르부르크조약 체결(1875년)에 이르기까지 부동항을 얻기 위한 러시아의 남하 야욕을 일본은 잘 알고 있었기에 러시아의 위협에 조선과 공동보조를 취하자는 것이었다.

둘째는, 그간 확인한 조선 관리들의 고루한 인식과 태도가 향후 개항장 선정, 외교관 상주 등 조약의 실무적 이행에 큰 장애가 될 것으로 본 일본의 요청사항이었다. 즉, 조선 사절이 일본의 발전상을 한번 보면 개화의 필요성을 절감해 향후의 실무적 협의가 원활해질 것이라는 생각에서 6개월 이내에 조선 사절을 일본에 파견해 달라고 요청했다. 이에 따라 조약 체결 5개월 후에 제1차 수신사 김기수 일행이 일본을 방문하고 귀국한다.[2]

---

1) 1861년 러시아 군함 포사드니크호가 부동항을 얻기 위해 쓰시마를 점령한 사건. 러시아는 선체 수리를 핑계로 무단 상륙하여 번주와의 회담과 조차지 등의 요구를 하며 장기 주둔을 시도했다. 쓰시마번과 에도막부의 항의에도 이들이 꿈쩍하지 않자, 막부는 영국에 도움을 요청했다. 영국 군함의 출동으로 6개월 만에 러시아군은 물러났다.
2) 제1차 수신사 김기수의 활동 및 이후의 한일 근대사에 관하여는 『한일 근대인물 기행』의 175쪽 이하를 참조.

제2편

경복궁은 알고 있다

제1장 연이은 역사적 사건들, 1894년

1894년, 한반도에는 매우 중요한 역사적 사건 세 가지가 동시에 일어난다. 동학농민운동, 갑오개혁(갑오경장), 청일전쟁이 바로 그것이다.

본 편에서는 이 세 가지 사건에 모두 관련되어 있지만, 오랫동안 세간의 주목을 받지 못했던 하나의 사건을 집중적으로 다루어 보고자 한다. 그것은 바로 동학농민운동 기간 중 벌어진 1894년 7월 23일의 '일본군의 경복궁 점령 사건'(이하 '경복궁 점령 사건', '왕궁 점령 사건' 또는 '이 사건'이라 함)이다. 이 사건의 실체적 진실을 정확히 알기 위해서는 전후에 발생한 역사적 사건들과의 연관성을 추적하고 각종 사료들을 분석하는 것이 필수적이다.

우선, 이 사건 전후에 발생한 중요한 일들을 시간순으로 한번 정리해 보자.

    1894.1.10. - 전봉준의 고부 봉기
        3.28. - 김옥균 상하이에서 피살

4.25. - 동학 농민군 무장 기포[1]

5.11. - 동학 농민군 황토재 전투 승리

5.31. - 동학 농민군 전주성 점령

        - 일본 중의원 이토 내각 탄핵상주안 가결

6.1. - 고종의 청군 파병 원세개에게 구두 요청

6.2. - 일본 정부의 의회 해산 및 조선 파병 결정

6.3. - 고종의 청군 파병 공문 발송

6.8. - 청군 아산만 도착 시작

6.9. - 전주화약으로 농민군 해산

        - 일본군 인천항 도착 시작

7.23. - 일본군의 경복궁 점령

7.25. - 풍도해전(청일전쟁 개시 전투)

        - 조선 정부의 청군 축출 의뢰서 일본 확보

7.27. - 일본공사관과 대원군 주도로 군국기무처 설치

        (총재관: 김홍집)

        - 갑오개혁 개시

7.28. - 성환전투 일본군 승리

8.1. - 청일전쟁 선전포고

위에서 알 수 있듯이 경복궁 점령을 교두보로 하여 일본은 조선에서 바로 청일전쟁과 갑오개혁을 일으킨다. 동학농민운동에서 청일전쟁과 갑오개혁이라는 워낙 중요하고도 큰 역사적 사건으로 이어지는 길목

---

1) 동학의 전국 조직은 상위조직 포(包)와 하위 조직 접(接)으로 구성되어 있었다. 전라도 무장에서 포(包) 단위의 대규모로 봉기한 사건을 말한다.

에 있는 이 사건은 종전 역사학계에서도 별 주목을 받지 못했던 것이 사실이다. 찰나 같은 극히 짧은 시간에 일어난 일이기도 했지만 그 앞뒤에 일어난 워낙 크고도 중요한 역사적 사건들이 강력하게 시선을 끌다 보니 이 사건은 묻힐 수밖에 없었다.

그러나 경복궁 점령 사건이 오랜 기간 이렇게 주목받지 못하고 지나칠 수밖에 없었던 사유를 곰곰 돌이켜 보면 사건 발생 직후부터 일본군과 일본 정부가 발표하고 지금까지도 유지되고 있는 이 사건의 성격에 관한 입장, 즉 총격전을 거쳐 조선군을 쫓아내고 경복궁을 점령한 것이 우발적으로 발생한 사건이라고 주장한 것과 이를 학계에서 그대로 받아들여 온 것이 더 큰 근본적 원인이라 할 수 있다.

이 사건에 연이어 벌어지는 청일전쟁의 명분을 '자주국 조선을 청으로부터 독립시키기 위한 전쟁'이라고 조선을 향해서나 국제적으로 시종일관 주장해 온 일본이었다. 청나라로 향해야 할 총부리를 어째서 독립을 시켜주겠다는 자주국 조선에 먼저 들이댔을까? 혹시 이 기본적 의문에 답변하기 곤란하자 일본은 진실을 감추기 급급하여 전혀 의도되지 않은 우발적 사건이라고 사건 발생 직후부터 딱 잡아뗀 것은 아닐까?

동학농민운동 기간 중 행해진 일본군 파병의 사유(제물포조약에 의한 일본 공사관과 거류민 보호)에 어울리지 않는 대규모 파병, 파병 후 장기 주둔의 명분을 찾으려는 집요한 노력과 명분(내정개혁론과 속방론) 발굴, 대규모 파병에 변명으로 일관하던 일본공사관이 내정개혁론과 속방론을 통해 조선과 청에 대한 공세적 입장으로 전환하는 등, 이 사건에 이르기까지의 전 과정에서 본국 외무성과 주고받은 일본공사관의 전신 등 역사적 기록을 살펴보면 그동안 일본 정부와 일본군이 주장한 우발적 사건이라는 것이 억지 주장으로 보이기 때문이다.

다행히 소수설이기는 하지만 이 사건을 청일전쟁과는 별개로 조선과의 전쟁으로 보거나, 광의의 청일전쟁에 포함시키는 소수의 학자들이 있다.[2]

근래에는 한발 더 나아가 새로운 사료를 발굴해 이를 통해 일본군과 일본 정부의 기존 주장은 역사적 사실과 다르고, 역사 조작의 가능성을 강력하게 제기하면서 일본의 근대사 왜곡이 일찌감치 시작되었다는 일부 일본인에 의한 양심적인 주장[3]도 대두되었다.

그럼에도 불구하고 일본 정부는 이 사건에 관하여 종전의 주장을 그대로 답습하고 있다. 이 사건과 연계되어 있을 뿐 아니라 이 사건 직후에 발생한 청일전쟁에 관하여도 마찬가지다. 사건 발생 후 120년이라는 세월이 흐르는 동안, 일본 정부의 입장이 얼마나 달라졌는지는 일본 어린이들이 배우는 초등학교 교과서를 통해서 확인할 수 있다.

---

2) 전자의 주장은 다보하시 키요시(田保橋潔), 히야마 유키오(檜山幸夫), 하라 아키라(原朗) 등이, 후자의 주장은 하라다 케이이치(原田敬一) 등이 주장하였다. 조재곤, 「1894년 일본군의 조선왕궁(경복궁) 점령에 대한 재검토」, 『서울과 역사』 94권, 2016, 서울역사편찬원, 46~47쪽.

3) 1994년 후쿠시마 현립도서관에서 『일청전사』 초안을 발굴하여 왕궁 점령 사건이 조작되었다는 주장을 한 나카츠카 아키라(中塚明) 교수, 2005년 일본 국회헌정자료관에서 발굴한 천황의 일청전쟁 선전조칙 초안들 중 선전포고 대상국에 청과 함께 조선도 포함된 초안(제3·4안)에서 조선이 빠진 제5 초안으로 바뀐 이유는 일본이 사주한 친일 쿠데타(경복궁 점령 사건과 친일 내각 출범)가 성공했기 때문이라고 주장한 요시오카 요시노리(吉岡吉典) 참의원 의원 등이 있다.

메이지 27년(1894년) 조선에서 동학당의 난이 일어났다. 그 세력이 성대하자
청국은 속국의 난을 구한다고 칭하며 <u>톈진조약을 어기고 제멋대로</u> 군대를 아
산으로 보냈다. 이에 우리나라(일본)도 또한 공사관과 우리 거류민 보호를 위
해 군대를 조선으로 보냈다. 이리하여 동년 7월 우리 군함이 풍도 앞바다에서
<u>청함에게 요격을 받아 비로소 해전을 시작했다.</u> 이어서 육군도 청병과 성환·
아산에서 싸웠다. 이에 8월에 천황이 선전조칙을 내려 마침내 청국 정토의 군
을 발하였다. … **이 전쟁에서 승리함에 따라 우리 국위가 크게 오르고 서양제
국으로 하여금 우리나라의 진가를 잘 알게 했다.**

— 나카츠카 아키라, 박맹수 역, 『1894년, 경복궁을 점령하라』,
푸른역사, 2002, 156~157쪽.

일본은 메이지 초기에 조선과 불평등한 조약을 체결하고 세력을 넓혀 가려
했다. 조선에서는 중국의 영향력이 강했기 때문에 일본과 청은 대립이 깊어갔
다. 1894년 조선에서 내란이 일어나자, 일본과 청은 각자의 군대를 조선에 보
내 양국 사이에서 일청전쟁이 시작되었다. 이 전쟁에서 이긴 일본은 청으로
부터 배상금을 받고 거기다 대만 등을 일본의 식민지로 만들었다. … **중국과
러시아에 대항한 일본의 승리는 구미제국으로부터 일본이 그 힘을 인정받고,
<u>구미의 지배에서 고통받는 아시아</u> 나라들에게 용기를 북돋웠다.** 반면 일본인

1903년 국정 교과서에 기술된 명백한 조작 내용과 오류(밑줄 친 부분)는 개선되었지만, 100년 후의 검인정 교과서에도 여전히 아시아 국가의 입장에 대한 고려보다는 일본 위주의 자의적 해석(밑줄 친 부분)이 존재한다.

무엇보다도 일본인들에게 청일전쟁(후일의 러일전쟁도 포함)이 자긍심을 주는 것은 위의 2개 교과서에서 공통으로 기술(굵은 글씨 부분)되었듯이 전쟁을 계기로 당시 서구열강들로부터 같은 레벨의 열강으로 일본이 처음으로 인정받았다는 것이다. 이는 단순한 국방력뿐만 아니라 내치 제도는 물론 국제법을 준수하는 근대국가로 인정받았다는 것을 내포하는 의미다.

예나 지금이나 교과서를 배우고 자란 대부분의 일본인들은 청일전쟁과 러일전쟁 때까지는 일본이 국제법을 잘 준수한 모범적인 근대국가로서 국운이 융성한 시기로 인식하고, 전범이나 민간인 학살범이 존재하는 만주사변 이후부터 태평양전쟁으로 패망한 시기까지의 일본과 구별하여 메이지 시대를 기리고 있다.

이들이 교과서에서 배운 대로 과연 메이지 시대에 국제법을 잘 지켰을지 한번 지켜보자.

제2장 청군 파병과 일본군 진주

제1절 조선 상황

1. 외국인의 객관적 기록

동학농민운동 발발 즈음의 조선 상황은 어떠했을까?
당시 조선을 방문했거나 또는 거주하면서 조선을 객관적으로 관찰한
외국인들의 기록을 먼저 살펴보자.

가. 베베르 공사의 조선 상황 보고

1885년, 초대 러시아공사로 부임하여 10년 이상을 조선에서 지내며
고종과 왕비는 물론 조선의 대신들과 한성 외교가의 신임을 두루 받았
던 베베르는 1894년 5월 15일 본국 외상에게 다음과 같이 동학농민
운동 직후의 조선 상황을 보고했다.

> 농민폭동의 근본 원인은 뇌물 및 착취당한 백성들을 항의하게 만든 지방관리들
> 의 전횡이라는 게 나중에 더 밝혀졌습니다. 뇌물은 조선 관원 일가의 욕욕과 피를
> 채웠음에 의심의 여지가 없으며… 백성들은 조선의 질서를 다른 눈으로 보기 시작

일본의 근대사 왜곡은 언제 시작되는가

◇ 베베르 부부(카를과 제니), 상트페테르부르크, 1878.
  (출처: 동북아역사재단 제공)

했으며 통상적으로 행해졌던 관원들의 박해가 이제는 참을 수 없는 것으로 보이면서 소요와 반응이 시작되었습니다… 그들의 요구는 과중한 세금을 경감해달라는 것 외에는 없습니다. 만약 능력 있고 역동적인 지도자가 그 무리 중에 있다면 이 봉기는 이곳 정부에 심각한 사건이 될 수도 있습니다…

국왕은 유약하고 그가 생각한 모든 혁신이나 개혁은 국가재정의 완전한 고갈로 귀결되었습니다. 그의 개혁은 아무런 이익을 내지 못했습니다. 모든 개혁이 진부한 방식입니다. 어떤 일이 고안되면 돈이 지출되다가 관원이 자기 주머니를 가득 채우면 중단되고 새로운 일이 시작되는 그런 식입니다. 백성들의 생활 개선, 무역 증진, 국내 교통로 부설, 행정체제 확립 등과 같은 중요한 개혁이 전혀 없습니다.

따라서 만약 조선 정부가 남쪽에서 일어난 지금의 봉기를 진압하는 데 성공한다 해도, 그것이 농민 불만의 원인을 없애주지는 못할 것이며 폭동은 머지않은 장래에 더 큰 힘으로 재발할 것입니다.

— 벨라 보리소브나 박, 최덕규 옮김 『러시아 외교관 베베르와 조선』,
동북아역사재단, 2020, 149~152쪽.

나. 우치다 영사의 조선 상황 보고

동학농민운동 발발 후 한성주재 일본영사 우치다가 본국 외무대신 무쓰 무네미쓰에게 보낸 전문에 적나라하게 묘사된 조선의 실상이다.

… 이 나라 내정을 잘 관찰해보니 중앙 정부를 비롯해 모든 행정기관이 실로 부패의 극점에 달해 민력의 곤폐가 이루 말할 수 없는 참상에 빠져 있습니다… 정치의 실권은 항상 국왕 또는 왕비의 근친인 몇 개의 문벌 가문에 귀속하는 것이 관례로 되어 있습니다. 각 가문이 서로 권력을 경쟁하고 그 경쟁에서 각각 자기 집안의 이익을 도모하기에 급급할 뿐 국가의 안위와 왕실의 영욕은 안중에 없습니다. 현재의 집권자인 민씨 일족도 자기세력을 유지하기 위해 청국 정부의 후원을 빌렸고, 그 결과 마침내 오늘에 이르러서는 이 나라가 청나라의 속방이 되어 그 군주는 청나라의 신하와 노예로 청을 섬기지 않을 수 없는 형편입니다.

동족 중에도 가장 득세하고 중요한 자리를 차지하는 자는 그 위치에 걸맞은 지식·재능이 있는 인물이 아니라, 오로지 국왕이나 왕비에게 다액의 재물을 진헌하는 자입니다. 진헌을 하지 않는 사람은 설사 유용한 인물이라고 하여도 상당한 관직을 받는 일이 없습니다. 민씨 일족 내에서조차 이러할 지경인데 그 외

　　　　　　　　　　　일본의 근대사 왜곡은 언제 시작되는가

의 사람이 조정의 관리가 되려고 하는 자는 단지 국왕·왕비뿐만 아니라 민씨 일족에게도 역시 뇌물을 바쳐야 합니다. 중앙 정부의 관리뿐 아니라 관찰사를 비롯해 부·현·주·군 등의 지방관을 선임하는 데도 마찬가지입니다.

이와 같으므로 어진 관리들은 자취를 감추고 간신들만 진급해 백관유사의 직이 모두 쥐 같은 무리로 충만되어 있습니다. 이러한 모든 무리들은 재직 중 그 직권을 남용해 탐욕을 멋대로 하고 공공연히 뇌물을 받고 부정을 행하며 그 위세에 거역하는 사람은 잔인하고 혹독한 조치에 처해도 돌보는 자가 없습니다.

가장 심한 것은 지방관입니다. 주머니를 채우기 위해 멋대로 위세를 펴 토색질(재물을 억지로 달라고 해 뺏는 행위)이나 부하에게 뇌물을 주구합니다. 혹은 두세 명의 상인에게 특전을 주고 다액의 금전을 탐하거나 또는 여러 가지 중세를 부과해 가난한 백성을 괴롭히고 혹은 구실을 붙여 부호를 잡아다가 하옥시켜 그 재산을 약탈합니다. 관찰사를 비롯해 지방관은 모두 생사여탈권을 지니고 있기 때문에, 인민들은 설사 학정에 시달리더라도 이를 참고 쉽게 저항하는 자가 없습니다.

그러나 학정의 정도가 더 이상 참을 수 없을 정도까지 되면 곧 폭발하여 민란이 되고 소요를 일으켜, 난민들이 다 같이 지방관청을 습격해 그 관리를 살상하는 일이 왕왕 있습니다. 이러한 민란이 각 지방에서 봉기하는 것이 근년에 이르러 점점 증가해, 드디어 이번과 같은 전라·충청 지방의 대소란으로 번져 중앙 정부라 할지라도 그 진압방책에 괴로워하기에 이른 형편입니다…

그리고 지방민의 일반적인 형편을 살펴보면 정부의 오랜 폐정으로 직업에 힘써 가산을 일으키고 이를 축적하려는 생각이 전혀 없습니다. 만약 부지런히 일해 재산을 축적하는 자가 있을 때는 곧 지방관이 주목해 여러 가지 구실로 이를 탐내 뺏고 그 신체까지 재앙이 미칠지 모르기 때문에, 사람들은 자연히 나태한 습관을 길러 겨우 입에 풀칠하고 비와 이슬을 피하는 것에 만족합니다. 가난하다고 인정되는 것이 가장 안전한 방책이므로 우연히 재산을 모은 자가 있어도 애써 비밀로 하고 가옥이나 의복도 고의로 빈곤을 가장하는 형편입니다. 그러므로 농·공·상업은 모두 위축되어 조금도 개발하는 일이 없습니다.

무릇 국가의 빈부강약은 국민 개개인의 빈부강약에 달렸고, 국민 개개인의 빈부강약은 모름지기 국정의 좋고 나쁨에 달렸고, 국정의 좋고 나쁨은 행정기관의 선악과 관료들의 어질고 유능함에 달려있습니다. 지금 이 나라의 행정기관이 이처럼 부패하고 백관의 관료들이 이처럼 사리에 어두워 어리석고 잔혹한 이상 민력이 피폐하지 않으려고 하여도 어쩔 수 없을 것이며 국력이 쇠망하지 않으려고 하여도 아니 될 수 없을 것으로 생각합니다…

— 『주한일본공사관기록』 2, 「2. 경성·부산·인천·원산기밀래신」, (3) 대한정책에 대한 의견 상신의 건 — 기밀 제26호 1894.6.26. 발신자 재경성 이등영사 우치다, 수신자 외무대신 무쓰 무네미쓰

지금 읽어도 부끄러워 낯을 들 수 없는 내용이다. 「우치다 보고서」는 조선의 국정이 부패한 국가행정체제에 의해 겨우 유지되고 있으며, 고종과 왕비가 그 부패 체제의 정점에 있음을 적나라하게 지적하고 있다.

다. 이노우에 가오루 공사의 조선 현황 파악 보고
오토리 게이스케의 후임으로 1894년 가을 조선 주재 일본공사로 부임한 외무대신 출신의 이노우에 가오루는 부임 후 내정개혁을 위해 조선의 현황을 파악한 후 다음과 같이 본국에 보고했다.

일본의 근대사 왜곡은 언제 시작되는가

"내정의 현 상황을 살펴보면 지방관은 모두 청부적으로 하는 영업이며 지방관리직은 경쟁하여 최고가를 지불하는 자에게 낙찰되고 낙찰자는 부임한 후 백성으로부터 가혹한 세금을 거둬 관직을 매수한 값을 보상받는 것이 관례입니다.

또 조세 등을 징수할 수 있는 관공서가 7~8개소 있어서 이를 하나로 통제하지 않고, 그중에서도 가장 기괴한 것은 춘방(동궁직)과 명례궁(황후궁직)

◇ 이노우에 가오루 (출처: 위키피디아 일본어판)

에서는 각종의 징수금을 부과하는 특허증을 발급할 수 있는 관례가 있어 누구나 돈만 내면 이 특허증을 얻을 수가 있습니다. 이것을 빙문이라 하고 이 빙문을 소지한 자는 하천이나 혹은 도로에 마음대로 관소를 설치하고 통과하는 화물에 대하여 과세할 수가 있습니다.

이것들은 단지 한 예를 든 것에 불과할 정도로 내정은 매사 난마처럼 헝클어져 있어서 거의 수습할 수 없는 단계입니다. 그래서 이를 정리해서 개혁의 단서를 마련하기란 매우 곤란한 일입니다."

— 『주한일본공사관기록』 5, 「5. 기밀제방왕 2」,
(12) 내정개혁을 위한 대한정략에 관한 보고 — 기밀 제217호 1894.11.24.
발신자 특명전권공사 백작 이노우에 가오루, 수신자 외무대신 무쓰 무네미쓰

2. 민씨척족정권

20년 전 대원군의 섭정을 물리치고 고종이 친정을 시작했을 때(1874년) 고종의 나이 23세, 왕비는 24세였다. 이들은 젊음과 의욕은 있으나 국가를 직접 운영할 역량이 부족했다. 태평성대라면 유능한 신하들의 보좌를 받으며 점차 국가경영 역량을 키울 수도 있었지만, 당시는 수백 년 봉건사회가 근대사회로 넘어가는 세계사적인 과도기이자 대격변기였다. 유능하고 경험 많은 신하들조차 초유의 격변에 판단이 어려운 시대였기에 국왕에게는 통찰력과 비전, 상황판단능력, 정책 추진력, 소통과 통합 능력 등이 절실한 시대였다.

이러한 자질 면에서 고종과 왕비는 낙제점이었다. 설혹 당시가 안정된 태평성대의 시대라고 하더라도, 또 봉건적 유교 사회의 기준으로만 보더라도 두 사람은 같은 평가를 받았을 것이다. 오래된 유교 사회 체제인 조선의 전통적 근본 기강마저 두 사람이 어떻게 잠식하는지 대표적 예만 들어보자.

기형아 출산과 사망 등 2세의 생산에 애로를 겪은 후, 1874년에 어렵사리 얻은 원자(훗날의 순종)가 정상아보다 조금 모자라는 듯하자 왕비는 곳곳에서 굿과 기도를 했다.

> 명성왕후는 명산의 사찰을 두루 다니며 세자를 위해 기도하였다… 금강산은 속칭 1만2천 봉이라고 하는데 그 봉우리마다 기도에 필요한 돈이 1만 냥이나 된다고 하면서 스님들은 이를 인연으로 삼아 출입하기 시작하였으며, 그들이 거처한 암자에는 조금 명망이 있는 곳이면 원당(소원을 비는 곳)을 세우지

일본의 근대사 왜곡은 언제 시작되는가

　유교 국가 조선의 정점에 있는 왕과 왕비가 무당 등에 의한 기복적 행사에 의지하고 관여하는 것 자체가 근본적 문제이지만, 또 다른 현실적 문제는 이러한 행사에 사용되는 엄청난 경비 지출이 결국 국고의 소진으로 이어졌다는 점이다. 왕실에서 사용하는 내탕금이 주로 사용되었지만, 재난 구제, 포상 또는 왕실의 불가피한 지출 등의 용도로 사용하는 왕실의 내탕금이 왕비의 손큰 기복비 등으로 대부분 고갈되다 보니 왕비는 점차 국고에 손을 댈 수밖에 없었다.

◇ 황현 (출처: 위키피디아 한국어판)

　내탕금과 국고에 손을 대는 것에는 고종도 뒤지지 않았다. 친정을 새로 시작한 젊은 권력자인 왕과 왕비의 요구를 감히 거절할 관리는 없었다. 이들은 국가 살림을 어떻게 살아야 하는지에 대한 기초적인 소양 자체가 없었다. 유한한 재원을 마치 끝없이 솟구치는 샘물처럼 생

---

1) 황현(1855년~1910년)은 조선 말기의 유학자로서 시인, 문장가, 역사가다. 전라도 광양에서 출생하여 함평을 거쳐 구례에서 성장하였다. 1910년 한일합병 조약 체결을 통탄한 후 구례군 자택에서 음독 자살했다. 이건창 등 관계에 진출한 동료 문인들과 지속적인 교유를 가지면서 조정의 돌아가는 상황과 시중 여론 등을 편년체로 기록한 역사서 『매천야록』, 『오하기문』이 유명하다. 『매천야록』은 김윤식의 『속음청사』, 정교의 『대한계년사』와 함께 구한말의 3대 사찬 역사서로 꼽힌다.

각하고 눈앞의 관심사에 일단 사용하고 봤다.

유학자 황현은 이 상황에 대해 이렇게 기록했다.

> 원자가 탄생한 이후 궁중의 기양(복을 비는 기도)은 절도가 없어 그 행사가 팔
> 도의 명산까지 미치고, 고종도 마음대로 연회를 즐겨 경비가 모자랐다. 고종
> 과 중전이 하루에 천금을 소모하여 내수사에 있는 물량(내탕금)으로는 지탱
> 할 수 없으므로 호조와 선혜청의 공금을 공공연히 가져다 썼으나 재정을 관
> 장하는 사람이 감히 거절할 수 없어, 1년도 안 되어 대원군이 10년 동안 쌓아
> 둔 저축미가 다 동났다. 이로부터 매관매과의 폐단이 발생하기 시작했다.
>
> — 황현, 『매천야록』 1, 상(1894년 이전) ④ 3

머리가 좋은 왕비는 경비 부족 사태를 해결하기 위한 묘책을 찾아냈
다. 어차피 임명해야 할 지방수령 자리를 팔기 시작했다. 세도가인 친
정 민씨 일가들에게 인사청탁이 집중되었기에 이들로부터 돈을 받고
청탁을 들어주기 시작했다. 왕비가 막상 해보니 '꿩 먹고 알 먹고', '누
이 좋고 매부 좋은' 일이었다. 친정 일가들의 인사청탁을 들어주고 또
내탕금도 두둑해지니 한마디로 일거양득이었다.

황현은 왕실의 매관매직의 시초에 관하여 다음과 같이 기록했다.

> 명성왕후는 비용이 부족한 것을 염려해 수령 자리를 팔기로 마음먹고 민규
> 호에게 그 정가를 적어 올리도록 했다. 민규호는 (도저히) 관직을 팔 수는 없다
> 고 판단하고 응모자가 없도록 하기 위해 그 가격이 1만 꾸러미라면 그 두 배인

2만 꾸러미로 정했다. 그럼에도 불구하고 응모자들은 몰려 더욱 경쟁이 심해졌고 그들이 관직을 받으면 백성들에게 착취를 강요하며 백성들은 더욱 궁핍하게 되었으므로 후일 민규호는 후회하였다.

— 황현, 『매천야록』 1, 상(1894년 이전) ④ 25

◇ 고종 (출처: 위키피디아 한국어판)

◇ 명성왕후로 추정되는 초상 중 하나 (출처: 나무위키)

왕비는 경제공동체인 고종과도 협업했다. 시간이 흐르자 점차 대담해져서 지방의 관찰사는 물론 중앙의 요직으로도 그 대상을 확대했다. 이렇게 고종과 왕비는 매관매직 조직의 보스가 되었다.

상황 판단이 빠르고 영민한 왕비가 실질적인 보스였다. 고종보다도 왕비가 실질적 권력을 더 행사하는 것은 여러 기록에 나타나지만 대표적으로 한 가지 사례만 들어보자.

일본이 청일전쟁에서 연전연승하자 1894년 가을에 일본공사로 부임한 이노우에 가오루는 조선에 막강한 영향력을 행사해 그간 조선에서 총독행세를 하던 원세개가 재림한 듯했다. 그해 11월, 이노우에가 고종을 알현하고 내정개혁안을 상주해 고종의 승낙을 받았다.

이노우에의 개혁안 제1조가 "정권의 명령이 한 곳에서 나오도록 하여야 한다"였다. 일본 정부는 고종을 움직이는 실세가 왕비임을 파악하고 있었기 때문에 내정개혁의 최우선 과제로 왕비의 국정 관여 금지를 꼽은 것이다.

그러나 일주일 후 총리대신 김홍집도 모른 채 4명의 협판(차관)이 임명된 것이 왕비의 작품임을 알게 된 이노우에는 "이런 식이라면 개혁을 하지 않겠다"면서 '개혁 상주문 철회와 농민군 토벌 중인 일본군 철수'를 들먹이며 위협했다. 결국 김홍집과 조정 대신들이 고종과 왕비의 사과 의사를 이노우에에게 전달하면서 이노우에는 왕비의 국정 관여 금지를 확약받았다(『주한일본공사관기록』 5, 「6. 내정리혁의 건 1」, (6)).

이 비즈니스 생태계의 중간 알선책은 민씨 일가들이었다. 이들 민씨들은 왕비와의 관계를 독점한 문고리 권력으로 벼슬 희망자, 보직 전환 희망자 또는 승진 희망자들을 대상으로 정가보다 높은 가격을 받아 그 차액을 챙겼다. 물론 정가는 왕비와 고종에게 돌아갔다.

종전의 세도정치 시대에도 매관매직이 있었지만 이는 안동 김씨 등 당시 집권 세도가에 대한 뇌물 성격이었다. 즉, 세도가의 관리 개인 또는 가문의 부패였지 왕과 왕비의 부패는 아니었다. 고종시대에는 이 부패 생태계의 정점에 고종과 왕비가 있었고, 이들 보스는 중간 알선책

일본의 근대사 왜곡은 언제 시작되는가

민씨 일가들과 공생관계에 있었다. 권력과
금력이 고종과 왕비를 정점으로 한 민씨
일가들에 의해 매관매직과 뇌물이란 수단
을 통해 결합되는, 왕조의 마지막 이 거대
한 부패 생태계를 한마디로 일컬어 '민씨
척족정권'이라 한다.

고종과 왕비를 정점으로 하는 민씨척족
정권의 중간 알선책 민씨 일가들 중에서도
고종과 왕비의 신임을 받는 실세 또는 좌
장이 있었는데, 1894년 당시의 실세는 공
조판서를 역임하고 그해 2월 병조판서와
친군경리사를 겸임하던 민영준[2])이었다.

◇ 후일, '민영휘'로 개명한 민영준
(출처: 위키피디아 한국어판)

민영준은 2년간 평안도 관찰사로 재직하다가 1889년 말~1890년 초
조정에 돌아왔다. 일제강점기 조선 최고의 갑부로 꼽힌 민영준의 출세,
치부와 학정에 관한 많은 야사가 있는데 일부만 소개한다.

---

2) 민영준(1852~1935년)은 친청 민씨척족정권의 중심인물로서 원세개와 결탁하여 전권을 휘둘렀다. 도
승지, 일본 주재 공사, 평안도 관찰사, 형조·예조·공조·이조 판서 등을 역임하였다. 갑오개혁(1894년)
시, 대표적 탐관오리로 유배형에 처해졌으나 청으로 탈출했다. 대한제국 수립(1897년) 이후 중추원
의장, 시종원경, 헌병대 사령관, 육군 부장으로 표훈원 총재 등을 역임했으며 휘문고의 전신인 휘문
의숙을 설립했다(1906년). 관직에 있을 때 수탈한 재물을 잘 불려 일제강점기 동안 조선 최고의 갑
부 중 한 사람으로 꼽혔다. 2007년 대한민국 친일반민족행위진상규명위원회가 발표한 친일반민족
행위 195인 명단에 포함되었고, 친일반민족행위재산조사위원회는 민영휘의 재산을 국가로 환수하
기로 결정했다.

민영준은 평안도 전역에서 가혹하게 세금을 거두어들이고 무리하게 재물을 빼앗아 금송아지를 만들어가지고 돌아와 임금에게 바쳤다. 임금은 민영준을 충성스럽다고 여겨 그에게 국정 운영을 일임했다. 무릇 재물을 긁어모으는 데 관련된 모든 일은 민영준이 주관했다.

… 개화 이래 세계 여러 나라를 맞아들이고 전권공사를 파견하는 비용이 해마다 헤아릴 수 없을 만큼 많이 들었다. 세자의 복을 비는 기도에 따른 하사 물품 비용은 갈수록 늘어만 갈 뿐 줄어들지 않았고 그 밖에 자질구레한 낭비는 이루 다 말할 수 없었다. 국고는 이미 바닥났으며 달리 비용을 마련할 수단도 없었다. 마침내 매관매직으로도 모자라 다시 과거의 대과와 소과까지 팔기 시작했다. 여기에 더해 물 좋은 아전 자리까지도 팔았다… 생선, 소금, 구리, 무쇠 등 시장에서 유통되는 모든 물건에도 세금을 매겼다. 더 나아가 홍삼 매매를 나라에서 독점하고 민영익을 시켜 중국에 팔아 이익을 챙겼지만 여전히 재정은 부족했다. 결국 서양과 일본에서 빚을 냈는데 그 액수가 어마어마했다.

돈을 마련하는 방법은 그 경로가 다양했다. 위로는 조정 대신으로부터 아래로는 하인이나 장사치에 이르기까지 직위나 신분을 가리지 않고 불러서 만났다. 이렇게 임금이 사적으로 사람을 불러들여 만나는 일을 '별입시'라고 하는데, 이때 별입시를 한 사람이 400~500명에 이르렀다. 이렇게 하고도 끝내 재정 부족을 메울 수는 없었다.

민영준은 돈을 마련하고자 하는 임금의 마음을 지레짐작한 뒤 온갖 명목의 조세를 남발하여 교묘하게 거두고 강제로 빼앗는 데 온 힘을 쏟았다. 관찰사와 유수 자리를 해마다 한 번씩 교체했고, 매달 대여섯 차례씩 문무관의 인사 담당자를 불러다가 인사 회의를 열어서 미리 뽑아둔 전국의 부자들을 참봉 등과 같은 초임 벼슬자리에 억지로 끼워 넣었다.

그뿐만 아니라 해마다 응제과(임금의 특명으로 치르는 임시 과거)를 10여 차례나 실시했고, 이울러 대과와 소과도 같이 뽑았다. 처음에는 벼슬자리를 사고 싶어 하는 사람에게만 팔았으나 나중에는 억지로 떠안겼다. 또한 증광과(경사가 있을 때 실시하는 과거)는 한 해 걸러 한 번씩 실시했고, 식년과(3년마다 치르는 정기 과거)의 예비시험인 소과의 합격자를 1,000여 명으로 늘렸다.

— 황현, 김종익 옮김, 『오동나무 아래에서 역사를 기록하다(오하기문)』,
역사비평사, 2016, 72~73쪽.

지난날 서울 사람들은 하나같이 이렇게 말했다. 민영준의 재산은 아무리 헐값에 팔아도 3년 동안 군대와 국정을 운영하는 데 드는 비용을 충당할 수 있다.

— 황현, 김종익 옮김, 같은 책, 306쪽.

3. 동학농민운동의 발발

가. 고부 봉기와 무장 기포

고부군수 조병갑의 수탈과 학정에서 비롯된 전봉준의 고부 농민봉기(1894.2.15.)는 잠잠해졌다가 조정에서 임명한 안핵사 이용태의 보복성 폭정 때문에 폭발하며 전라도 전역으로 확산되었다.

4월 21일, 전라도 무장 일대에 손화중 휘하의 동학 농민군이 모이기 시작했다. 수천 명의 동학 농민군은 죽창과 무기를 만들고 군량미를 확보하는 등 대오를 정비한 후, 4월 25일에 전봉준, 손화중, 김개남이 서명한 다음과 같은 창의문을 읽고 대규모로 궐기했다.

세상에서 사람을 귀하게 여김은 인륜이 있기 때문이다. 군신부자는 인륜의 가장 큰 것이다… 그런데 지금 신하된 자들은 나라에 보답할 것은 생각지 않고, 한갓 봉록과 지위만을 도둑질해 차지하고 임금의 총명을 가리고 아첨과 아양을 부려 충성된 선비의 간언을 요망하다 하고 정직한 신하를 비도라 하니, 안으로는 나라를 돕는 인재가 없고 밖으로는 백성에게 사납게 구는 관리가 많아 백성들의 마음이 날로 더욱 나쁘게 변해가고 있다. 안으로는 삶에 즐거움이 없고 밖으로는 보호할 방책이 없다.

학정은 날로 커 원성이 그치지 아니하여 군신의 의리와 부자의 윤리와 상하의 분수가 무너져 하나도 남지 않았다… 공경 이하 방백 수령에 이르기까지 국가의 위태로움은 생각지 않고 한갓 자기 몸을 살찌우고 제집을 윤택하게 하는 것만 생각하여, 사람을 뽑아 쓰는 곳을 재물이 생기는 길로 보고 과거 보는 곳을 교역하는 저잣(시장)거리로 만들었다. 허다한 뇌물은 나라의 창고에 넣지 않고 도리어 사사로이 저장하였다. 나라에는 쌓인 빚이 있는데도 갚을 생각은 하지 않고 교만하고 사치하고 음란하게 놀면서 두려워하거나 꺼려하는 바가 없으니 온 나라가 어륙이 되고 만민이 도탄에 빠졌다.

수령들이 재물을 탐하고 사납게 구는 것이 까닭이 있는 것이니 어찌 백성이 궁하고 또 곤하지 않을 수가 있겠는가. 백성은 나라의 근본이라 근본이 꺾이면 나라가 쇠잔해지는 것이다… 우리들은 비록 초야에 버려진 백성이나 임금의 땅에서 나는 음식을 먹고 임금이 주신 옷을 입고 있으니, 가만히 앉아서 나라의 위태로움을 보고만 있을 수 없어 온 나라가 마음을 같이 하고 억조창생이 머리를 맞대

일본의 근대사 왜곡은 언제 시작되는가

고 의논하여 이제 의기를 들어 보국안민으로써 죽고 사는 맹세를 하노니, 오늘의 광경은 비록 놀라운 일이나 절대로 두려워하거나 움직이지 말고 각자 그 생업에 편안하여 함께 승평한 일월을 빌고 모두 성상의 덕화를 바랐으면 천만다행이겠노라.

이처럼 창의문이 알려지자 그 반응은 폭발적이었다.

동학 농민군은 4월 30일, 백산에서 지휘체계를 갖추고(총대장 전봉준, 부사령관 김개남·손화중) 격문을 발표하여 이웃 지역에 돌렸다. 백산 정상에는 다양한 깃발이 펄럭이고, 흰옷을 입은 농민군들이 죽창을 들고 엄정한 규율로 훈련을 받았다.[3]

◇ 전봉준 (출처: 위키피디아 한국어판)

나. 황토재 전투와 황룡촌 전투

백산의 동학 농민군은 전라감영이 있는 전주를 목표로 북상하며 태인 관아를 점령하고, 5월 5일에 금구현 원평으로 진출했다. 이에 대비해 전라감사 김문현은 휘하의 감영병, 급히 고을에서 동원한 향병, 보부상 등 약 2천 명의 병력으로 원평에서 전주로 들어오는 진입로 두 군데

---

3) 제폭구민(除暴救民, 폭정을 제거하고 백성을 구제함), 광제창생(廣濟蒼生, 널리 백성을 구제함), 보국안민(輔國安民, 나랏일을 도와 백성을 편안하게 함) 등의 깃발 아래에서 훈련을 받은 동학농민군의 4대 행동강령은 ① 사람을 함부로 죽이지 말고 가축을 잡아먹지 않음, ② 충효를 다하여 세상을 구하고 백성을 편안케 함, ③ 일본 오랑캐를 몰아내고 정치를 바로 잡음, ④ 군사를 몰아 서울로 쳐들어가 권귀(세도가)를 모두 없앰이다.

를 방비하고 있었다.

농민군은 관군이 전주 입구를 방비하고 있는 데다가, 경군(한양의 관군) 만 명이 내려온다는 소식을 듣고 부대를 남하해 태인과 부안을 재점령 하고 5월 10일 황토재 위쪽의 산에 진을 쳤다. 전주 입구를 지키던 관 군은 농민군이 후퇴하자 추격을 시작해 관군도 같은 날 황토재 아래 진을 쳤다.

전봉준이 지휘한 첫 전투인 황토재 전투에 관하여는 10일 밤~11일 새벽에 농민군이 관군을 유인해 관군이 먼저 공격했다는 설과 농민군 의 도주로 자만감에 도취되어 술까지 먹다 잠든 관군을 농민군이 기 습했다는 설이 있다. 어찌 되었건 전투 결과는 '관군과 보부상 중 살아 돌아간 자는 수십 명에 불과했다'는 등의 기록으로 볼 때 관군이 궤멸 되었다(신순철, 이진영, 『실록 동학농민혁명사』, 서경문화사, 1998, 67쪽.).

한편 조정에서는 김문현 전라감사의 보고를 받고 5월 6일 홍계훈[4] 을 양호초토사(충청·전라 토벌사령관)로 임명했다. 홍계훈은 장위영 병력 800명과 함께 인천에서 함선으로 출발 5월 10일 군산에 도착해 11일 전주에 입성했다. 이들 경군은 이미 수천 명의 관군이 농민군에 궤멸 당했다는 소식을 듣고 일주일도 안 되어 200~300명가량이 도망가 버 렸다.

황토재 전투의 승리로 사기가 오른 농민군은 가는 곳마다 세가 확장 되었다.

---

4) 홍계훈은 무예별감(궁궐호위병)으로 있던 임오군란 시 난군에 의해 죽을 뻔한 왕비를 누이라고 속여 등에 업고 탈출시킨 공로를 인정받아 이후 초고속 승진을 거듭했다.

일본의 근대사 왜곡은 언제 시작되는가

5월 25일, 도착한 장성에는 전라좌도 일대의 농민군도 집결하여 그 수가 수만 명에 이르렀다. 농민군은 감옥을 부숴 갇힌 자들을 풀어주고 무기고를 헐었으며, 세금장부를 압수하고 탐학한 아전들을 처형하거나 처벌했다. 이들은 전주, 나주의 관아와 초토사 홍계훈에게 5월 22일과 23일, 글을 보내어 자신들이 봉기한 뜻을 당당하게 펼쳐 보였다.

농민군이 홍계훈에게 보낸 글을 한번 보자.

> 오늘날 수령은 선왕의 법을 돌아다보지 않고 선왕의 백성을 생각하지 않고 재물을 탐하고 사납게 구는 것이 무상하여, 1) 군전을 아무 때나 함부로 늘어놓고, 2) 환전(환정)을 모두 갚도록 독촉하고, 3) 조세를 명목 없이 더 받아내고, 4) 여러 가지 항목의 연역(잡역)을 날마다 징발하고, 5) 친인척에게 분배해 마구 받아내고, 6) 전운영(공물 징수 및 운송 관청)이 가혹하게 토색질하며, 7) 균전관이 결수를 농간 부려 세금을 징수하고, 8) 각종 관아의 하급관리들이 토색질하는 등 하나하나 참고 견딜 수 없다.
>
> 오늘 우리의 일은 부득이한 상황에서 나온 것으로 손으로 병기를 잡고 겨우 몸을 보존하는 방법을 취한 것이다. 일이 이에 이르렀으니 온 백성이 마음을 같이 하고 온 나라가 의논을 모아 위로는 국태공(대원군)의 감국(국가경영 감독)을 받들어 모시고 부자의 윤리와 군신의 의리를 온전히 하고, 아래로는 백성을 편안케 하여 다시 종묘사직을 보존하면 맹세코 죽어도 변함이 없을 것이다.
>
> — 신순철, 이진영, 『실록 동학농민혁명사』, 서경문화사, 70쪽.

홍계훈은 전라감사에게 향병(지방의 군사)을 동원해 순창-담양-광주-

나주에 방어선을 구축하라고 영을 내린 뒤, 경군 본대를 거느리고 전주성을 나와 남하하는 농민군을 며칠 터울을 두고 태인, 정읍, 고창, 영광으로 추격하다가 26일에는 대관 이학승에게 병정 300여 명을 주어 장성으로 먼저 출발케 하였다.

5월 27일, 이학승의 경군 선발대와 농민군이 장성 황룡촌에서 전투를 벌였으나 굴러 내리는 장태를 이용한 농민군의 공격에 경군 선발대는 지휘관 이학승이 전사하는 등 결국 크게 패해 도주했다.

다. 전주성 점령

◇ 오늘날 전주성의 모습 (출처: 오마이뉴스, 정만진)

경군 선발대를 격파한 농민군은 전주성을 방비할 병사가 없는 것을 간파하고 전주 방향으로 북상하기 시작해 정읍, 태인을 거쳐 원평에 도착했다(5.29.). 농민군이 북상해오자 김문현은 한 명의 군졸도 없는 전

일본의 근대사 왜곡은 언제 시작되는가

주성의 다급한 상황을 조정에 보고했다. 사실 김문현은 이미 파면되었으나 후임 감사 김학진이 부임 전이고, 홍계훈은 남쪽에서 농민군을 뒤쫓고 있으니 전주성은 무방비 상태였다. 결국 농민군은 5월 31일 전주성에 무혈 입성해 전주성을 장악했다.

전주는 감영(관찰사가 근무하는 관청) 소재지이며 나라 살림의 절반이 나오는 호남의 제1성이다. 게다가 조선 건국자인 태조 이성계의 고향으로서 태조의 영정을 보관한 경기전, 시조의 위패를 봉안한 조경묘가 있는 조선왕조의 성지다. 따라서 왕실과 조정은 물론 동학 농민군에게도 전주성은 실질적으로나 상징적으로 매우 중요한 지역이었다.

(※ 동학농민운동에 관한 자세한 스토리는 『한일 근대인물 기행』의 '전봉준' 편 참조)

제2절 고종의 청군 파병 요청

1. 청군 차병안 논의

청군 '차병안'은 조선 입장에서 청의 군사를 빌린다는 의미이고, 청의 입장에서는 군사를 파견하기에 '파병안'이다. 청군 차병안이 처음으로 등장한 것은 양호초토사 홍계훈이 농민군의 뒤를 쫓아 영광 출진 중 1894년 5월 14일(음 4.10.) 조정에 보낸 전보에서였다(이선근, 『한국사(현대편)』, 을유문화사, 1963, 65쪽.).

황토현 전투 승리를 계기로 매일 수천 명씩 늘어나는 농민군의 기세에 압도당해 자신이 인솔해 내려간 관군(700명)이 현장 도착 후 며칠 만에 수백 명이 도주하는 등 당시 호남 현장의 상황을 직접 목격한 초토사 홍계훈이 도저히 안 되겠다 싶어 처음으로 조정에 제안하였다.

임오군란(1882년)과 갑신정변(1884년)을 청군이 진압하고 수습한 이후 청의 내정간섭은 극심해졌고 원세개는 조선 조정 위에 군림하는 조선 총독 행세를 하고 있었다.

1894년에 동학농민운동이 벌어지자 친청 민씨척족정권의 실세 민영준은 자신의 뒷배인 원세개를 수시로 만나거나 서신을 통해 조선의 정세에 관한 의견을 나누었다. 원세개가 "조선이 요청해 청군이 오기만 하면 농민군 토벌은 시간문제"라는 식으로 얘기하자 민영준은 "청이 대군만 파견하면 당연히 청군의 위력으로 반란은 손쉽게 평정될 것"이라 맞장구치면서 고종으로부터 파병요청을 받아내겠다고 약속했다.

일본의 근대사 왜곡은 언제 시작되는가

임오군란·갑신정변 등 위기 때마다 청의 도움으로 위기를 벗어났으면서도, 위기를 벗어나기만 하면 러시아·일본·미국 등 열강에 기대며 청의 영향력에서 벗어나려는 시도가 끊이지 않는 조선이었다. '이번 위기에도 조선이 기댈 곳은 청밖에 없다는 인식을 확실히 심어주고, 이참에 청군의 위력으로 반란을 진압하고 조선 왕실과 조정을 완전한 청의 지배 하에 두겠다'는 것이 원세개의 속셈이었기에 원세개는 큰소리치며 민영준에게 청의 파병요청을 유도한 것이다.

민영준 입장에서는 민씨척족정권의 실세 및 좌장으로서 그간 자신을 후원해준 원세개에 호응하는 것이 권력을 유지하는 데에 최선책이었다. 만에 하나라도 동학 농민군이 주장하는 폐정 개혁 등이 조정에서 채택된다면 그간 왕비의 힘을 이용해 각종 요직에 민씨 등 자기편을 심고 매관매직과 탐관오리에 의한 백성 수탈 등 그간 적폐의 모든 책임을 자신이 몽땅 뒤집어쓸 가능성을 알고 있기에 그는 원세개의 청군 파병 유도에 조정과의 논의도 없이 적극 동조하고 있었다.

그러던 차에 초토사 홍계훈이 제안한 청군 차병안 소식을 듣자마자 고종에게 점수를 딸 기회라 생각하고 민영준은 5월 17일 고종을 만나 "청군 차병이 좋은 방법이며 이미 이럴 경우를 대비해 원세개와는 얘기가 잘 되어있다"고 은밀히 상주했다. 동학 농민군 문제로 근심 중이던 고종은 귀가 솔깃하면서도 "중요한 사항이니 대신들의 의견을 들어서 결정하자"고 하여 다음날 경연에 대신회의를 개최하였다.

5월 18일(음 4.14.) 새벽, 대신회의에서 민영준이 제시한 청군 차병안에 대해 대부분 대신들은 반대하였다.

한 대신이 말했다.

비상 지휘관을 임명하여 선참후계(먼저 죄과에 따른 참형을 시행한 후 나중에 보고하는 것)의 권한을 주어 탐관오리와 폐정이 큰 자를 현장에서 제거한 후 임금이 효유(알아듣도록 타이름)를 내리면 반란군이 수습될 것입니다.

이 말이 떨어지자마자 민영준은 청군을 차병해서라도 동비(동학 농민군 비적)를 토벌하자고 열변을 토했다.

탐관오리가 세상에 어디에 있단 말입니까? 관에 소송을 내었다가 패한 자들이 원한으로 지어낸 말이며, 이들이 도당을 서로 불러모아 떼거지로 관청으로 찾아가 분쟁을 일으키고 뜻대로 되지 않으면 관장(지방관 수령)을 욕보이고 심지어 임지 밖으로 축출했습니다. 이것이 어찌 백성의 도리이겠습니까? 지금 동학도라고 하는 자들은 모두 이런 반란민들입니다. 이들을 죽이지 않는다면 악을 조장하는 것입니다. 백성을 사랑해야 한다지만 이들 모반 백성들을 그냥 두어서 국가에 무슨 도움이 되겠습니까? 외국 군대를 빌려서라도 이들을 토멸한 연후라야만 나라가 태평할 것입니다.

— 『주한일본공사관기록』 2, 「3. 제방기밀신 1」, (31)

그러나 민영준을 제외한 대신들이 청군 차병안에 단호하게 반대하였으니 그 반대의 이유를 정리하면 아래의 세 가지였다.

일본의 근대사 왜곡은 언제 시작되는가

① 백성은 국가의 근본인 바 국가의 근본을 대량으로 살해하는 조치라는 점,

② 외국군이 진주하면 갖가지 폐단이 일어나서 민심이 동요하는 점,

③ 청군이 출병하면 공관 수호 등을 명분으로 일본군 등 외국군의 연쇄적 출병을 막을 수 없고, 여러 군대가 동시에 대치하면 외국군 간 알력으로 충돌할 가능성이 있다는 점.

게다가 대신들은 "이미 초토사를 보내 군사적 진압을 시작한 것부터 부당한 조치"라면서 병사의 추가 파병에 원칙적으로 반대했다. 즉 군사적 조치를 반대하고 난이 일어난 근본 원인을 제거하면서 백성들을 타이르는 것이 올바른 방향이라는 것이다. 그러면서도 현실을 감안하여 다음과 같은 대책을 고종에게 상주했다.

① 대영단을 내려 그간의 폐정에 책임 있는 자를 제거하고, 백성들을 괴롭히는 탐관오리들을 엄히 처벌할 것

② 이미 시행된 초토사의 군사적 조치에 추가 증병이 필요한 경우에는 외국군이 아니라 국내의 심영(강화영) 병력을 활용할 것.

그러자 고종은 "나의 의견도 경들과 같다. 그래서 오늘 연회를 열어 특별히 숙의를 하는 것이다. 청군 원병을 청하는 일은 다시는 거론하지 않는 것이 옳을 것이다"면서, 다음 날(5.19.) 총제사 민응식에게 심영 병력 4개 초(중대)를 징발하도록 조치하였다(『고종실록』 음 1894.4.15.).

또한 5월 22일(음 4.18.)에는 전 고부군수 조병갑의 구금 압송, 안핵사 이용태의 유배형, 전 전라감사 김문현의 직위 박탈 등 징계조치와 함께

신임 전라감사에 김학진을 임명하며, 농민군에 대한 효유문을 고시토록 하는 등 전체적으로 조선 조정은 대신회의에서 결론이 난 방향으로 농민군에 대한 온건한 조치를 취했다(『고종실록』, 음 1894.4.18.).

원세개와 사전 약속한 것과는 반대 방향으로 조정의 결론이 났지만, 왕비와 고종의 속내를 알고 있는 민영준은 청군 차병을 은밀하게 계속 추진한다. 왕비와 고종의 속내를 『매천야록』에서는 다음과 같이 묘사하고 있다.

> … 동비가 홍계훈에게 보낸 글에 '상봉국태공(上奉國太公, 위로 '국태공/대원군'을 받들어 모심)'이란 구절이 있자 홍계훈은 이 사실을 고종에게 보고하였다. 이를 본 고종과 중전은 크게 노하여, 동비를 속히 평정하지 않으면 점차 말로 표현하기 어려운 걱정이 있을 것이라고 하면서 민영준을 불러 대책을 논하였다. 그것은 중국으로 전문을 보내 원병을 청하자는 것이었다.
>
> 그러나 민영준은 "지난해 톈진조약을 체결할 때 청일 양국이 조선으로 파병할 때는 서로 알려야 한다고 하였는데, 청나라는 우리에게 별다른 악의는 없지만, 일본은 오랫동안 우리를 엿보고 있는 처지임을 (청나라가) 알기에 청나라가 만일 조약 때문에 오는 것을 서두르지 못하면 형세가 오히려 매우 위급하게 될 것이니 그렇게 되면 어떻게 하겠습니까?"라고 하였다.
>
> 이때 중전이 동비가 보낸 글을 내놓으면서 꾸짖기를, "이 못난 놈아, 내가 어찌 일본놈의 포로가 되겠느냐? 다시는 임오년과 같은 일[1]은 당하지 않을 것이다. 우리가 패하면 너희들도 멸종될 것이니 여러 말 말라"라고 하였다. 이에

---

1) 임오군란으로 대원군이 집권하고 왕비는 궁녀로 위장해 충주로 도피한 사건.

일본의 근대사 왜곡은 언제 시작되는가

홍계훈이 받은 글을 왕비와 고종에게 보고한 이후 민영준에 의해 일사천리로 청군 차병이 이루어진 것처럼 요약된 『매천야록』의 내용은 역사적 사실과는 다르다. 그러나 청군 차병에 고종과 왕비의 의중이 결정적으로 작용하고 그 추진 방법이 대신회의 등 공론을 통하지 않고 비선라인을 통해 진행된 것은 사실이다.

고종은 상황 판단력, 정책 추진력 등 국가경영 능력에 문제가 많은 왕이었다. 특히 세계사적 대전환기를 대처해 나갈 일국의 왕으로서는 결정적으로 겁이 많고 유약한 성격의 소유자였다. 그러다 보니 국가정책이나 중대사를 결정하는 과정에서 자신의 뜻과 다르게 결정되는 경우, 공식적으로는 이를 용인하고 나서 자신의 본심은 비선라인이나 밀사를 통해 별도로 추진하고는 했다. 또한 독자적인 판단력이 부족해 왕비의 판단과 조언이나 점술 등에 상당히 의지했다.

동학 농민군이 대원군의 국정 복귀를 암시하는 것만으로도 왕비는 발작 증세를 보였고, 임오군란·갑신정변처럼 청군의 도움으로 권력을 되찾은 달콤함만 기억했지 그 혹독한 대가와 후유증은 안중에도 없었던 점은 고종도 마찬가지였다.

이처럼 왕비와 고종의 속내를 확인한 민영준은 황룡촌 전투를 전후한 5월 26일~27일경 원세개를 만나 하루 종일 다음과 같이 밀담을 나누웠다.

원: 남쪽 지방의 우환은 심대하여 귀국으로서는 정말 작은 걱정거리가 아닙니다.

민: 상국(청)과 소국(조선)은 아픔과 가려움을 함께 하는 사이인데 위급한 처지를 당하여 오로지 대인이 원조해 주는 후의를 믿을 뿐입니다.

원: 지난번에 초토사를 파견한다기에 나는 며칠 안 가서 난도를 평정할 수 있으리라 생각했는데 난도가 지금도 계속 방자하다고 들었소. 귀 조정의 문무 관료 중 초토의 장재가 있는 사람이 오직 홍계훈만 있을 뿐이오?

민: 뛰어나게 총명한 사람을 택하였어도 당장 난도를 소멸치 못한 것은 그들이 대적해 오지 않아 그리된 것뿐입니다.

원: 결사적으로 항거해 오는 적도라 할지라도 능히 격파할 수 있을 터인데 하물며 항거를 바라지도 않는 적도인데 왜 그렇게 되었는가? 한성으로부터 초토군이 출발하는 날 사람을 시켜서 그 동정을 살펴보니 장수는 위신이 없고 병사는 규율이 없더이다… 군산포에 상륙한 이후에도 장수란 자는 하루 종일 걱정·근심하는 것 외에는 겁만 집어먹고 군대를 진군시키지 않았으며 오르지 포구에만 머물러 있을 뿐이었다고 합니다. 또한, 그가 두려워하는 것은 첫째 군대가 명령을 따르지 않는 것이며, 둘째는 적도와 마주치는 것입니다. 그리고 길을 가다가도 적도가 10리 간에 있다고 하면 금방 진군을 멈추어 추격하지 않는다고 하니 이래 가지고서야 어찌 적도를 물리칠 도리가 있겠소?

(민영준은 머리를 숙이고 대답할 말이 없었다.)

원: 만일 나로 하여금 병사를 지휘(대리 지휘)케 한다면 닷새 안에 평정할 것이오.

— 『주한일본공사관기록』 1, 「8. 제발기밀신 2」, (5)

일본의 근대사 왜곡은 언제 시작되는가

2. 고종의 독단적 청군 파병요청

5월 31일, 전주성이 농민군에게 함락되었다. 나라 살림의 절반을 차지하는 호남의 제1성이자 조선왕조의 성지인 전주성이 함락되자, 조선 왕실과 조정은 한마디로 멘붕에 빠졌다. 고종과 왕비는 대신회의를 거치지도 않은 채 즉각 민영준에게 특명을 내려 민영준은 원세개에게 달려가 구두로 청군의 파병을 요청했다. 민영준의 요청을 받은 원세개는 즉시 전문으로 톈진의 이홍장에게 고종의 구두 파병요청 사실을 보고하였으며, 이홍장은 은밀히 파병준비 절차에 착수하면서 조선 국왕의 정식 공문을 요구하였다.

6월 2일, 민영준이 청 공관을 방문해 "조선군 병력으로는 어려운 위기 상황에 처해 있기에 특별한 염려를 부탁한다"고 요청하자, 원세개가 "조선의 위험한 상황을 잘 알고 있기에 조선을 위해 마음을 다해 보호하겠으며, 난처한 일이 생기면 자신이 담당할 의사가 있다"고 피력했다. 민영준은 몇 번이고 감사하다는 인사를 원세개에게 하고 나온 후 고종에게 대화 내용을 보고하였다.

그날 밤 고종의 지시로 긴급 대신회의를 소집했다. 시·원임대신들이 참여한 회의에서 고종과 민영준은 청군 파병요청 사실은 감춘 채, 고종과의 사전 각본에 따라 민영준이 바람을 잡았다.

민영준은 반열에서 나와 따로 고종에게 아뢰었다.

> 적의 세력이 너무 강대하여 우리나라 군대로는 토멸시킬 수 없지만, 청군을 빌린다면 일전으로 격파할 수 있습니다.

이에 여러 대신이 모두 반론을 제기하며 고종에게 상주했다.

> 오늘의 형세로는 외국군을 굳이 부를 필요가 없으므로 당분간 동정을 잘 살펴본 후에 상황변동에 따라 다음 계책을 써보는 것이 좋을 것 같습니다.

예상했던 대신들의 반응이 나오자 고종이 "그러면 외국군을 부르지 않는 대신에 우리나라 조정 신하들 중 군사를 호령 지휘를 할 만한 사람이 도무지 없으니, 원세개가 한번 지휘를 해준다면 얼마나 다행이겠는가?"라며 민영준을 바라보았다. 고종의 말을 받자마자 민영준이 바로 "이 일은 이미 원세개와 서로 약속한 바가 있으니, 날이 밝으면 특별히 상(임금)의 뜻을 전달하도록 하겠습니다. 이는 그리 어렵지 않은 일이니 이것으로 결론을 정하면 염려가 없겠습니다"라고 결론지었다.

고종과 민영준은 대신들이 청병 차병에 동의하면 구두 요청으로 자신들이 이미 진행한 차병 절차에 추가로 공문만 보내면 되었다. 만일 대신들이 반대하는 경우라면 그간 "자신이 지휘하면 5일 내 반란군을 토벌할 수 있다"는 원세개의 조선군 대리 지휘 방안, 그것도 임금이 제시한 절충안에는 대신들이 반대하지 않으리라는 계산과 둘만의 사전 각본이 있었다.

그러나 며칠 사이 상황이 바뀐 것을 고종과 민영준은 모르고 있었다. 다음날 당연히 수락할 줄 알고 고종의 대리 지휘 요청을 전한 민영준에게 원세개는 "이런 때 내가 어찌 가벼이 처신하겠습니까? 순변사, 초토사, 심영병(강화영병) 등 3가지 군대가 이미 각자 내려간 상황에서 내가 어떻게 따로 또 계책을 정하겠습니까?"라며 단호하게 거절했다. 예

일본의 근대사 왜곡은 언제 시작되는가

상과는 전혀 다른 원세개 반응에 민영준은 당황하며 몇차례 더 간청하였으나 원세개의 태도를 바꿀 수 없었다. 사실 원세개는 공명심이 강한 데다가 이참에 조선 왕실의 군기를 확실히 잡아보겠다는 목적도 있어서 민영준에게 몇 차례 조선군 지휘를 맡을 의향과 자신감을 비쳤다. 그러나 의향을 전해 들은 이홍장이 펄쩍 뛰며 "책임소재 등 여러 가지 부작용을 우려해 절대 안 된다"고 금지했다.

아무런 문제가 없을 것이라는 민영준의 말만 믿고 대신회의에서 자신이 제안한 대리 지휘의 묘책이 원세개에 의해 거부당하자 체면을 구긴 고종은 그때부터는 민영준 라인 외에 원세개와 접촉하는 별도 비선라인을 가동하기 시작했다. 톈진과 상하이 주재관을 역임하고 당시 내무부 참의로서 전환국 총판을 겸임하던 성기운에게 고종은 밀지를 주어 원세개와 별도로 접촉했다. 성기운은 다년간 중국에 주재하며 중국 사정에 정통했을 뿐 아니라 왕실의 필요에 따라 화폐 주조를 관장하는 전환국 소속으로 원세개와 소통할 고종의 밀사로는 적격이었다.

결국 밀사 성기운을 통해서도 원세개의 조선군 대리 지휘가 어렵다는 것을 확인한 고종은 마침내 6월 3일 밤에 청군 파병을 요청하는 공문을 원세개에게 전달한다. 공문이 원세개에게 전달되는 경로는 민영준인지 성기운인지는 불분명하지만 설혹 성기운 라인이었다고 하더라도 거의 매일 수시로 왕비나 고종을 알현하던 민영준은 공문 전달 즈음에는 알았을 것이다. 청에 전달되기 하루 전에 이미 공문이 작성되어 있었다고 대원군이 후일 언급한 사실로 미루어 볼 때, 고종의 지시로 청군 파병요청 공문은 늦어도 6월 2일에는 작성되어 있었다(『주한일본공사관기록』 1, 「8. 제방기밀신」 2, (8)).

조선의 운명은 물론 향후 동북아의 정세를 단박에 뒤바꾸는 엄청난 사건인 청군의 조선 파병은 조선의 공식적인 대신회의 결정과는 전혀 딴판으로 민영준을 제외한 어떤 대신도 모른 채 이렇게 고종 내외의 독단과 비선라인에 의해 결정되고 집행되었다. 뒷일을 전혀 생각지 못하고 눈앞의 편한 길만 찾는 데 익숙한 고종의 결정적인 실책이었다.

조선 말의 유학자이자 역사가인 황현은 『오하기문』에서 고종의 청군 차병 결정 과정을 다음과 같이 개탄했다.

아아! 그다지 넓지도 않은 좁은 지역에서 소인배가 일으킨 버짐처럼 하찮은 일로 말미암아 온 나라가 흔들거리는데 아무런 대책도 없이 끝내 잇따라 만리 밖의 외국에 도움을 요청했으니 이는 천하가 비웃을 만한 일이다. 외국에 도움을 요청하는 일은 종묘사직과 백성의 안위가 걸린 막중한 일인데도 방안에서 수군거리며 마치 심부름꾼을 부르듯이 처리하고 말았다. 아아! 10년 개화가 추구한 부강의 결과가 이렇다니 비웃을 수밖에 없다.

— 황현, 김종익 옮김, 같은 책, 161쪽.

다음은 고종이 원세개에게 보낸 공문의 내용이다.

전라도 관할의 태인, 고부 등지의 백성들이 흉하고 사나워서 본래부터 다스리기 어려웠는데 그들이 요즈음 동학교비에 붙어 1만여 명의 무리를 이루어 10여 군데의 성읍을 빼앗고 이제 또 전주성을 함락시켰으므로, 군대를 보내어 그들을 다스리기 전에 선무(민심을 어루만져 안정시킴)를 하였습니다마는 그들은 죽음을 무릅쓰고 항전하여 우리 군대를 격파하고 많은 병기를 빼앗았습니다.

　이와 같이 흉측한 자들이 오랫동안 소란을 피우는 것은 매우 우려되는 일입니다. 게다가 그곳은 한성과의 거리가 4백 리밖에 되지 않는데 만일 그들이 다시 북상한다면 왕성 주위가 소란하게 되어 그 피해가 적지 않을 것입니다. 지금 우리나라의 새로 만든 군대들은 도성만 지키고 있고 전투를 해보지 않은 병사들이므로 그들을 섬멸하기 어려운 실정에 놓여 있습니다. 만일 흉구들의 활동이 오래 지속된다면 상국(청)에 우려를 끼치는 일이 더욱 많아질 것입니다. 지난 임오년과 갑신년 두 차례의 내란(임오군란과 갑신정변) 때에도 모두 상국의 병사에 의지하여 진정시킬 수 있었습니다.

　이번 원군 문제도 귀 총리(원세개)에게 간청하오니 속히 북양대신(이홍장)께 전문을 보내어 몇 개의 부대를 보내도록 해주십시오. 이들이 속히 와서 저희 군대 대신 동비를 토멸하였으면 합니다. 아울러 우리 군대가 따라 배우게 하여 방어의 계책을 미리 세울 수 있게 하였으면 합니다. 한번 크게 도적들을 막아 쓸어 없애 주시면 감히 계속 주둔해서 막아줄 것을 바라지 않고 즉시 철군을 청하여 천병(하늘이 보내준 군대)을 오랫동안 밖에서 수고롭게 하지 않을 것입니다.

　귀 총리께서는 속히 도움을 주시어 이와 같은 급박한 처지를 구제해 주시기 바랍니다.

— 황현, 『매천야록』 2, 1894년 ① 15 /
『주한일본공사관기록』 3, 「4. 동학난과 청일관계 3」, (2)

　고종의 구두 요청을 받았을 때부터 은밀히 준비하던 이홍장은 원세개를 통해 조선의 정식 공문을 타전 받자 바로 6월 4일에 베이징의 총리아문에 출병을 요청하면서 자신의 관할 하에 있는 산해관 등에 엽지초 제독과 섭사성 총병이 지휘하는 1,500명의 청군 출병을 대기시켰다.

　원세개가 청군의 임박한 출병 예정 상황을 조선 조정에 전하자 대신들은 어리둥절했다. 그제야 대신들은 고종이 이미 청병을 요청했다는 사실을 뒤늦게 알고 나서 떨떠름하고 당황해하면서도 임금의 요청에 따라 곧 도착할 청병을 맞을 실무적 준비를 하지 않을 수 없었다.

　6월 4일, 조정은 독판 내부부사 신정희와 참의 내무부사 성기운을 청군과의 협조사항을 담당할 군무사로 겸임 발령을 내고, 공조참판 이중하를 청군 영접사로 임명하여 아산에 도착할 청군을 맞을 준비를 마쳤다(『고종실록』 음 1894. 5.1.).

제3절 일본군 진주

1. 일본의 준비

1894년 초, 김옥균 암살 사건으로 조선에 대한 일본 여론이 악화되며 다시 정한론을 부추기는 사회 분위기가 형성되는 시점에 마침 터진 조선의 내란 상황은 여소야대의 의회 때문에 꼬인 정국을 탈출할 수 있는 이토 히로부미 내각의 기회였다. 일본 정부와 일본군은 동학농민운동 발발 이후 다양한 정탐 활동을 통해 동학 농민군의 활동과 조선 정세를 업데이트하며 군사적 개입 시기를 엿보고 있었다.

특히 군부와 일본공사관은 상인이나 정탐원 등을 동학 농민군 활동 지역에 파견하고, 관료와의 접촉과 대궐 내에 심어놓은 궁녀 등을 통해 조선 왕실과 대신들의 움직임을 파악하고, 수시로 대원군 및 외교관들과 접촉하며 취합한 정탐내용을 본국에 전신 등으로 정확하고 신속하게 전달하고 있었다. 당시 세계적 네트워크를 구축한 일본의 정보 수집 및 분석 종합능력과 이에 대처하는 역량은 현대의 정보전에 가까운 수준이었다.

참고로 천황에게 신격과 광범위한 통치권을 부여한 메이지 헌법은 참모본부와 군령부를 천황 직속으로 하여 내각과 분리시켰다. 따라서 일본 군부는 내각과 독립해 독자적인 첩보 수집과 작전 역량을 발휘할 수 있었기에 일찍부터 한반도를 포함한 대륙 침략을 위한 준비를 하고 있었고 그 일환으로 다양한 루트를 통해 독자적인 정보 수집을 하고 있었다.

전주성이 함락된 다음날(6.1.) 일본 중의원이 내각에 대한 탄핵상주안을 가결하여 이토 내각은 위기에 봉착했다. 그날 저녁 전주성 함락과 고종의 청군 파병 구두 요청 사실을 조선 주재 임시대리공사 스기무라로부터 타전받은 외무대신 무쓰 무네미쓰는 총리대신 이토 히로부미에게 조선의 긴급상황을 보고해 긴급 각의가 소집되었다.

6월 2일, 총리 관저에서 개최된 긴급 각의에서 무쓰 외무대신은 스기무라의 전보를 보고한 후 "청군 파병에 상응해 일본군을 파병해 변란에 대비하고, 일청 양국의 조선에 대한 권력의 균형을 유지해야 한다"고 주장했다. 무쓰의 의견에 각료들이 모두 찬성하자 이토는 참모총장 다루히토 친왕과 참모차장 가와카미 소로쿠 육군 중장[1]의 임석을 요청했다. 메이지 시대 참모총장과 전시 사령관은 황족이 명예직으로 임명되었다. 따라서 참모차장이나 부사령관이 실질적 지휘관이었다. 이토는 이들에게 상황을 설명하고 각의의 결정사항에 대한 일본군의 협조를 당부했다.

결국, 이토 내각은 의회 해산과 조선 파병 결정이라는 승부수를 띄워 6월 2일 천황의 재가를 받았다. 이는 고종의 청군 파병요청 공문이 청에 전달되기 하루 전이었다.

그날 밤, 파병 규모 등 후속 대책을 논의하러 가와카미 참모차장을

---

1) 작전의 신으로 불린 메이지 시대 최고의 군사전략가. 1세대 육군 지도부(야마가타 아리토모, 오야마 이와오)에 이은 2세대 육군 리더로서 가와카미는 가쓰라 타로, 고다마 겐타로와 함께 메이지의 '육군 3걸'로 꼽힌다. 1880년대 중반 독일 유학을 한 후 독일제국의 육군을 모델로 참모본부를 독일식으로 개편·강화하고, 정보 개념을 도입하여 조선과 대륙에서의 정보 수집과 첩보전을 일찍부터 준비하여 청일전쟁과 러일전쟁에 승리하는데 결정적 기반을 조성하였다. 훗날, 가쓰라, 고다마가 총리, 대신 등 정치인으로 변신한 것과 달리 가와카미는 참모총장으로 공직을 마쳤다.

◇ 이토 히로부미
(출처: 위키피디아 일본어판)

◇ 가와카미 소로쿠
(출처: 위키피디아 일본어판)

만난 무쓰 외무대신은 "처음부터 대규모 병력을 보낸다고 하면 이토가 수긍하지 않을 것"이라며 우려를 표명하자, 가와카미는 "먼저 1개 여단을 파견합시다. 평시의 1개 여단은 2천 명 정도이기 때문에 이의가 없을 것입니다. 아울러 혼성여단을 편성하면 실제는 7~8천 명에 달합니다"고 말해 이에 무쓰도 수긍하며 군사적·외교적 공감대를 이루었다.

후속 대책을 가와카미가 보고하자 이토는 가능한 한 병력 감축을 요청했다. 그러자 가와카미는 단호하게 "출병하고 안 하는 것은 정부 회의에 따라서 결정되는 것이지만, 이미 출병이 결정된 이상은 참모총장의 책임에 있는 것입니다. 출병의 다소는 우리들에게 한번 맡기세요"라고 대꾸했다.

이토는 자신의 결심을 고수할 수 없게 되었고 결국 파병 규모와 그 구체적 진행은 가와카미 참모차장과 무쓰 외무대신 이 두 사람이 협의한 대로 진행되었다. 이토는 당시 상황에 대해 "부지불식간에 대양으로 나아가게 되었다"며 한탄하였다고 한다(조재곤, 「1894년 일본군의 조선왕궁(경복궁) 점령에 대한 재검토」, 『서울과 역사』 94 ,2016, 서울역사편찬원, 53쪽.).

이와 같이 일본군 파병 결정과 이후 정세의 변화에 따른 강경한 대응책에 외무대신 무쓰 무네미쓰는 큰 영향을 끼친다. 가와카미는 군부 인사라서 호전성과 팽창성을 보이는 것이 이해되지만, 외무대신 무쓰가 외교의 특성인 온건한 유화책 대신 공격성을 띄는 것은 왜 그럴까? 성격, 자라난 환경과 커리어를 보면 그의 성향을 조금이라도 이해할 수 있을지 모른다.

무쓰 무네미쓰는 에도막부 시절인 1844년, 기슈번(현 와카야마현) 국학자의 아들로 태어나, 아버지의 영향으로 일찍부터 존왕양이 사상[2]을 가졌다. 1860년 즈음, 도사번의 사카모토 료마, 조슈번의 기도 다카요시와 이토 히로부미 등 존왕양이 지사들과도 교류했다. 당시 존왕양이 지사라 함은 막부 타도를 목표로 하는 테러리스트를 의미하는 시절이었다.

그는 1863년, 가쓰 가이슈가 설립한 고베의 해군 조련소에 참가하였고, 1867년 사카모토 료마의 해원대(무역회사)에 참여하여 실력을 인

---

2) 에도막부 시대 말기 막부를 타도하고 외세를 배격하고자 하는 정치적 사상으로 주로 하급 무사들에 의해 전국적으로 확산되었다.
존왕양이 운동에 관하여는 『한일 근대인물 기행』의 31~62쪽을 참조.

정받았다.[3]

1868년의 메이지유신 후 효고현 지사, 가나가와 현령, 지세개정 국장 등을 역임했으나 막부 타도와 메이지유신을 주도한 삿초(사쓰마번과 조슈번) 출신의 파벌 독점 정치에 분노하여 관직을 사퇴하였다.

◇ 무쓰 무네미쓰 (출처: 위키피디아 일본어판)

1877년 세이난 전쟁[4] 중 삿초 독점 정치에 반발한 도사번 출신들의 정부 전복 사건에 연루된 것이 그다음 해 발각되어 투옥되었다. 1883년 특사로 출옥하여 이토의 권유로 유럽에 유학하여 영국 등 선진 서구의 근대사회체제를 열심히 공부하였다.

1886년 귀국해 외무성에 근무한 후, 1888년 미국 주재 공사와 멕시코 공사를 겸임하였다. 귀국 후 야마가타 아리토모 내각의 농상무대신이 되었고, 1890년 대신 재임 중, 중의원에 당선되어 제1기 제국 의회에 의원으로 참여하였다. 1891년, 마스가타 마사요시 내각에 대신으로 유임되었으나 사쓰마 파벌과 충돌하여 사임했다.

1892년, 제2차 이토 내각의 외무대신으로 입각한 이후 무쓰가 1896년까지 외무대신으로 재임하면서 남긴 대표적 업적은 영국과 영일통상항해조약을 체결하며 치외법권(영사재판권) 철폐에 성공한 것을

---

3) 사카모토 료마, 가쓰 가이슈 등 인물의 막부 말기 활동은 『한일 근대인물 기행』의 95~103쪽, 119~123쪽을 참조.
4) 사이고 다카모리에 의해 1877년 규슈의 가고시마현에서 발생한 메이지 신정부 최후의 반란으로 8개월 만에 진압되었다.

기화로 막부 시대 체결한 15개 국가와의 불평등조약을 모두 개정한 것이다. 또한, 그는 공개시험에 의한 직업외교관 제도를 정착시켰다.

본편에서 다루는 일본군 파병부터 청일전쟁 개전 시까지의 기간 동안 도전적이고 공세적인 자세를 취하는 일본에 대해 서구 열강의 우려와 간섭이 있었고, 전쟁을 피하기 위해 국제적 중재와 알선이 행해지기도 했다. 이렇게 일본에 비우호적인 국제적 분위기를 무릅쓰고 영국에게는 철저히 밀착하고 청에게는 강경 노선을 취하는 외교 정략을 군부와 공동으로 수행한 끝에 무쓰는 결국 이를 성공시켜 '조선 점령과 청일전쟁 승리'라는 결과를 얻게 된다. 이와 같이 군부와 목표를 공유하며 군사적 기반을 바탕으로 강경하고 공세적인 외교를 펼친 일본 정부의 외교정책을 당시 '무쓰 외교'라 일컫기도 했다.

결국 '무쓰 외교'라는 것이 내각과 독립적인 위치에서 대륙 진출을 오랫동안 준비한 군부의 장기 전략과 제국주의적 기반의 서구 열강과 대등한 근대국가로 평가받고자 하는 신흥국 일본의 외교 정략이 결합된 시대적 산물이며, 여기에는 존왕양이 지사 출신인 무쓰의 공격적이고 국가주의적 개인 성향이 크게 영향을 미쳤을 것이다. 이후의 전개 과정을 보면 '무쓰 외교'의 실체가 드러난다.

무쓰는 내각에서 파병이 결정되자 주도면밀하게 준비에 들어간다.

우선 휴가차 귀국 중인 오토리 공사를 즉시 조선에 귀임할 수 있도록 대기시켰고, 해군 대신과 은밀히 의논해 오토리의 조선 귀임 시 군함에 승선할 수 있도록 하고 그 군함에는 육전대(해병)를 추가 승선시켜 이들이 조선에서 오토리 공사의 지휘를 받도록 조치하였다. 또한 참모본부와 내밀히 상의하여 일부 부대가 신속히 조선에 파병될 수 있도록

일본의 근대사 왜곡은 언제 시작되는가

조치하였고, 우선공사(우체업무 담당 공사)에는 군수물자 운수와 군수품 징발 명령을 내려 만반의 준비를 갖추었다.

무쓰는 다음과 같이 파병 일자를 저울질하기 위해 조선 주재 임시공사에게 후속 정보 입수내용을 신속히 보고하라고 전신으로 지시했다.

발신자: 외무대신 무스 무네미쓰 (1894.6.2. 오후 4시 40분)

수신자: 경성 주재 임시대리공사 스기무라

제목: 조선 정부의 청국 증원군 요청과 이에 대한 일본의 대처방안에 관한 건

극비사항임. 만일 동학당 반란이 우리 거류민들의 안전을 위태롭게 할 만큼 위급해지거나 혹은 청국이 증원군을 파견할 생각을 갖는 경우, 일본 역시 우리의 공사관·영사관 및 거류민의 보호를 위해 일본군 파견이 필요하게 될지도 모름. 그러니 귀하는 청나라의 태도뿐만 아니라 반란군의 모든 상황을 수시로 가장 신속하게 전송하도록 최선을 다할 것. 원세개가 귀하에게 직접 조선 정부가 청국 증원군을 요청했다고 말했는지? 귀하의 답변내용과 조선의 요청에 대해 원세개가 어떤 공식발표를 계획하는지를 전송할 것.

— 『주한일본공사관기록』 4, 「5. 구문전보왕복공」 3, (67) 4)

2. 일본의 신속한 파병

일본 정부는 6월 4일, 조선의 청군 파병요청 공문이 청에 전달된 사실과 청 군함의 청나라 출발 사실을 확인했다.

발신자: 스기무라 경성 주재 임시대리공사 (1894.6.4. 오전 10시 30분)

수신자: 무쓰 무네미쓰 외무대신

제목: 조선 정부의 청국군 증원부대 파견요청과 청국군 파견에 관한 건

　　원세개는 서기관을 파견하여 조선 정부가 어젯밤 증원군 요청 공문서를 보내왔다고 본인에게 통고했음. 본인은 서기관을 통해 톈진조약에 따라 적절한 조치를 취할 것을 청국 정부에 제의한다고 했음. 원세개가 어제 본인에게 한 말로 미루어 약 1,500명의 병력이 위해를 즉시 출발할 것으로 예상됨. 즉각적인 일본군 파견을 각하에게 요망함.

— 『주한일본공사관기록』 4, 「5. 구문전보왕복공 3」, (70) 1)

　　즉각 무쓰는 오토리 공사에게 병사들과 함께 조선에 부임하라고 지시했다. 이때 무쓰는 오토리에게 다음과 같은 취지의 훈령을 내렸다.

- 정부는 군대를 파견할 예정이므로 불가피한 경우가 아니라면 평화적으로 대처해야 한다는 원칙적 훈령과 함께,
- 현지 부임 후 시국이 급박하게 돌아가 본국의 훈령을 받을 여유가 없으면 공사가 재량껏 대처하라는 일종의 비상통수권을 같이 부여했다.

　　무쓰는 당시 형세가 긴박했기에 이와 같이 상반된 훈령을 내릴 수밖

에 없었다고 훗날 회고했다(무쓰 무네미쓰, 김승일 역, 『건건록』[5], 범우사, 1994, 51쪽).

다음날 육전대 300명, 경찰 20명과 함께 오토리 공사는 일본을 출발했다.

6월 5일, 일본 역사상 최초로 전시대본영이 천황 직속으로 설치되었다. 메이지 헌법 하에서 군부는 내각의 통제를 받지 않는 별개의 집단이었다. 따라서 오늘날의 전시작전사령부(또는 전시합동참모본부)에 해당하는 전시대본영이 천황 직속인 것은 당연한 일이었다. 또한, 같은 날 히로시마의 5사단에 충원령을 내려 조속히 1개 혼성여단(여단장 오시마 소장)을 편성해 조선에 출병토록 조치하였다.

한편, 이날 조선과 청의 상황은 어떠했을까?

인천 주재 청국영사는 당일 도착한 청 군함 2척에 조선에 이미 주재하던 청군과 전신기술자 등 80여 명과 조선 군무사로부터 조달한 말 100필 등을 싣고 청군이 도착할 아산으로 출항했다. 한성주재 청국영사는 공주로 내려갔으며, 조선은 2척의 기선을 활용해 군량과 조선 동전 2만 관을 싣고 청 군함을 마중하러 아산으로 출항했다.

이러한 모든 조치는 곧 도착할 청군을 맞이하고 상륙 후 그들의 편의를 위한 것이었다. 청군의 원활한 현지 작전을 위해서는 조선인 노역

---

5) 『건건록』은 청일전쟁 전후의 여러 사건을 중심으로 일제의 외교노선에 관하여 외무대신 무쓰가 자신의 경험과 문건 등을 통해 1896년 회고록 방식으로 정리하여, 당시 복잡한 외교 문제를 자신의 외교적 시각과 일본 정부의 입장에서 발간한 책이다. 외교기밀로 인해 33년간 비공개로 있다가 1929년 유고 형식으로 세상에 공개되었다. 당시 일본 정부의 제국주의적 외교의 실체와 논리적 모순을 잘 파악할 수 있는 역사적 기록이다.

이나 물품 매입에 필요한 화폐가 필수적인데, 당시 조선의 화폐경제 미발달로 인해 화폐단위가 낮은 엄청난 양의 동전을 운반하는 별도의 수레나 인부가 필요했다.

베이징의 출병허가가 나자 6월 6일, 이홍장은 엽지초와 섭사성이 지휘하는 청군 1,600명에 출병명령을 내리고(섭사성군 500명은 6.7. 톈진 출발, 엽지초군 1,100명은 6.8. 산해관 출발), 동시에 동경 주재 청국공사 왕봉조에게 톈진조약에 따라 조선 파병 사실을 일본에 통보하도록 지시했다.

당일 바로 왕봉조는 다음과 같이 일본에 서면으로 통보했다.

서신으로 삼가 말씀드립니다. 이번에 북양대신 이홍장으로부터 본사에게 다음과 같은 전보가 왔습니다.

"광서 11년(1885년) 청일 양국이 협의 결정한 조약 중에, 장차 조선에 변란사건이 일어나서 청국에서 파병하여야 할 경우가 생기면 당연히 먼저 공문으로 조회하기로 되어 있으며 사건이 진정되면 즉시 군대를 철수하고 더 남아서 방비하지 않기로 되어 있습니다. 본 대신이 방금 조선 정부에서 온 문서를 받아 본 바에 의하면 (조선의 파병 요청 공문 내용 생략)… 본 대신도 이를 보건대 그들의 간곡한 사정 이야기가 절박할 뿐만 아니라 **군대를 파견해서 원조하는 것은 우리 조정이 속방을 보호하는 예로부터의 관례**이므로 상주를 올려 유지를 받들어 직예제독 엽지초로 하여금 정예군을 선발 대동케 하고 조선의 전라·충청도 지방 일대로 시급히 달려가 시기를 보아서 폭도들의 성채를 공략하고 이를 박멸시켜 힘을 다해 속방의 나라 안이 안정되도록 하려고 하였으며 조선 안에서 무역하는 여러 나라 사람들이 모두 각기 그 생업의 안정을 되찾도록 하려 하였습니다. 그렇지만 그곳의 변란이 평정되는 대로 즉시 군대를 철수시키고 다시 머물러 방비케 하지는 않도록

일본의 근대사 왜곡은 언제 시작되는가

이날 밤 일본 외무대신도 베이징 주재 고무라 공사에게 톈진조약에 따라 일본군 출병을 청에 통보하도록 지시했고, 톈진 주재 아라카와 미노지 영사에게는 직접 이홍장을 만나 일본군 출병 사실을 설명하라고 훈령했다. 이날 밤 조선 주재 임시공사 스기무라에게도 조병직 독판 교섭통상사무(요즈음의 외교통상부 장관, 이하 '외부독판'이라 함)를 만나 공관 및 거류민 보호를 위한 일본군 출병 사실을 직접 통보하라고 지시했다.

---

6) '경구(敬具)'란, 공식 서한의 말미에 관용적으로 쓰는 어구로서 '존경을 담아 삼가 아룀'의 뜻이다. 영어 표현의 'Sincerely'와 같다고 보면 된다.

제4절 질퍽거리는 조선 조정

조선 정세가 험악해지자, 6월 5일 유사시 공관 보호의 명분으로 미국과 프랑스 함선이 인천항에 입항해 대기했다. 이때가 되어서야 고종은 일본군과 러시아군의 출동을 염려하기 시작했다.

이에 대해 민영준은 "원세개의 대책이 있을 것"이라거나 "그때 가면 저절로 방도가 있을 것"이라고 고종을 안심시켰다. 대원군을 감국으로 모시겠다는 동학 농민군이 전주성을 함락하자 멘붕에 빠진 왕비의 재촉으로 다급히 청군 차병을 요청했으나, 막상 청일 양국군의 파병에 직면해보니 대신회의에서 대신들이 우려한 것들이 현실화될 가능성을 실감하고 나서야 고종은 사태의 심각성을 깨닫기 시작했고, 이에 민영준은 임기응변으로 적당히 넘어가고 있었다.

동학 농민군과의 전주화약 협상이 진전될 즈음인 6월 6일, 관군의 압승 소식을 전한 초토사 홍계훈의 전보를 받아 든 조선 조정은 기쁨보다는 청군 차병에 대한 불만과 차병을 추진한 민영준에 대한 원망 분위기로 가득 차 있었다.

이날 오후 2시부터 고종이 긴급 소집한 대신회의는 밤까지 진행되었고, 다음날 밤에도 다시 회의를 계속했다. 회의에서 민영준은 엄청난 부담감과 미안함을 토로하며 대신들과 함께 이미 출병한 청군의 상륙 저지와 추가 출병 저지를 신속히 청에 요청하기로 결정했다. 청군이 환국하거나 상륙하지 않으면 일본군 출병도 저지할 수 있다고 판단해 청일 양국에 모든 수단을 동원해 출병 저지와 상륙 저지 조치를 취하기로 하였다.

이에 따라 조선 관리들은 6월 7일부터 똥줄 타는 상황에 돌입했다.

민영준은 원세개를 찾아가 홍계훈의 전보를 보여주며 파병 중지를 요청했고, 원세개는 "조선 조정은 무슨 일을 그따위로 하느냐"며 민영준에게 욕을 퍼부어댔다. 욕을 먹어가며 상황에 대한 이해를 구한 후 민영준은 출병한 청군의 상륙 중지를 홍계훈의 전보를 첨부해 공문으로 청에 요청했다.

한편, 전날 밤 조선 외부독판을 만나서 통보하라는 훈령을 받은 임시대리공사 스기무라는 독판 조병직과 약속을 하고 외부에 갔으나 주사로부터 "독판께서 급한 용무로 입궐해 미룰 수밖에 없다"고 하자 스기무라는 취지만 말하고 다음 날 면담을 예약했다.

그러나 다음날인 6월 8일 아침 일찍 오히려 이 주사가 일본공사관으로 스기무라를 찾아가 독판의 교시를 전했다.

> "귀 정부의 파병통지는 의외로서 조선 정부는 경악하는 바이다. 현재 한성은 조용해 걱정할 일이 없고 남도의 민란도 진정되고 있다. 이는 초토사 전보로 소상하게 알 수 있다(이 주사가 홍계훈의 전보를 보여줌). 그런데도 귀 정부는 왜 파병하겠다는 것인가? 만일 귀국이 파병하면 각국에서도 파병할 것이다. 이는 도리어 위험한 상황을 만드는 것이니 부디 귀 정부에 진언해 군대의 상륙 중지와 조속한 철수 조치를 바란다."

이 주사는 어젯밤 조선 정부가 청병의 상륙 보류를 청에 요청했다는 사실도 스기무라에게 알려주었다.

그런데도 독판에게 직접 통보하라는 본국의 훈령 때문에 스기무라는 도저히 가만히 앉아있을 수가 없었다. 오전 11시, 조선의 외부로 달려가 조 독판에게 다음의 훈령내용을 직접 서면으로 전달했다.

"서한으로 말씀 올립니다. 저번부터 귀국의 전라·충청 양도를 비롯하여 각 지방에서 민란이 일어나서 그 세력이 사방으로 파급하고 더욱더 창궐이 심하여지고 있으며 그리고 도무지 진압의 효과가 없고 지금 경성은 물론 세 항구에 거주하고 있는 우리 국민의 생명이 위험함이 실로 단석(아침과 저녁)에 이르렀습니다. 그래서 우리 정부는 1882년 제물포에서 맺은 조약 제5관에 의거하여 약간의 병력을 파견하여 우선 경성 공사관·영사관 및 그 거류민을 경비하고, 보호시키기로 결정하였으니 이에 다짐하기 위하여 통지하는 바입니다."

이에 대해 조 독판은 일본군 파병이 불필요한 이유를 다음과 같이 정리해 스기무라에게 말해 주었다.

- 남도 민란이 크게 일어난 때에도 한성은 조용했다. 현재 민란이 진정되고 있기에 지금은 임오군란 때와는 다르다.[1] 그래도 만일 걱정되는 일이 향후 생기면 조선에서 호위병을 각국 공사관에 배치할 것이라 귀국 병사를 파견할 필요가 없다.
- 귀 정부가 파병해 공사관을 지킨다면 각국이 본받아 파병하게 된다. 이는 조선을 위태롭게 할 뿐이고 결국 동양 전체에 해가 될 것이다.
- 귀국 군대가 만일 한성에 들어오면 민심이 흉흉해짐은 물론이고 예상하지 못한 뜻밖의 폐단을 일으킬 수 있다.

---

1) 임오군란 때에 일본인의 살상과 일본공사관의 피해가 발생했다.

일본의 근대사 왜곡은 언제 시작되는가

조병직이 끝까지 일본군의 입경을 거부한다고 하자 스기무라는 일본 정부가 제물포조약에 의거 병력을 입경시키는 것인데 무슨 방법으로 거부할 것이냐고 따졌다.

이처럼 일본이 파병의 근거로 삼은 것이 제물포조약임을 기억해 둘 필요가 있다. 제물포조약은 임오군란(1882년)을 수습하는 과정에서 조선이 일본과 체결한 조약으로 임오군란 시 일본공사관이 습격을 당했기에 '일본공사관의 경비를 위해 병사 약간 명을 둘 수 있다'고 조약에 명시했었다.

여기서 파병의 명분과 근거에 관한 청일 양국의 차이가 분명해진다. 청이 파병의 명분과 근거로 내세운 것은 '조선 정부의 요청으로 속방을 보호하기 위함'이라고 천명했다. 조선 정부가 요청했다는 청에 비해 일본은 파병의 명분이 없자 '공사관과 거류민 보호를 위한 제물포조약'을 일단 들이댔다. 다만 조선에 파병 시 상호 통보하기로 규정한 톈진조약에 따라 양국은 상대국에 대한 통보 절차를 서로 밟은 것뿐이다. 이때부터 6월 24일까지 조병직 독판과 일본공사 사이에 조선의 철병 요청과 일본의 파병 정당화를 주장하는 수십 차례의 외교문서들이 지루하게 오고 간다(『주한일본공사관기록』 2, 「6. 철병청구 및 담판파열까지 왕복문서」 (1)).

전주화약의 성립으로 민란이 진정되어 파병이 불필요하다는 조선의 공세에 공사관 보호를 위한 제물포조약에 의한 파병이라는 일본의 수세적 상황이 한동안 지속되다가 6월 24일을 기점으로 공수가 대전환되는데, 이는 잠시 후에 살펴보기로 하자.

드디어 6월 8일부터 3일간 청군이 아산에 도착했고, 조선의 상륙 금지 요청에도 불구하고 청군은 상륙을 개시했다. 황제의 명령으로 출병했다는 청군 장수에게 조선 조정의 상륙 금지 요청은 씨알도 먹히지 않았다.

한편 오토리 공사는 6월 9일 오후 3시경, 인천에 해병대 및 순사와 함께 도착하고, 이미 도착한 병력을 충원받아 대포 4문, 포병대와 소총대 420명을 입경하기로 했다. 조선 정부에서는 일본공사관에 일본군 입경 금지를 요청하는 공문을 수차 보낸 것 외에도 외부참의 민상호와 고문 르장드르(한국명 이선득)를 인천으로 급파해 상륙 또는 한성 진입을 저지코자 했으나 이들은 오토리를 만나지 못해 실패했다.

일본군은 밤새 내린 비로 진창길인데도 불구하고 10일 새벽부터 2개 경로로 한성에 진입한다. 육로로 소총대, 한강 수로로 대포와 포병대를 이동해 남대문 폐문(오후 7시) 이전에 물자와 병력(병력 420명, 경찰 20명, 인부 100명)이 모두 한성의 일본공사관에 들어갔다. 이동 중 오토리가 마포로 건너기 위해 영등포에 도착하니, 미리 와 있던 외부협판(차관) 이용식이 정부방침이라며 길을 막았지만 오토리와 일본군은 무시하고 한성에 진입했다.

결국 청군의 상륙 저지, 일본군의 상륙 및 입경 저지를 위한 조선 조정의 모든 노력이 수포로 돌아갔다.

일본군이 인천에 도착하는 것은 같은 날 출발했더라도 청군보다 약 1~2일이 더 걸린다. 무쓰 외무대신은 오토리와 동행한 해병대가 단기 체류 예정이라는 사실과 이들과 교대할 병력의 출발과 대대적인 추가 파병을 오토리에게 알리고 6월 10일부터 추가병력을 실은 군함들이

일본의 근대사 왜곡은 언제 시작되는가

속속 일본에서 출발했다.

오토리가 병력과 순사들을 이끌고 한성의 공사관에 부임해 정세를 살펴보니 정말로 남도의 농민군은 전주화약으로 해산한 데다가(6.9.) 한성의 상황은 의외로 평안했다. 외부독판 조병직은 거의 매일 조선의 안정된 상황을 설명하며 "일본군이 이렇게 많이 파병된 이유는 뭐냐"고 따지며 오토리에게 즉각 철수를 요구했다.

원세개를 비롯한 각국 외교관들도 일본군 파병을 의심의 눈초리로 쳐다보자 오토리는 공사관과 거류민 보호를 위한 파병이라고 일단 변명을 하면서도 더 이상의 병력 증파는 안 되겠다고 판단했다. 6월 11일 그는 본국 외무대신에게 몇 번씩이나 같은 취지의 전보를 보내며 혼성여단장 오시마 소장에게도 보냈다. 다음은 외무대신에게 보낸 전문 중 하나다.

발신자: 오토리 공사(1894.6.11. 오후 9시 30분)

수신자: 외무대신 무쓰

제목: 일본군대 상륙 보류를 품신

　전수 제228호

　오시마 소장의 출발에 관한 귀 대신의 전신을 받았습니다. 유감스럽게도 경성의 현 상황 하에선 너무 많은 군대가 진입할 만한 그럴듯한 명분이 없습니다. 저의 명령 없이는 상륙하지 않도록, 오시마에게 관계 당국의 적절한 훈령을 전신으로 내려주십시오.

　　　　　　　　— 『주한일본공사관기록』 3, 「2. 동학난과 청일관계 1」, (36)

그러나 오토리의 전문이 도착할 즈음 일본에서는 대본영의 명령에 따라 오시마 여단장이 탑승한 배를 포함해 주력군을 태운 4척의 배가 조선으로 이미 출발한 뒤였다.

6월 12일, 선발대 이치노에대대 800명이 인천에 상륙해 조선의 반대에도 불구하고 이들 일부가 해병대와 교체하기 위해 한성으로 진입하고, 일본군 후속 병력들이 봇물 터지듯 인천에 들이닥쳤다. 증파 자제 요청에도 그날만 800여 명이 도착한 데 이어 후속군이 속속 인천에 도착하자 오토리는 외교적 분규를 우려해 최소 병력만 상륙하고 대부분의 대마도 회군을 본국에 요청했다. 그러자 무쓰는 참모본부와 조율한 후 임시변통으로 상륙은 하되 일본군이 당분간 인천에만 머물도록 조치했다(『주한일본공사관기록』 4, 「6. 구문전보왕복공 1」, (34) / 『주한일본공사관기록』 3, 「2. 동학난과 청일관계 1」, (39) / 『주한일본공사관기록』 3, 「2. 동학난과 청일관계 1」, (38)).

이때의 상황에 관해 후일 무쓰는 "언제 조선 상황에 변화가 있을지 몰라 만일의 경우 위기일발 상황 시의 성패는 결국 군사력 우위에 있다고 판단해 예정대로 혼성여단의 조속한 파견이 좋겠다고 생각했다"고 회고했다(무쓰 무네미쓰, 김승일 역, 『건건록』, 범우사, 1994. 55쪽.).

6월 14일, 여단 본진 3천 명은 우편선까지 동원해 히로시마에서 출발했다. 악천후에도 항해를 계속해 6월 15일 오후부터 16일 새벽까지 속속 인천에 도착해 상륙을 완료했다.

이로써 조선의 일본군 총수는 4,200명(인천 3천 명, 한성 1천 명, 부산 2백 명)에 달해 아산에 주둔한 청군 1,600명에 비해 압도적 우위를 보이고 있었다. 게다가 일본공사관 호위병 500명과 순사 20명이 이미 한성에 들

일본의 근대사 왜곡은 언제 시작되는가

어와 있었고, 경인로의 요충지 구현산[2]에 500명이 주둔하고 있어서 군사적 목표에 대하여도 확연한 질적 차이를 보이고 있었다.

즉, 청군이 동학 농민군 토벌을 목적으로 농민군이 출몰한 충청·전라 지역에 가까운 아산에 상륙하고 있었던 반면 일본군은 일본공사관 보호를 내세워 조선의 왕실과 조정을 언제든 장악할 수 있는 수도 한성을 목표로 수도권에 집중 주둔하고 있었다.

조선 주둔 형세는 양국군의 충돌이 생기기도 전에 군사 전략상 이미 일본군이 질적·양적으로 조선이라는 공간에서 청군을 압도하고 있었다. 조선은 판단능력이 없는 바보였으며 청이 순진한 반면 일본은 치밀한 계획으로 조선의 숨통을 조일 수 있도록 조선의 수도와 왕궁을 점령하기 위한 만반의 군사적 채비를 완료하고 있었다.

후일 무쓰는 외교비망록 『건건록』에서 당시 일본의 기본 책략은 "외교적으로는 청이 주도적 입장에 서도록 하는 반면 일본이 피동적 입장에 서고, 군사적으로는 유사시 기선을 잡을 수 있는 군사적 우위를 확보하는 것"이라고 밝혔다(무쓰 무네미쓰, 김승일 역, 『건건록』, 범우사, 1994, 50쪽.).

---

2) 구현산은 현재 구로역 인근의 야산으로 추정된다. 공사관 호위를 위해 한성으로 진입한 일본군의 주 행군로는 지금의 경인국도를 거쳐 영등포까지 와서 부교를 만들어 한강을 도하하여 마포에서 남대문으로 도성에 진입했다. 따라서 한강 도하 전 영등포 인근의 구현산은 군사적 요충지였다.

제3장 협상

제1절 청의 협상 기대

일본군의 신속 기동에 대한 조선의 무력한 대처도 갑갑했지만, 청은 도 대체 그사이 무엇을 하고 있었을까? 양국의 파병 통고 과정에서 보인 청의 태도를 살펴보자.

일본 외무대신 무쓰의 훈령에 따라 톈진 주재 일본영사 아라카와 미노지는 6월 7일 오후 2시, 이홍장을 면회하여 일본의 조선출병 사실을 통고하자, 이홍장은 양국군 출동으로 인한 부작용을 우려하며 다음과 같이 자신의 의지를 피력하며 아라카와에게 당부했다.

> ① 청군을 한성에 출병시키지 않을 터이니 일본군도 인천에서 더 전진시키지 말 것.
> ② 조선의 요청에 의해 반란군 토벌을 위해 청군이 출동한 것이니 이토 히로부미 백작과 무쓰 외무대신이 본인이 취한 조치에 대해 오해하지 않도록 할 것. 청은 항상 일본을 존중하고 있으니 양국군대 사이에 충돌을 피하도록 조심하는 것이 무엇보다 긴요함.
> ③ 조선 국왕과 백성이 놀라고 두려워하고 있으니 일본군의 출병은 가능한 적은 인원으로 해줄 것.

일본의 근대사 왜곡은 언제 시작되는가

④ 청군은 조선의 개항장(인천)에는 들르지 않고 곧바로 반란군이 있는 전주로 향할 것이며 변란이 진정되면 즉시 청군을 철수시키겠음.

— 『주한일본공사관기록』 3, 「2. 동학난과 청일관계 1」, (22)

6월 9일, 청의 외교부에 해당하는 총리각국사무의 왕대신은 북경 주재 고무라 공사의 일본군 출병통고(6.7.)에 대한 답신을 다음과 같이 보냈다.

서한으로 말씀을 드립니다.

이달 4일(양력 6월 7일) 귀 서한에서, 조선에 현재 변란이 있어서 약간의 병사를 파견하여야 하므로 양국 조약에 따라 위 파병조치를 서면으로 통지하라는 귀국 정부의 훈령을 받았다는 취지를 말씀하였습니다.

그렇지만 우리 청국에서 조선의 요구에 따라 군대를 파견한 것은 난민을 토벌하는 것을 원조하기 위한 것으로, 이것은 전부터 **속방을 보호하는 관례**가 있고 또 전적으로 조선 내지의 난민을 토벌하기 위한 것으로 평정되는 대로 곧바로 철병할 것입니다. 현재 인천 부산 각항의 정황은 조용하지만 통상지이기 때문에 보호를 위하여 잠시 군함을 머물게 하고 있을 뿐입니다.

그러나 귀국에서 군대를 파견하는 것은 전적으로 공사관과 영사관 및 상인들을 보호하기 위한 것이오니 말할 것도 없이 다수의 병사를 파견할 필요가 없습니다. 또 조선에서 요구한 일도 없으므로 조선 내지로 진입하여 결코 경악과 의아심을 야기하지 않도록 하여 주시고 또 하나 우리 병사와 만나게 되면 언어가 통하지 않고 군례가 서로 달라서 혹 생각지 않은 돌발 사고라도 생길 우려도 있으므로 위와 같은 사정을 귀하께서 귀국 정부에 전보로 말씀을 전해 주시기를 희망합니다.

이상 회답하는 바입니다. 경구.

1894년 5월 6일(양력 6월 9일)

청국 총리각국사무 왕대신

일본 임시대리공사 고무라 귀하

— 『주한일본공사관기록』 4, 「1. 노일관계 1」, (20)

이에 대해 무쓰는 항의를 제출하라고 고무라에게 훈령을 내렸다.

발신자: 도쿄 외무대신 무쓰(1894.6.11. 오전 12시 5분)

수신자: 베이징 임시대리공사 고무라

제목: 총리아문에의 항의제출 훈령

전송 제182호

서면으로 다음과 같은 항의서를 총리아문에 제출할 것.

일본 정부는 지금까지 조선을 청국의 속방이라고 인정한 바 없다. 일본에서 군대를 파견한 것은 제물포조약에 의한 것이며 이를 파견할 당시 톈진조약에 규정한 수속절차를 밟은 것이다.

군대의 인원수에 관해서는 일본 정부에서 스스로 결정하게 될 것이다. 조선에서의 일본군대의 행동에 대해서는 원래 조약상 아무것도 제한된 바 없으나 그 필요성을 인정할 수 없는 장소에는 파견치 않을 것이며, 일본군대는 엄중한 지시 하에 행동할 것이고 청나라 군대와 충돌을 야기할 염려는 없을 것으로 확

일본의 근대사 왜곡은 언제 시작되는가

이즈음 조선의 외무독판 조병직은 거의 매일 문서로 또는 오토리 게
이스케[1]를 만나 일본군의 철수를 요청하고 있었다. 일본군 주둔의 빌미
가 된 청군에게도 아산에 내려간 영접사 이중하가 6월 13일, 청군의 철
병을 요청하였는데 엽지초 제독은 황제의 명령으로 출병하였는데 군사
를 돌릴 수 없다고 일언지하에 거절했다.

일본군 출병으로 우려했던 대로 물가가 폭등하고 백성들이 피난을
가기 시작하는 등 민심이 흉흉해지며 요동치기 시작했다. 조정 대신들
이 민영준을 원망하고 성토하는 분위기 속에서도 민영준은 선물 공세
로 원세개의 마음을 누그러뜨리며 그에게 빌붙어 대책을 마련코자 애
쓰고 있었다.

---

1) 오토리 게이스케는 보신전쟁 시, 메이지 신정부에 저항하는 구 막부군 소속이었다. 보신전쟁 끝까지
   저항한 에노모토 다케아키가 이끄는 홋카이도의 에조공화국에서 육군 장관이었으나 하코다테 전
   투에서 신 정부군에 패하여 투옥되었다. 1874년, 홋카이도 개척사로 신정부에 복귀하여 기술관료로
   승승장구하였으며, 1889년에 청 주재 특명전권공사를 지내고 1893년에 조선 공사를 겸임하였다.

제2절 청일 양국간 협상 (6.12.~6.21.)

1. 원세개-오토리 회담

◇ 원세개 (출처: 위키피디아 중국어판)

◇ 오토리 게이스케 (위키피디아 일본어판)

6월 12일부터 이틀간 한성의 일본공사관에서 원세개와 오토리의 회담이 열렸다.

6월 12일 회담 내용

원: 이번에 귀측에서 기선 14척에 병력 8,000명을 태워 이 나라에 파견했다는 이야기를 들었는데 틀림없는 사실입니까?

오: 아닙니다. 본 공사가 이번에 입경하면서 공사관 호위를 위해 육군 보병 1개 대대와 공병 1개 소대를 인솔해 올 예정이었으나 군함을 타고 왔기 때문에 육군을 제시간에 맞추어 데리고 올 수 없으므로 할 수 없이 현재 인천에 정박 중인 각 군함으로부

일본의 근대사 왜곡은 언제 시작되는가

터 해군 병사 약간씩을 상륙시켜 도합 400여 명만 우선 인솔하고 입경했습니다. 그렇지만 전술한 육군이 도착하면 해군과 교대시켜 입경케 할 참입니다. 또 본국으로부터 건너올 병력을 다 합하면 1,700~1,800명 정도입니다.

원: 그렇다면 그 1,700~1,800명의 군대를 모두 입경시킬 생각입니까?

오: 아닙니다. 공사관 호위를 위한 1개 대대만은 꼭 입경시켜야겠습니다만, 본 공사가 입경한 이래 경성의 정세가 매우 평온하므로 뒤에 오는 군대는 입경시키지 않을 생각입니다.

원: 기병도 온다는데 그렇습니까?

오: 그렇습니다. 이번에는 1개 여단의 병력을 파견하기 때문에, 그 조직 편제 중에는 기병도 있고 포병도 있으며 오시마 육군소장이 그들을 통솔할 것입니다.

원: 이제부터 귀하와 나는 다 같이 우리의 직분을 떠나서 사적인 담화를 했으면 합니다. 귀 공사께서도 이의가 없습니까?

오: 별로 이의가 없으니 어떤 말씀이라도 들려주시기 바랍니다.

원: 지난날 러시아공사 베베르 씨가 인천에서 출발할 때 그 나라 서기관 겔베르그 씨를 통해 "청국의 출병은 특별히 귀국에서 발의한 것인가? 아니면 조선 정부의 부탁으로 출병하게 된 것인가?"라고 본인에게 물었습니다. 그래서 "물론 이 나라 정부의 부탁을 받고 출병하게 된 것이다"라고 답했습니다. 그가 또 말하기를, "그렇다면 우리나라도 이 나라 정부의 의뢰가 있으면 역시 출병하게 될지도 모르겠다"라고 하였습니다. 그러니 이번 귀국 정부의 출병에도 무언가 딴 이유가 있는지 물어보아도 되겠습니까?

오: 조선의 민란에 대한 보고가 차례로 본국에 도달되자 우리나라 정부에서는 사태가 심상치 않음을 깨달았습니다. 특히 귀국에서 원병을 파견하기까지 하였으므로 우리나라에서도 이웃 나라의 정의상 방관할 수 없었고, 또한 한성도 점차 동요하는 빛이 보이므로 우리 공사관·영사관 및 재류민간인을 보호하기 위해 출병하게 된 것입니다.

원: 민란은 아시다시피 관군의 힘으로 전주를 되찾고 나머지 무리들이 금구(원평) 쪽으로 물러나 이제 수백 명의 작은 집단이 되었으니 완전히 진정되는 것도 멀지 않을 것입니다. 그러므로 귀국 호위병의 입경을 중단해 달라고 말씀드리면 안 되겠습니까?

오: 본 공사가 한성에 도착한 이래 이곳의 정황이 평온한 것은 틀림없지만, 현재로서는 민란이 완전히 진정되었다고는 할 수 없습니다. 그래서 해군과 교대시켜 호위병 800명은 꼭 입경시킬 생각입니다. 그러나 이제 다수의 병력도 필요 없을 것인즉, 아직 출발하지 않은 후발대는 일시 출발을 보류시키기 바란다는 건의를 외무대신에게 전보로 발신했습니다. 그런데 그 전신이 그쪽에 도달되기 전에 이미 출발했는지 연이어 배가 떠났다는 전보를 받았습니다. 이렇게 된 이상 이후에 도착하는 군대는 가능한 한 상륙시키지 않고 귀국시키려고 극력 힘을 쓰고 있는 중입니다.

원: 이미 귀국 군대가 입경한 뒤라서 어쩔 수 없지만, 지난날 이중당(이홍장)으로부터 전보가 와서 이번에 일본에서 공사관 호위로 군대를 파견한다 하니 가능한 한 많은 군대를 입경시키지 않도록 오토리 공사에게 전하라고 했습니다. 이 말은 이미 때늦은 말이지만 일단 취지만은 말해 두겠습니다. 다시 한 번 귀 공사의 심사숙고를 바랍니다.

오: 앞서 말한 바와 같이 호위병 800명만은 꼭 입경시킬 것이나 그 외의 병력은 입경시키지 않도록 조치하겠습니다.(이때 공사관에서 텐진영사로부터의 전보를 보내왔다. 공사는 그것을 읽고 나서) 지금 이 전문을 보니 귀국에서 추가로 2,000명의 병력을 출발시킨다는 풍설이 있다고 합니다. 그 사실 여부는 틀림없이 아시고 계시겠지요?

원: (의아해하면서) 아니요. 모릅니다. 현재 우리 군대 1,600~1,700명이 아산에 머물러 있고 현재로는 이마저 불필요한데 병력이 더 필요한 사정도 없습니다. 혹시 귀국이 출병시킨다는 풍설이 왕성하기 때문에 우리나라가 다시 출병시키려 하는 것은 아닌지 모르겠습니다만 본인은 그 풍설을 믿지 않습니다.

오: 만일 그것이 진실일 때는 우리 군대를 상륙시키지 않고 귀국시키는 일 따위는 도저

히 할 수 없으니 이 점에 대해 빨리 탐문하여 알려주시기 바랍니다.

원: 알겠습니다. 만일 우리 정부가 다시 출병시킨다는 것이 사실이라면 어떻게 해서든 중지시키도록 하겠습니다. 또한, 아산의 우리 군대에 대해서도 어제 오전 10시 전주를 회복했다는 통보를 받자, 그 보고와 함께 우선 200~300명의 병사만 남겨놓고 나머지는 왔던 군함으로 모두 귀국 조치해 달라고 이중당에게 전보했습니다. 그러하오니 귀국에서 오기로 한 군대가 인천에 상륙하지 않는 한 방금 말한 바와 같은 조치가 이루어지리라 생각됩니다. 따라서 입경할 귀국의 육군도 반감하는 것이 가능할지요?

오: 아니오. 그것은 안 됩니다. 우리 육군의 조직은 1개 대대의 편제를 둘로 나누면 쌍방이 다 아무 쓸모가 없게 되는 것으로 알고 있습니다.

원: 이와 같이 귀하와 본인이 충분히 타협을 본 이상 귀하와 본인 사이에 이의가 생기리라고는 생각되지 않습니다. 그러므로 오늘 담화의 내용을 이제부터 빠짐없이 이중당에게 전보하여, 앞에 말한 출병시킨다는 사실이 있었든 없었든 간에 보류하라고 말을 전하겠으며, 만일 본인의 전보·발신이 때를 못 맞춰 출병했다 하더라도 본인이 틀림없이 인천에서 귀국시키도록 노력하겠습니다.

오: 아무튼 귀국의 출병 사실 여부를 탐지하시는 대로 즉시 알려주시기 바라며 이것은 우리 군대가 도착한 후 상륙 여부에 크게 영향을 주게 될 것입니다.

원: 요사이 귀 공사와 본인 사이를 여러모로 이간시키려는 자가 적지 않으니 모든 일에 더욱 신중하고 세밀함을 더해서 귀 공사와 본인 사이에 결코 불화가 생겨서는 안 되겠습니다. 그러므로 귀국 병사와 우리 상인들 사이에 사소한 잘못이라도 생기지 않도록 단속을 엄중히 해 주시기를 희망합니다.

오: 이는 물론 주의를 요하는 일이므로 이미 본 공사가 각 사관에게 상세히 일러두었습니다. 또 병사들로 하여금 가능한 한 길거리를 배회하지 못하게 했으며 대부분 병사들을 산 위에서 운동시키도록 주의하고 있습니다.

원: 이쯤 됐으면 비로소 남의 이간에 현혹되지 않고 이번 일을 귀 공사와 본인 두 사람 사이에서 평온하게 일단락시킬 수 있다고 확신합니다.

6월 13일 회담 내용

원: 어제 귀 공사가 돌아가신 다음 담화 내용을 전보로 상세히 우리 총리아문과 이중당에게 말씀드렸더니 지금 전신회신이 왔기에 곧 이리로 왔습니다. 이 전보에 의하면 이곳에서 본인이 귀 공사와 상세한 협의를 한 것에 대해 중당으로서도 크게 찬성한 다고 했습니다. 또 어제 의뢰하신, 우리나라에서 다시 출병시키려 한다는 설에 대해 서도 그 원인을 이해하게 되었습니다. 즉 아산에 있는 우리 제독 엽씨가 본인을 거치지 않고 곧바로 이중당에게 전보하는 한편, 제독이 자기 휘하에 출병준비를 명했다 는 것이었습니다(이 일단의 말은 거짓말이라고 생각함).

오: 빨리 알려주셔서 감사합니다. 우리나라 군대도 먼저 출발한 쪽은 어제 이미 도착 했고 이제 머지않아 후발대도 오늘쯤 도착할 것으로 생각합니다.

원: 그런데 어제 이쪽에서 전보한 취지에 따라 엽 제독이 요청한 군대도 출발을 보류 했고, 또 귀국 호위병이 한성에 오래 머무르지 않는다면 우리나라로서도 따로 경성 에 군대를 파견하지 않을 것입니다. 그러니 귀국의 후속 군대를 반드시 상륙시키지 말고 그대로 귀국시키도록 요청하라는 전보훈령이 있었습니다.

오: 어제도 말씀드린 바와 같이 본 공사가 도착한 뒤 많은 군대가 필요가 없다고 생각 하여, 아직 출발시키지 않은 군선의 출발을 보류하기 바란다고 외무대신에게 즉시 전보했습니다만, 이미 배가 떠난 후라서 지금쯤은 조선으로 항해 중일 것으로 생각 됩니다. 그래서 본 공사가 걱정하는 것은 오시마 소장이 인천에 도착해서 그의 군대 를 상륙시키지 않는 것에 동의할 것인지의 여부를 확언할 수 없다는 점입니다. 이 일 때문에 전날 이곳 공사관 소속 무관을 인천에 파견해 두긴 했습니다만, 그래도 본인

의 의견이 관철되지 못할까 염려되어 이곳 서기관 스기무라를 오늘 인천으로 보내 오시마 소장이 인천에 도착하는 대로 나의 의견이 충분히 전달되도록 조치했습니다.

원: 그러면 호위병으로 입경시킨 군대 외에는 전혀 상륙시키지 않겠다는 것입니까?

오: 그것은 소장이 스기무라 서기관의 주장을 받아들여 상륙시키지 않을지, 아니면 꼭 상륙시키려 할지는 단정키 어렵습니다. 그러나 본 공사로서는 상륙시키지 않기를 간절히 바랍니다.

원: 조선 관군이 전주를 회복하고 나머지 무리들도 금구로 물러나 그 세력이 겨우 수백 명이라 합니다. 이 정도는 조선군으로도 충분히 진정시킬 수 있기 때문에 이와 같이 귀 공사와 본인이 서로 협의·조정해서 여분의 군대를 돌려보내고, 잠시 우리 군대 200~300명을 아산에 머무르게 했다가 귀국 호위병이 철수할 때 동시에 철수한다면, 그 것으로 귀 공사와 본인의 관계는 완전히 일단락될 것이라 생각합니다. 그런데 조선 정부가 의혹과 공포심으로 다른 풍설에 현혹되어 어떠한 해괴한 일을 야기시킬지 예측할 수 없습니다. 본인이 우려하는 것은 오직 이 한 점에 있습니다. (청은 동시 철군 희망)

오: 그렇습니다. 지난날 외무독판(조병직)이 내방했기에 간곡히 우리가 출병하게 된 이유를 설명해 들려주었습니다만, 그래도 줄곧 철군을 요청하므로 "그거야 귀국에서 민란만 평정시킨다면 우리는 즉시 군대를 철수시킬 것이다. 그러니 우선 이 일이 벌어지게 된 근본을 다스린 다음 그 결말을 지어야 할 것이다"라고 대답했습니다.

원: 지난날 러시아 임시대리공사 겔베르그 씨가 본인에게 말하기를, "조선의 민란은 원래 관리의 탐욕과 학정에 기인한 것이며 인민의 죄가 아니다. 그러므로 이들을 토벌하는 것은 잘못이다. 그런데 귀국은 무엇 때문에 군대를 파견하는가?"라고 했습니다. 그래서 본인이 말하기를, "귀국과 조선과의 관계는 귀국의 뜻에 따라 대처해야할 것이며 우리나라와 조선과의 관계는 귀국이 간섭할 성질의 것이 아니다. 그리고 이 나라 민란의 원인이 관리의 탐욕과 학정에 기인한다고 하는 것은 귀하께서 말한

대로다. 그러나 관리를 죽이고 성을 빼앗으며 게다가 국왕이 파견한 선유관을 참살하기에 이르렀는데도 귀국에서는 그래도 이를 토벌해서는 안 된다고 할 것인가?"라고 말했습니다. 그가 또다시 말하기를, "그 선유관을 죽인 것은 너무 지나쳤다"고 했습니다. 이때 이러한 일이 있고 나서 본인을 내방하게끔 하였는데 이는 러시아도 조선에 곧 군대를 파견할 가능성이 있는 것입니까?

오: 귀국과 우리 두 나라는 조약에 따라 언제든지 이 나라에 출병시킬 수 있지만, 다른 나라에서는 역시 이 나라의 윤허가 없이는 군대를 보낼 수 없을 것이라고 생각합니다.

원: 그런데 귀 공사도 알고 있는 것처럼 우리나라 인천 주재 영사의 보고에 따르면, 러시아가 블라디보스토크로부터 군대 1,000명을 기선으로 보내 닷새면 인천에 그 군대가 도착하리라고 하는데 이것은 과연 사실일까요?

오: 본 공사도 러시아 군대가 블라디보스토크를 출발해 원산에 와서 육로로 입경할 것이라는 말을 전번에 들었지만 별로 그것을 믿지 않습니다. 귀하가 말씀한 말은 처음 듣는 바입니다. 그러니 틀림없는 풍설일 것이라 생각됩니다.

원: 만일 이 말이 진실이라면 정말 큰 일입니다. 귀국과 우리 청국 두 나라라면 군대를 파견했다 하더라도 별일 없이 군대를 철수시킬 것이나, 만일 다른 나라에서 군대를 파견하면 역시 우리들을 모방해서 조약을 체결할 염려가 있습니다. 이렇게 되면 조선에 불리할 뿐만 아니라 실로 우리들에게 큰 해가 될 것이니 주의하지 않으면 안 되겠습니다. 그러하오니 원산 주재 귀국 영사에게라도 전보를 쳐서 사실 여부를 확인하도록 해주시기 바랍니다.

오: 잘 알았습니다. 요컨대 귀국에서 다시 2,000명의 군대를 보내려고 한 것과 우리나라에서 8,000명의 군대를 보낸다고 하는 것에 놀랐기 때문일 것입니다. 즉 러시아의 출병설도 추측건대 역시 여기에 기인된 것일 것입니다.

원: 부디 쌍방이 다 같이 하루속히 군대를 철수하게 되어, 남이 이 기회를 노리는 바가

되지 않도록 희망합니다.

오: 그것은 실로 동감입니다.

원: 오늘은 이쯤하고 작별하겠습니다. 러시아 군대가 인천에 온다는 말의 사실 여부를

알게 되면 즉시 알려 주시기 바랍니다.

오: 모두 잘 알겠습니다. 지금 즉시 전보를 치겠습니다.

— 『주한일본공사관기록』 1, 「8. 제방기밀신 2」, (17)

원세개는 일본군 출동보다 오히려 러시아의 출병설에만 의구심이 집중된 것을 알 수 있다. 원세개는 조선 상황에 대해서는 오토리가 자신과 인식을 공유하고 있다고 생각했고 게다가 본국에 일본군 상륙 저지 요청까지 이미 했다는 오토리와는 얘기가 잘 통한다고 생각해 일본에 대해서는 안심해 버렸다.

따라서 원세개는 일본공사관 호위병력과 청군 수백 명만 남기고 1단계 동시 철군한 후, 2단계로 일본공사관 호위병력과 나머지 청군마저 철군하면 사태가 일단락될 것이라 향후 사태를 매우 낙관적으로 판단했다. 실제로 오토리가 원세개와의 회담을 마친 후 본국에 다음과 같은 전문을 보낸 것은 사실이다.

발신자: 경성공사 오토리(1894.6.14. 오후 12시 50분)

수신자: 동경 외무대신 무쓰

제목: 출병보류 품신 이유

반란군이 진압된 전라도와 청국군이 파견되지 않은 경성의 상황 하에서는 우

리 공사관과 거류민을 보호하기 위해 너무 과다한 군대를 파견할 필요가 없음. 그뿐만 아니라, 일본의 태도를 의심하는 청나라와 러시아, 그리고 기타 열강도 그들의 군대를 조선에 파견할 가능성이 있음. 그러므로 현 상황에 변화가 없는 한 우리의 입장이 더욱 위험해지도록 하기 위해 일부러 4,000명의 군대를 경성에 진입시킬 필요는 없으리라고 생각함. 일본 정부의 그와 같은 행동은 우리의 대외관계에 불리하다고 생각함. 그러나 일본 정부가 군대를 파견하려고 하는 원래 목적 외에 모든 우발적인 사건에 대응할 결심을 하고 있다면 그것은 별도의 문제임.

청국 주재 임시대리공사는 본인에게 2,000명의 청국 병력이 추가로 조선에 파견되리라고 전송해 왔음. 그러나 원세개는 그 전문과 관련, 일본이 인천에 상륙하지 않을 경우 청국군은 조선에 파견되지 않을 것으로 본인에게 확언했음. 이곳에는 러시아 군대가 조선에 파견되리라는 풍문이 떠돌고 있음. 가급적 조속히 사실 여부를 확인 바람.

— 『주한일본공사관기록』 3, 「2. 동학난과 청일관계 1」, (45)

6월 13일 오후, 한성주재 러시아공사와 독일부영사가 각각 일본공사관을 방문해 일본군의 대량 파병을 의아해하며 파병 이유 등을 탐문했다. 오토리는 그간 일본군의 출병 정당성에 관해 조선 정부로부터 공격을 받는 외에도 대량 파병에 의구심을 갖는 각국 외교관들에게도 궁색한 변명을 하느라 바빴다. 따라서 대량 파병 이유를 설명하느라 큰 부담을 느끼던 오토리는 원세개가 제시한 공동철병론에 대하여 상황적으로는 동조하면서도 본국의 입장을 잘 알기에 적극 찬성 의사를

일본의 근대사 왜곡은 언제 시작되는가

밝힐 형편도 아니었다.

원세개로부터 낙관적인 회담 결과를 보고받은 이홍장은 베이징의 총리아문과 정보를 공유하며 공동철병을 목표로 삼고 긴박하게 움직이기 시작했다. 정세를 종합해보니 조선에서의 군사적 입지는 일본에 열세이지만 대외적 명분과 외교적 입지는 청이 우위에 있다고 이홍장은 판단하고 최대한 외교적 노력을 경주했다. 청은 우선 영국이 청일 양국군의 동시 철병을 주선할 수 있도록 청 주재 영국공사 오코너를 불러 요청했다.

이에 따라 6월 14일, 영국 외상은 주영 일본공사 아오키를 불러 이 뜻을 전하고 "일본군의 장기간 조선 주둔이 분규를 일으키는 것을 영국은 염려한다"고 말하면서 양국 간 중재 의사를 밝혔고, 이는 무쓰에게 바로 보고되었다. 이홍장은 협상 분위기를 해치지 않도록 아산에 파견된 엽 제독에게 청군이 아산을 벗어나지 않고 대기하도록 지시했다.

일본군 3천 명이 추가로 인천에 도착한 6월 15일 원세개가 오토리를 방문해 정식으로 공동철병을 제의했으나, 오토리는 "본인은 철군 권한이 없기에 본국의 훈령을 기다려야 한다"고 대답하며 곤란한 상황을 모면한다. 오토리는 이 사실을 본국에 보고했다. 보고 전문에서 오토리는 본국의 입장을 스스로 헤아리며 뭔가 명분이나 트집을 잡아 청군을 격퇴시킬 방법에 대한 본국의 훈령을 요청했다.

본관이 입경해 정세를 관찰하니 출발할 때 예상했던 것과는 크게 다른 점이 있음을 발견했습니다. 서울에는 주둔한 청국군이 없고 난도는 패주하여 관군이 전주를 회복했으며 아산에서는 청군이 내륙 깊숙이 진입하지 않았습니다. 오늘까지의 정세가 그와 같으므로 본관은 공관 호위병을 증가시킬 이유를 찾지 못했습니다.

그러나 이달 15일 인천에 도착한 3,000명의 우리 군대를 아무 공로도 없이 헛되게 귀국시키는 것은 합당한 정책이 아니므로 이를 유효하게 사용할 이유를 발견할 것을 요합니다. 다행히 원세개가 이달 15일 본관을 방문하여 일본군과 동시에 청군을 철수하기를 제의하여서, 본관은 우리 군대를 철수시킬 권한이 없으니 정부의 훈령을 기다려야 한다고 답했습니다.

본관의 생각은 이 기회에 우리 군대에 앞서 먼저 청군의 철수를 조선과 원세개에게 요구하는 것이 좋을 것으로 봅니다. 그렇지만 만일 원세개가 우리 요구를 거절할 때는 그 거절로써 청나라가 이 나라에 대하여 종주국의 권한을 주장하고 아울러 이 나라의 독립을 유지하려는 우리의 기획을 방해하는 것으로 보아도 좋습니다. 이뿐만 아니라 그러한 청 정부의 조치는 우리의 국가이익을 해치는 일이 적지 않을 것이므로, 이런 경우에는 병력에 의하여 청군을 쫓아버려도 우리에게 충분한 이유가 있습니다. 그러하오니 만약 우리 국위를 손상치 않고서 타협에 이르지 못할 때는 본관은 위와 같이 강경수단을 취할 수가 있습니다. 빨리 회훈을 기다리겠습니다.

— 『주한일본공사관기록』 2, 「5. 기밀본성급기타왕래」, (25)

2. 일본 정부의 변심

이날(6월 15일) 이미 일본 내각은 조선파병군과 조선정책에 관하여 다음

일본의 근대사 왜곡은 언제 시작되는가

과 같이 중요한 결정을 내리며 태도를 돌변했다. "제물포조약에 따라 공관과 거류민 보호를 위해 일본군을 파병하였을 뿐 다른 목적은 없다"고 그간 누누이 강조해온 일본군 파병 목적을 어떠한 해명도 없이 바꾸어 버리고 그간 감춰왔던 속내를 드러냈다.

1. 조선사변에 관하여 신속하게 그 반란을 진압시킬 것, 단 일본 정부는 가능한 한 청 정부와 협력하여 그 진압에 종사할 것.

2. 반란을 평정한 뒤에는 조선의 내정을 개혁하기 위해 일·청 양국이 조선에 약간 명의 상설 위원을 두고, 우선 대략 다음 사항을 목적으로 조사할 것.

 - 재정을 조사할 것.

 - 중앙 정부 및 지방관리를 도태할 것.

 - 필요한 경비병을 두게 하여 국내의 안녕질서를 유지케 할 것.

 - 세입을 감안하여 세출을 줄이고 절약해서 얻은 잉여금으로 이자에 충당하고, 국채를 발행해 국가이익에 도움이 되는 방향으로 사용할 것.

3. 기타 필요사항

 - 청 정부와 협상을 시작한 후 그 결과가 나오기까지는 현재 조선에 파견된 군대를 철수시키지 말 것.

 - 만일 청 정부가 찬동하지 않을 경우에는 일본 정부 단독으로 조선으로 하여금 전술한 정치개혁을 실시토록 노력할 것.

— 『주한일본공사관기록』 2, 「5. 기밀본성급기타왕래」, (29)

이날 밤, 무쓰는 오토리에게 이상과 같은 각의 결정내용(이후 일본 정부는 이를 '조선의 선후 처치' 또는 '조선의 선후책'으로 명명함)에 따라 자신이 청과 협상할 기간 동안 일본군 주둔의 명분을 찾기 위해 다음과 같이 말도 안 되는 지시를 내렸다.

발신자: 외무대신 무쓰(1894.6.15. 오후 8시 20분)

수신자: 공사 오토리

제목: 각 의안 통지 및 조선의 철병요구에 대한 응답훈령

　… 내각회의에서는 결연한 조치를 취해 청국과 협력해 조선의 정부조직을 개혁하고 그 목적을 위한 공동위원을 임명하도록 청나라에 종용할 것을 결의하였다. 이 일에 대해서는 내일 본 대신이 일본 주재 청국 공사에게 제의할 것이다. 이 일에 대해서는 극비로 하여, 원세개는 물론 그 밖의 어느 누구에게도 누설해서는 안 된다.

　청과 이 일에 대해 협상을 벌여 담판이 계속되는 동안에는 어떠한 구실을 만들어서라도 우리 군대를 경성에 주둔시켜 두는 것이 가장 긴요하다. 그 이유는 이홍장이 일본군을 퇴거시키려 매우 고심하고 있으며 비록 그들의 청군을 퇴거시켜서라도 일본군 퇴거의 목적을 달성하려 하는 것이 역력하기 때문이다.

　우리 군대의 철수가 지연되는 이유로 삼기 위해 각하는 아주 공공연히 밖으로 나타나는 방법으로서 공사관 직원이나 영사관 직원을 실황 조사차 폭동 현지에 파견해 진상을 조사시키고 **그 조사를 가능한 한 느리게 하며 그 보고서 또한 일부러 평화 상태와는 될수록 반대되는 상황인 양 만들게 하는 것이 가장 바람직하다.** 만약 그들을 보호할 필요가 있으면 순사를 수행시켜도 무방하다.

　러시아에서 조선에 출병한다는 말에 대해서는 본 대신과 러시아공사와의 대담 및 영국 주재 일본공사의 전보를 통해 살펴건대 당분간은 그러한 염려가 없

는 것 같다. 만약 조선 정부에서 평화와 질서가 회복되었다고 주장하며 우리 군
대의 철수를 요구할 경우에는, 일본 정부를 비롯하여 각하 자신이 만족할 만한
실황을 조사 파악기 위해 특별히 파견한 관리가 돌아와 보고하기를 기다리고 있
다고 대답해야 할 것이다.

— 『주한일본공사관기록』 3, 「2. 동학난과 청일관계 1」, (47)

3. 이홍장과 무쓰 무네미쓰의 간접 회담

6월 16일, 무쓰 외무대신은 도쿄 주재 청국공사 왕봉조와 회담하였다.
회담 내용의 개요는 다음과 같다.

무쓰: 전날 각하가 이중당(이홍장)의 훈령을 갖고 이토 백작과 면담한 건에 대해서 본
대신은 이토 백작으로부터 상세히 들었다. 조선의 선후책에 대해 그 후 아직 이중당
으로부터는 아무 말도 없는가.
왕: 아직 아무 통지도 못 받았다.
무쓰: 그러면 각하께서는 그에 대해 어떤 생각을 갖고 있는지 듣고 싶다.
왕: 지금 각하에게 공식적으로 말할 정도의 의견은 별로 없다. 그런데 지난번에 이토
백작은 무언가 의견을 갖고 계시는 것 같았다. 이에 대해 귀국 정부의 의견을 들려줄
수 없는가.
무쓰: 그래서 오늘은 조선의 일에 관해 이중당이 무슨 말을 하지 않았는지 알고 싶고
또한 우리 정부의 의견도 말해보려고 각하의 내방을 청한 바이다. 아시는 바와 같이

조선은 귀국과 우리나라가 도와주지 않으면 나라의 안녕을 유지할 수 없을 정도의 국정인데, 현재는 특히 동학당의 난리를 맞아 만약 오랫동안 이를 평정하지 못하게 되면 그 나라의 국운이 더욱더 심한 고난을 겪게 될 것이다.

오토리 공사의 조선 귀임 후 본 대신은 그로부터의 전보 외에 별도 서신을 받지 못해 현재의 내란 상황이 과연 어찌 되어 가고 있는지 상세히는 알 수 없으나 하여튼 내란은 아직 평정되지 않고 있다고 믿는다… 현재 상황처럼 일본군은 경성에 있고, 청군은 아산에 주둔하면서 내지에 진입하지 않은 모양이니 비록 반란민들이 일승일패 하면서도 아직도 여러 곳에 둔재해 있어 언제 다시 폭발할지 모를 상황에 놓여 있다. 그러니 그대로 방치하면 뜻밖의 변란이 언제 어디서 일어날지 알 수 없다.

우리나라와 귀국의 군대가 힘을 모아서 신속히 내란을 진압하고 하루 속히 그 나라의 화난을 평정한다면, 일·청 양국의 번거롭고 귀찮은 현안이 해결될 것이라 생각한다. 이와 같은 의논에 대하여 귀국 정부가 동의할 것인지 각하가 귀 정부에 보고하여 전해 주기를 희망한다.

왕: 각하의 의견을 지극히 타당한 것으로 생각한다. 동학당은 조선의 관군에게 패배하여 전주에서 퇴거하였다고 들었으며 처음의 기세에 비하면 거의 진정된 것으로 보인다. 그런데도 귀국과 우리 양국의 군대가 힘을 모아서 이 내란을 진압시키자는 협의를 귀국 정부에서 해오니 귀국 정부에서는 우리나라의 군대만으로는 능히 그들을 토벌할 수 없을 것이라는 염려 때문에 그러는 것인가. 우리나라 군대가 아산에 진을 치고 아직 행동을 개시하지 않는 것은 오직 내란의 근거를 탐색하고 그런 연후에 공격하려는 전략을 쓰기 때문으로 들었다. 결코 병력의 부족 때문이 아니다.

무쓰: 결코 귀국의 병력이 부족하다고 의심하는 것은 아니다. 귀국 군대로 이 초적을 토벌하기에는 물론 충분하다. 그러나 그 나라의 현 상태를 보아서 내란평정이 하루 늦어지면 그 하루만큼 더 해가 된다는 것은 앞에서 말한 바와 같다. 그러니 차라리

한꺼번에 이를 평정해 버리는 것이 최상의 양책이다.

왕: … 지금까지 받아 본 통지에 의하면 내란 진정도 멀지 않았다고 한다. 이와 같은 때에 양국군대를 동시에 출발시키는 것은 정말 쓸데없는 일로 보인다. 또한, 우리의 출병 외에 다시 귀국 군대까지 합쳐 초적을 평정하는 것은 마치 닭을 잡는 데 소 잡는 칼을 쓰는 것과 매한가지다. 특히 우리 정부는 앞서 귀국에 조회한 바와 같이 **조선의 의뢰를 받고 부득불 출병해서 내란을 평정**하려는 것이지만, **귀국은 처음부터 공사관과 신민을 보호할 목적으로 출병**한 것이므로 그 출병의 근본취지가 다르다고 생각한다.

무쓰: 톈진조약에 근거해서 출병할 때는 서로 조회하여야 하는 것이 당연하지만, 이 조회는 단지 귀국과 우리 두 나라가 모두 조선에 출병한다는 통지만 하면 그만이고 서로 그 출병의 목적이 무엇이냐를 물을 필요까지는 없는 것이다. 그러나 이번과 같이 내란이 오래 지속되는 경우에는 의외의 사태가 벌어질 염려가 있으므로 우리 군대도 역시 신속히 변란을 진압시키고자 노력하지 않으면 안 된다고 믿는다.

왕: 들려주신 취지에 대해서는 이중당에게 전보하겠지만, 귀 대신이 지금까지 한 말에서 특히 한 가지를 묻겠다. 즉, 귀 정부는 귀 정부가 결의한 것을 우리 정부에 통지만 하라는 것인지 또는 우리 정부와 이 일로 협의하자는 것인지 알고 싶다. 단순히 통지하는 데 불과한 것이라면 우리나라에 주재하는 귀국 공사를 거쳐서 우리 정부에 조회함이 어떠한가.

무쓰: 이 일의 단행 여부는 전적으로 우리 정부가 단안을 내릴 것이다. 갑자기 단독 행동을 취하기보다는 처음부터 귀국과 협의해 양국군이 힘을 합해서 내란평정의 실효를 거둔다면 이야말로 매우 평온 타당한 일 처리 방법이라 믿고 사전 협의를 드리는 것이지 새삼스럽게 귀국 정부의 허가를 얻기 위해 이러는 것은 아니다. 지금도 조선에서 혹시 우리 국민의 이해에 관계되는 일이 발생하여 우리 군대가 동학당과 교전하지 않을

수 없는 지경에 이르고 있는지도 알 수 없다. 만약 반란민이 우리 상인에게 해를 끼치는 것 같은 일이 벌어지면 이를 당연히 구출하지 않으면 안 될 것이라 생각한다.

여기서 한 가지 더 협의 드리고 싶은 것이 있다… 가령 이번의 소란이 진정되고 양국군이 철수한다 하여도 후일 다시 소란이 없을 것이라는 보장은 할 수 없는 등 우리 정부로서는 안심할 수 없는 사정이 허다하다. 그러니 조선 정부에 관해서는 귀국과 우리 양국 정부가 충분히 협의하고, 특별히 이번 내란을 평정하는 데 힘을 쓸 뿐만 아니라 그 나라 장래를 위한 **장기간에 걸친 선후책을 강구**해 두는 것이 무엇보다 필요하다고 생각한다. 그러므로 여기에서 의논하고 싶은 것은 조선의 내란을 평정한 후, 예를 들어 **양국 정부에서 각기 3명씩 상설 위원을 선발하여 그 나라에 파견해서 친히 그 정부의 내정을 조사하게 하여, 첫째로는 그 나라 재정을 정리하는 변법을 고안하고, 둘째로는 그 나라 관리를 도태시키고, 셋째로는 그 나라에 알맞은 만큼의 군비를 마련케 하여 이번과 같은 내란이 발생해도 타국의 병력을 빌리지 않고 그들 스스로 진압할 수 있는 만큼의 군대를 양성하게 하는 것** 등이다. 다만 쌍방의 위원이 조사를 마친 결과 혹 생산흥업을 융성케 할 방도도 설 것이며 또는 재정정리를 꾀할 수 있는 희망도 설 것이다. 귀국 정부에서도 깊이 장래의 안위를 고려하여 이 제안에 동의해 주기를 바란다.

왕: … 이는 전적으로 그 나라의 내란이 진정되어서 양국이 함께 군대를 철수시킨 후에나 천천히 강구할 문제라 생각한다. 하여간 귀 정부의 의견은 이중당에게 상세히 보고하겠다.

무쓰: 이 제안은 가능한 한 신속히 귀 정부에 통지해 주기 바란다. 조선의 이번 내란이 일시 평정되었다 하더라도 언제 어떻게 돌변할지 알 수 없으므로 우리 정부로서는 평화를 되찾았다고 하는 조선 정부의 한 가닥 증언만으로는 마음 놓고 군대를 철수하기 어렵다. 그러므로 우선 귀 정부와 협의해서 위원을 파견하게 하든가 혹

일본의 근대사 왜곡은 언제 시작되는가

귀 정부에서 따로 무언가 제출해 오는 안에 찬동하든가 해서, 어떻든 간에 후일 절대로 환란이 없을 것이라는 충분한 안도감을 느낄 상황이 오지 않는다면, 쉽게 호위군대를 철수할 수 없다. 조선의 상황이 이와 같으므로 비록 오늘 양국군을 철수한다 하여도 내일은 또 군대를 내보내지 않을 수 없는 일이 발생할지 예측할 수 없다. 이것이 바로 오늘의 긴급한 일로서 협의 제안하게 된 연유이다.

왕: 이 협의 제안은 매우 중대한 문제이고 또 상세한 설명을 필요로 하는 것이므로 모레 배편에 서신으로 이중당에게 품의 보고하겠다. 그러나 이 문제는 양국 정부에서 각기 의견을 내놓고 협상해서 결정할 문제라고 생각한다. 그런데 이 문제의 협의가 이루어지기 전에는 귀국 정부로서는 철병을 받아들이지 않겠다는 뜻으로 해석된다. 위원을 파견한다는 문제를 협의하는 데에는 적어도 2~3개월이 걸릴 것으로 생각되며 그 이전에 만약 조선의 내란이 진정된다면 양국이 서로 일단 군대를 철수한 다음 서서히 이 문제를 협의해도 그리 늦지 않을 것이다. 그리고 더구나 양국이 서로 협동해서 조선 정부에 선후책을 제시한다면 굳이 군대의 위력을 빌리지 않아도 조선 정부에서 승복하지 않을 리가 없다. 그럼에도 불구하고 귀 정부에서는 이 선후책에 관해 우리 정부로부터 어떠한 통지가 있을 때까지는 철병하지 않을 작정인가.

무쓰: 오늘 협의하고 있는 이 제안 즉, 조선에 대한 선후책은 원래가 철병문제와 혼합해서 논할 성질의 것이 아니다. 물론 우리 정부로서는 **아주 마음 놓고 철병할 수 있는 시기가 오지 않는 한 성급히 철병할 생각은 없다.** 그렇지만 우리가 제안하는 이 선후책에 대해 귀국 정부의 찬동을 얻을 수 있게 된다면, 이것은 역시 우리 정부를 안심하게 하는 데 큰 도움이 될 것이다. 하여튼 이 문제는 매우 긴급을 요하는 문제이니 가능하면 서신보다 전보로 귀 정부에 통지해 주기 바란다.

왕: 아까부터 이야기하는 동안 자연히 철병문제가 거론되지 않으면 안 될 경우가 생겨서 이야기가 결국 그 문제에까지 미치게 된 것이다. 위원파견 문제는 이미 전에 이토

백작이 말한 선후책 문제이므로 당장 이중당에게 보고하겠으며 또 양국군대가 협력해서 난을 평정한다는 문제는 지급을 요하는 문제이므로 전보로 전하겠다.

(1894년 6월 16일 오전 10시 반부터 오후 1시 반까지)

— 『주한일본공사관기록』 3, 「2. 동학난과 청일관계 1」, (48)

이날 무쓰는 오토리에게 청과의 협상 내용을 알리면서 조선의 일본군으로 하여금 동학 농민군을 언제라도 진압하라는 훈령을 내렸다.

발신자: 도쿄 외무대신 무쓰(1894.6.16.)

수신자: 경성공사 오토리

제목: 무쓰 외무대신과 청국공사 왕봉조와의 대화 개요 통지

다음은 엄중히 비밀로 하십시오. 본 대신은 장래 조선의 평화와 질서를 보호하고 현 혼란을 진정시키기 위해 청국과 약간의 이해 일치에 도달하려는 생각을 가지고, 6월 16일 청국공사 왕봉조와 장시간에 걸친 대담을 가졌습니다.

본 대신은 다음과 같은 중요한 계획을 청국 정부에 제안하였습니다. 일본은 청나라와 협동해서 다음과 같은 일을 할 것입니다.

첫째, 조선의 반란을 진정시키고 질서를 회복할 것.

둘째, 일·청 양국은 합동 위원을 임명하여 행정과 재정을 개혁할 것.

셋째, 조선의 자위를 위해 충분한 육군을 조직할 것.

위 제안에도 불구하고 귀하는 때가 오면 어느 때라도 조선을 도와 폭도를 진압하십시오.

— 『주한일본공사관기록』 3, 「2. 동학난과 청일관계 1」, (49)

일본의 근대사 왜곡은 언제 시작되는가

같은 날, 일본은 국제사회의 이목을 두려워하면서 전쟁을 우려하는 영국 정부에 다음과 같은 내용을 알리라고 주영 일본공사 아오키에게 훈령했다.

일본은 조선의 변란 상황이 군대의 주둔을 필요하지 않게 되면 곧 군대를 철수할 것이다. 그러나 지금까지 반란군이 패하여 흩어졌다는 확실한 보고를 받지 못했으며 오히려 아직도 소란이 그치지 않고 있는 모양이다. 일본 정부에서는 분규를 피하기 위해서 최대한의 주의를 기울이고 있다.

비록 현재의 소란이 그친다고 해도 앞으로의 조선의 평화와 질서를 보전하는 것이 대단히 긴요하므로 이러한 목적을 달성키 위해 지금 청국과 협의를 하고 있는 중이다…

— 『주한일본공사관기록』 3, 「2. 동학난과 청일관계 1」, (53)

이날 저녁, 이홍장은 무쓰 외무대신에게 전달해 달라며 다음 내용을 톈진 주재 일본영사 아라카와에게 알리면서 아직도 일본과의 협상을 위한 공동철병 분위기 조성에 애쓰고 있었다.

엽지초 제독의 보고에 의하면 조선 정부가 전주를 회복시켰다는 것은 사실이다. 일본 정부에서 동시에 군대를 철수시켜 준다면 청국도 군대를 즉시 철수시키겠다. 그리고 엽지초 제독에게는 아산 밖으로 나가지 말도록 명령해 두었다.

— 『주한일본공사관기록』 3, 「2. 동학난과 청일관계 1」, (51)

이때 조선에 주재하는 원세개는 그간 오토리와 서로 공감대를 이루며 담화한 내용에 관해 회의록을 만든 후 일본공사관에 송부해 오토리의 서명본이 오기를 기다리면서, 공동철병에 관한 일본 정부의 결정 내용이 오기만을 독촉하고 있었다. 원세개는 3차에 걸친 오토리와의 대담에서 자신의 공동철병 제의에 오토리가 동의한 것으로 간주하고 단지 본국의 승인만 기다리는 것으로 착각하고 있었다.

그래서 전일의 회의내용을 문서로 정리해 일본공사관에 보내고는 오토리의 확인서명을 받고자 했다. 상황 변화를 감춘 오토리의 위장술이 한몫하기는 했지만 상황에 대한 원세개의 결정적인 오판이었다.

오토리가 전략적으로 원세개에게 즉답을 피하며 시간을 끄는 사이 매일 오토리에게 철군을 독촉하던 조선 조정이 일본군 3천 명이 추가로 인천에 상륙하고 경인 요충지에 주둔한 사실을 확인하고는 화들짝 놀라 항의와 철군을 촉구했다.

발신자: 대조선 외부독판 조병직(1894.6.17.)

수신자: 일본국 오토리 공사

제목: 일병의 인한연로 내둔(경인가도 주둔)에 대한 항의와 일률 철수 촉구

대조선독판교섭통상사무 조(병직)는 조회합니다.

지금 인천에서 한성에 도착한 각 지방의 보고에 의하면, 귀 군병들은 인천에서 들어오는 요충지와 한강 연안 각처에 모두 군막을 설치하여 주둔하고 있다 합니다. 귀 군병이 이곳에 온 것은 본래 공사관을 호위하면서 기거를 하려고 한 것인데, 그 주둔하고 있는 각처에는 귀국의 공사관도 없고 귀국 상민으로서 거주하는 사람도 없습니다. 하물며 남도의 비도들이 이미 평정되어 본국의 군병들도 철

일본의 근대사 왜곡은 언제 시작되는가

수하려고 하는데, 귀병들이 이곳에 있는 것은 참으로 무익한 일입니다.

그러므로 군대를 즉시 철수하는 일은 이미 귀 공사에게 거듭 조회하여 속히 철수할 것을 요청한 각안이 있음에도 불구하고 각처에 군병을 주둔시키고 있으니, 더욱 주민들의 의혹을 사고 있을 뿐만 아니라 모든 사람들이 소란을 일으킬 만한 일입니다. 그러므로 귀 공사께서 만일 우의를 중시한다면 스스로 본국의 요청을 인준하여 조속히 철수해야 합니다. 만일 철수를 지연시킨다면 이것은 참으로 본 독판이 바란 바가 아닐 뿐 아니라 더욱 우리 정부의 의혹을 풀기가 어려워질 것입니다.

그러므로 이와 같이 글월을 갖추어 간청하는 바이오니, 귀 공사께서는 전후로 보낸 각 공문의 내용을 잘 살피시어 신속히 철수하시기를 간절히 바랍니다. 그럼 조회를 기다리겠습니다. 이를 대일본특명전권공사 오토리에게 조회합니다.

— 『주한일본공사관기록』 2, 「6. 철병청구 및 담판파열까지 왕복문서」, (1) 21）

이에 대해 오토리는 말꼬리 잡는 궁색한 변명으로 대처하며 시간을 끌면서 본국의 다음 훈령을 기다리고 있었다.

한편 톈진에서는 6월 16일부터 이홍장과 톈진 주재 일본영사 아라카와와의 2회에 걸친 회담을 통한 철군 협상이 있었다. 첫날 회담에서 일본 측은 아산 주둔 청군의 경성 진입계획 첩보가 있다며 공세적으로 그 진위 여부를 물었고, 이홍장은 아산의 섭 제독으로부터 경성으로의 군사이동 요청은 있었지만 본인이 불허했다고 답변했다. 이홍장은 또 농민군이 조선에서 진압된 것은 사실로 확인되었다면서 무더위가 오기 전에 양국군의 동시 철병을 희망한다고 말했다.

다음날(6월 17일), 무쓰의 훈령을 받고 온 아라카와는 전날 도쿄에서 무쓰가 왕봉조에게 제시한 것과 같은 내용을 이홍장에게 제안했다.

> (제1 안건) 조선사변에 관하여 일·청 양국이 서로 힘을 합해 조속히 난민의 진압에 종사할 것.
>
> (제2 안건) 난민을 평정한 뒤에는 조선 내정을 개혁하기 위해 일·청 양국에서 상설위원 몇 사람을 조선에 파견해 다음 사항을 목적으로 그 조사에 종사하게 할 것.
>
> - 재정을 조사할 것.
> - 중앙 정부 및 지방관리를 도태할 것.
> - 필요한 경비병을 설치하게 하여 국내의 안녕을 유지할 것.

이 제안에 대한 이홍장의 첫 반응은 만국공법 위반이라고 일축했다. 덧붙여 "조선과 조약을 체결할 때 일본은 조선을 자주독립국으로 대우한다고 해놓고 이 제안내용은 어느 것 하나 앞뒤가 맞지 않는다"고 반박하며 "일본이 만일 이를 강행한다면 청은 무력에 의존하는 수밖에 없다"고 단호하게 통보했다.

6월 17일, 무쓰 외무대신은 청 주재 영사들로부터 상반된 보고를 동시에 받는다. 베이징 주재 영사는 조선사태에 대한 러시아의 개입 가능성, 영국의 중재 및 권고, 10월에 예정된 서태후의 회갑연 등을 감안하면 이홍장이 결국 협상에 임할 수밖에 없을 것이라고 예상했다. 이에

일본의 근대사 왜곡은 언제 시작되는가

반하여 톈진 주재 영사는 이홍장이 일본 제안을 거부하고 무력충돌을 할 수밖에 없을 것이라고 보고했다.

6월 19일, 일본에서는 청공사 왕봉조가 무쓰를 내방하여 동학당의 난이 평정되었기에 일본군 일부만 남겨두고 나머지는 철수할 것을 요구하면서, 만일 일본이 응하지 않을 경우에는 청에서 추가 증원군을 파견하게 될 것이라고 경고했다.

이틀 후, 왕봉조는 외무성으로 무쓰를 다시 방문해 일본의 제안을 다음과 같이 조목조목 반박했다.

> 동학 농민군 공동 토벌이라는 일본이 제안한 제1 안건에 대하여는 동학당이 이미 진압되었으므로 의미가 없어졌고, 제2 안건 조선의 내정개혁을 위한 상설 조사위원 파견 안건에 대하여는 조선의 자주독립국임을 인정해 일본이 국교를 개시한바 조선의 내정개혁에 관여하는 것은 내정간섭이다. 그러므로 오직 남는 이슈는 톈진조약에 의거 군대 철병에 관한 것만 논의하면 된다.

제3절 1차 협상 결렬

여러 경로를 통해 청의 의사를 확인한 무쓰는 결국 청과의 협상이 결렬되었다고 판단하고, 6월 21일, 오토리에게 다음과 같은 지시를 내렸다.

> 발신자: 외무대신 무쓰(1894.6.21.)
>
> 수신자: 전권공사 오토리
>
> 제목: 조선 선후 처치에 관한 건
>
> … 또 오늘(6.21.) 청나라 공사가 내성하여, 우리가 제의한 제1건에 대해서는 동학당이 이미 평정된 이상 양국이 협력하여 이를 진정시킬 필요가 없고, 또 제2 건에 대해서는 일본에서 조선을 인정하기를 독립국으로 보고 있으므로 그 정치를 개량한다는 것은 내정에 간여하는 것이라고 말하지 않을 수 없으며, 또한 일본에서 그 나라에 파견한 군대는 톈진조약의 취지에 따라 철수하도록 상의를 벌이기 바란다는 요청이 있었습니다.
>
> 이 요청이야말로 바로 우리 제의를 거절한 것이나 다름없는데, 본 대신은 이를 공문으로써 요청해 주기 바란다는 말을 하고 별다른 확답은 하지 않았습니다. 그렇지만 묘의(내각회의)는 조속히 철병하라는 얘기에는 결코 동의하지 않을 태세입니다.
>
> 또 아라카와 영사와 카미오 소좌로부터의 전보에 의하여도 이젠 청나라 정부의 뜻이 어디에 있는가를 알고도 남음이 있는 만큼, 지금으로서는 양국의 충돌은 면할 길이 도저히 없는 것으로 믿는 바입니다. 따라서 충돌을 정말로 일으킬 경우에는 이미 전신으로 말씀드린 바대로, 어떻게 해서든 조선 국왕 및 그 정부를 시종 우리 편으로 끌어두는 것이 필요합니다. 이를 성공시키기

청과의 충돌 시를 대비하여 어떤 수단(회유 또는 공갈 협박 등)을 써서라도 조선 국왕과 조정을 확실한 일본 편으로 만들어 놓는 것이 제일 중요하다고 재차 훈령을 통해 강조한 무쓰는 추가병력 파견과 전쟁을 예상하고 전신 두절 시 대비 훈령을 별도로 내렸다. 전쟁을 대비해 어떤 수단을 써서라도 조선 국왕과 조정을 일본 편으로 만들어 놓으라는 지시를 내린 것이다. 본 전문에는 '왕궁 점령' 또는 '왕궁 포위'라는 명시적 단어는 사용되지 않았지만 약 1달 후 발생할 일본군의 경복궁 점령 사건과 연관된 본국 외무성에서 내린 최초의 훈령이라고 볼 수 있다.

조선반도에서 청과 전쟁이 벌어지면 조선 조정을 자기편으로 만들어야 전쟁 수행에 유리하다는 것은 아주 상식적이고 기본적인 전략 아닌가? 후일 무쓰는 이와 같은 훈령에 의거 오토리가 일본 정부의 방침을 헤아려 미리 잘 대처하고 있었다고 회고했다(무쓰 무네미쓰, 김승일 역, 『건건록』, 범우사, 1994, 74쪽.).

아울러 6월 12일부터 약 10일가량 청과 협상을 하는 동안 무쓰는 조선 정부에 대한 이권 요구를 오토리에 수차 지시한다. 대표적으로 6월 18일에 청과의 협상이 결렬될 것으로 예상하면서 이 기회에 경부전신선 설치운영권, 내륙지역에서 일본인에 부과하는 세금 폐지, 방곡령의 완전폐지 등 조선에서의 각종 이권을 조선 정부에 요구하라는 훈령을 내렸다.

또, 미국 주재 일본공사가 조선의 분할 보호안을 제시하는(6.19.) 등 기회를 맞아 일본은 조선과 관련된 갖가지 이익을 취하려고 다양한 시도를 하였다.

일본 제안에 대한 청의 거절과 철병협의만 남았다는 왕봉조의 공문을 받자마자 무쓰는 절대 철군 불가의 배수진을 청에 통보한다.

발신자: 외무대신 무쓰 (1894.6.22.)

수신자: 대청특명전권공사 왕봉조

제목: 조선에서의 일본군 철수를 기대하지 말라는 통고

서한으로 말씀드립니다. 각하께서는 귀국 정부의 훈령에 따라 조선 변란 진정과 사후 수습방안에 관한 일본제국 정부의 제안을 거부한다는 뜻을 음력 광서 20년 5월 18일(1894.6.21.) 자 귀 서한으로써 전해온 것은 모두 잘 알았습니다. 조선의 지금 정세를 고찰하는데 귀 정부와 의견을 같이할 수 없음은 우리 정부가 유감으로 여기는 바입니다…

강토의 근접과 무역의 중요성을 감안해 보더라도 조선에 대한 우리나라의 이해관계는 심히 긴요하고 중대하기 때문에 조선 국내의 이 같은 참상과 비관적인 상황을 수수방관하기 어렵습니다. 정세가 이같이 되어 가는데 일본 정부가 중간에서 이를 돌아보지 않으면 단지 평소 조선에 대한 교린의 우정에 어긋날 뿐만 아니라, 우리나라 자위책에도 위배라는 책망을 면할 수가 없습니다.

우리 정부에서 조선의 안녕·질서를 구하기 위하여 여러 가지 계획을 시행해야 할 필요성은 이미 전술한 이유로서, 이를 의심해 망설이다가 시행하지 않고 시일을 헛

일본의 근대사 왜곡은 언제 시작되는가

되이 보내면 조선의 변란은 점점 더 오래도록 만연하기에 이를 것입니다. 그러므로 우리 정부에서 군대를 철수하는 일은 반드시 장래 조선의 안녕·질서를 유지하고 충분한 사후수습책을 협정하지 않으면 결행할 수 없습니다. 또 일본 정부가 이같이 철병을 쉽게 결행할 수 없는 것은 단지 톈진조약의 정신에 따른 것일 뿐만 아니라, 또 사후수습을 잘하는 득책이 될 수도 있다고 생각하였기 때문입니다.

본 대신이 이처럼 흉금 없이 진실을 토로하는 것이 비록 귀국 정부의 의견에 상치되는 일이 있어도 **일본 정부는 결단코 현재 조선에 주재하는 군대의 철수를 명령하는 일은 없을 것입니다.** 이 점 회답함과 아울러 본 대신은 이에 거듭 경의를 표합니다. 경구.

— 『주한일본공사관기록』 4, 「1. 노일관계 1」, (34)

동시에 군사적 우위를 더욱 강화하는 일본의 조치가 취해졌다.

무쓰는 같은 날 혼성여단을 편성하기 위해 2천 명의 추가병력을 히로시마에서 6월 24일에 출발시키기로 한 어전회의의 결정사항을 오토리에게 알려주면서 조선에 주둔하는 전체 일본군 병력을 경성으로 집결시키도록 지시했다(『주한일본공사관기록』 4, 「1. 노일관계 1」, (33)).

제4절 청과 조선의 상황

이날 청의 군함 3척이 인천에 도착하여 원세개 가족들을 포함해 청 상인과 가족 등 수백 명이 전쟁을 피해 청으로 귀국한 데다가, 5천 명의 청군이 조선에 추가 증파된다는 설이 유포되는 등 바야흐로 청과 일본의 전쟁은 초읽기에 들어간 상태였다.

그러나 이때 사실 이홍장은 곤란한 상황에 빠져 있었다. 조선의 원세개로부터 협상 결렬에 따른 청군의 추가 파병요청이 쇄도하여 톈진의 이홍장은 북양 일원에 계엄령을 포고하는 등 휘하 병력의 출동 준비는 마쳤으나, 정작 베이징에서 추가 파병의 칙허가 내려오지 않고 있었다.

6월 22일, 베이징으로부터 이홍장이 받은 것은 전쟁을 피하라는 군기대신 옹동화의 비밀서신과 각국 공사의 출병 불가 의견이 많아 출병 동의가 곤란하다는 총리아문 왕대신의 서신이었다. 이들 베이징의 황제 참모들은 지방권력과 군사 면에서 독주하다시피 하는 이홍장에 대한 견제 심리가 있던 데다가, 그해 가을에 예정된 서태후[1]의 환갑기념 잔치를 전쟁으로 망치고 싶지 않은 분위기가 팽배했다.

이즈음 조선 조정은 계속해서 청일 양국에 철병을 촉구하고 있었다. 민영준은 원세개에게 동학 농민군 잔당은 관군만으로도 충분히 토

---

1) 청 함풍제의 3번째 황후로서 함풍제 사망 이후 47년간 황제들을 갈아 치우는 독재 권력을 누렸다. 동치제의 생모, 광서제의 이모로서 이들의 황후는 물론 후궁들도 직접 간택했다. 청의 마지막 황제 선통제(푸이)를 옹립한 후 사망했다. 서태후 사망 3년 뒤 신해혁명이 일어나고(1911년) 원세개가 선통제의 퇴위를 압박하자, 1912년에 청은 멸망했다.

일본의 근대사 왜곡은 언제 시작되는가

◇ 서태후 (출처: 위키피디아 중국어판)

벌이 가능하기에 전혀 걱정할 필요가 없다면서 출동한 청군의 철수를 요청했다. 원세개는 민영준의 말을 흘려 들으면서 처음에는 시간을 끌다가 나중에는 오히려 관군과 청군의 동학 농민군 공동 토벌을 주장하기 시작했다. 민란이 완전히 평정되지 않음으로써 일본군 주둔의 구실을 주고 있기 때문에 그 근본인 동학당을 완전 토벌해야만 된다는 이유였다.

6월 20일경, 원세개는 철군을 요청하러 자신을 찾아온 민영준에게 한발 더 나아가 한성 요충지에 청군을 배치하려는 계획을 밝히며 이에 관해 민영준과 협의를 시도하였다. 그러자 민영준은 사태 초기에

"청군이 한성에 입경하는 일은 없을 것"이라 장담했던 원세개의 언급을 상기시킨 데 이어 자신은 군사문제는 잘 모르니 그 일은 한규설과 상의하라고 회피했다.

그러자 원세개는 크게 화를 내며 "지금까지 그대 같은 소인과 일을 도모한 것이 자신의 실책이었다"고 욕하며 내쫓듯이 민영준을 돌려보냈으며 이때부터 민영준은 원세개와 멀어지며 친청파에서 친일파로 돌아서게 된다(『주한일본공사관기록』 1, 「3. 전라민요보고 궁궐 내 소요의 건 3」, (7)).

이후 민영준을 대신해 원세개를 접촉한 조선의 관리들은 원세개에게 매달리며 제발 철군해 달라고 애원했다. 또한, 일 처리를 잘못해 일본군이 입경하게 되었다고 일부 대신들로부터 비난받은 외무독판 조병직은 끊임없이 말꼬리를 잡고 변명으로 일관하는 오토리에게 신병중에도 불구하고 애처로울 정도로 계속해서 철군 요청을 하고 있었다.

일본의 근대사 왜곡은 언제 시작되는가

제4장 일본의 강경책

제1절 강경책을 위한 명분 발굴

각국 영사관과 조계지로 사용되던 인천항에 갑자기 대규모로 일본군이 주둔하게 되자 각국의 외교관들은 인천항이 일본군의 주둔기지화 내지 병참기지화 되는 것 아닌가 우려하기 시작하였다.

6월 23일, 외교관들이 인천의 중립항 선언과 일본군에 대한 항의 모임을 추진하는 움직임이 있자, 서구 여론에 바짝 신경 쓰는 일본 외무성은 일본의 행동을 정당화하는 지침을 내려 각국 외교 사절들에게 설명하라는 훈령을 내렸다.

이와 동시에 군 주둔 장기화의 명분을 찾으려는 필사적인 노력 끝에 일본은 2가지의 이슈를 주둔지 조선과 전 세계를 대상으로 제기한다. 내란의 근본 원인을 제거하기 위하여는 조선의 내정개혁이 필요하다는 것(내정개혁론)과 조선이 자주독립국임이 당연한 데 청이 조선을 속방화하여 조선의 발전을 저해하고 있다는 속방론(또는 자주독립국론)이 바로 그것이다.

1. 내정개혁론

6월 23일, 무쓰는 조선의 내정개혁을 조선 정부에 강하게 압박하라고 오토리에게 지시했다.

발신자: 외무대신 무쓰(1894.6.23 오후 7시 55분)

수신자: 공사 오토리

제목: 개혁을 위해 조선 정부에 강력한 압력을 가하도록 훈령

앞으로 조선 정부의 실수를 줄이기 위하여 행정·사법 및 재정의 현실적이고 효율적인 개혁과 개선을 건의하는 형식으로 조선 정부에 강력한 압력을 가하도록 이에 훈령함. 가토가 청국 정부에게 전하는 본인의 회답을 귀하에게 전달할 터인데, 이 회답에 열거된 이유들을 귀하의 권고에 대한 근거로 삼을 것. 귀하는 전 세계에 일본의 행동을 정당화시키기 위해 외국 사절들에게 위의 이유들을 신중히 내세울 것.

— 『주한일본공사관기록』 4, 「6. 구문전보왕복공 1」, (143)

이날 밤, 무쓰는 청과의 교섭 실패로 오토리에게 일본 단독의 내정개혁이 불가피함을 알리고 모든 일본군의 경성 집결을 다시 지시하였다 (『주한일본공사관기록』 4, 「6. 구문전보왕복공 1」, (144)).

일본군 주둔의 명분으로 일본이 주장하는 조선의 내정개혁론은 안타깝게도 당시 서구 열강에게도 상당한 설득력이 있었다. 민씨척족정

일본의 근대사 왜곡은 언제 시작되는가

권의 부정부패와 매관매직, 삼정의 문란과 탐관오리들의 수탈이 극심해 조선의 백성들은 신음하고 국가 기강이 무너져 있었기 때문이다. 외국인이 볼 때도 백성들이 도저히 견딜 수 없을 정도의 학정이 지속되어 조선은 내란이 발생할 수밖에 없다는 인식이었다.

오죽하면 당시 청의 속방화 정책과 일본의 침략적 정책을 동시에 반대했던 베베르 러시아공사조차 일본이 주장하는 내정개혁의 필요성을 인정했을까? 베베르는 톈진에서 이홍장과 나눈 대담에서 일본 정부가 주장하는 내정개혁의 필요성을 인정했다. 즉 조선에서 일어난 지금까지의 불안정한 상황이 국가체제의 타락과 관리들의 부정부패로 발생한 것이며 이웃 국가 일본이 재발 방지를 위해 조선의 내정개혁을 요구하는 것이 일리가 있다고 베베르가 주장하자, 민감한 시기에 일본 편을 드는 것이냐고 처음에는 역정을 내던 이홍장도 결국 베베르의 주장에 고개를 끄덕일 수밖에 없었다. 회담 끝 무렵이 되자 이홍장은 베베르가 한성에 귀임하면 원세개 및 오토리와 잘 협의하여 조선의 내정개혁문제가 합의에 도달할 수 있도록 오히려 부탁까지 하였다(『주한일본공사관기록』 3, 「2. 동학난과 청일관계 1」, (30) / 벨라 보리소브나 박, 같은 책, 158쪽.).

2. 속방론

6월 24일부터 일본은 조선 정부에 대해 공세적으로 돌변한다. 그날 오토리는 인천 주둔군이 식수 문제로 어려움을 겪는다는 핑계로 양화진 일대로 이동해 주둔했다고 조선 조정에 일방적으로 통보했다. 그리고 종전 청이 일본에 보낸 청군 파병 통고문에 있는 '속방'이라는 문구를 트집 잡아 이에 대한 조선의 입장을 밝히라고 요구했다. 이를 기회로 철군을 요구하는 조선 조정에 대해 그간 일본군의 대량 파병을 해명하느라 변명으로 일관하던 수세적 입장에서 전격적으로 공세적으로 전환한다.

가. 속방론 배경

내정개혁론과 더불어 조선과 청을 함께 공격하는 일본의 논리적 무기가 된 속방론(또는 자주독립국론)이 형성된 배경을 살펴보자.

일본과의 수교조약인 강화도조약(1876년) 제1조는 "조선국은 자주 국가로서 일본국과 평등한 권리를 가진다"라고 규정했다. 지금 보면 당연한 조항이고 또 당시에도 얼핏 보면 조선을 대우한 것으로 보이는 이 조항에는 일종의 노림수가 있었다. 즉 이 조항은 수백 년간 중국과 사대 조공 관계를 맺었던 조선의 입장을 잘 알고 있는 일본이 조선에 대한 청의 종주권 주장을 차단하기 위한 포석이었다.

자주독립국이 대전제인 국가 간의 근대적 외교관계에서 어떻게 조선이 속방론의 공격에 취약한 국제법적 위상에 처해졌을까? 그 연원을 한 번 찾아 올라가 보자.

1880년, 제2차 수신사 김홍집이 가져온 『조선책략』의 영향으로 조선이 첫 수교대상으로 삼은 국가가 미국이다. 미국과의 수교협상은 당시 유림의 극렬한 위정척사운동으로 인하여 조선이 직접 나서지 못하고 청의 이홍장이 주도한다. 이홍장이 주도하는 조미수호조약 협상에 조선은 톈진에 파견된 영선사 김윤식을 통해 조선의 의견을 부분적으로 반영하게 된다.

일본의 근대사 왜곡은 언제 시작되는가

◇ 김윤식 (출처: 위키피디아 한국어판)

　1881년 말부터 김윤식은 바오딩과 톈진에서 총 7차례에 걸친 이홍
장과의 필담을 통한 회담에서 청의 초미의 관심사인 속방 문제에 관하
여 토론을 했다. 이 과정에서 김윤식은 청과의 관계는 사대의 의리를
지키면서 유사시 청의 보호를 받을 수 있는 청의 속국으로 규정하는
것이 조선의 안보상 안전하고, 다른 국가와의 관계는 자주의 입장에서
대등한 입장이 되는 자주독립국으로 행세하는 것이야말로 일거양득
의 좋은 방법이라고 생각했다. 이렇게 하여 청의 속국이면서 동시에 자
주독립국이라는 상호 모순된 조선의 국제법적 위상이 결정된다.

　가장 껄끄러운 속방 문제를 마무리한 이홍장은 1882년 2월 7일 톈
진에서 미국의 슈펠트와 조미수호조약의 조약문 협상에 들어갔다. '이
홍장안'의 핵심은 제1조 '조선은 중국 속방이지만 내정과 외교는 자주

로 했다'의 속방 조항이지만, '미국측안'에는 이러한 속방 조항이 없었다. 이홍장은 "조선은 오랫동안 중국의 속방이었고 조약문에 들어가는 것을 조선도 인정했다"는 점을 들어 이 조항이 조약문에 반드시 있어야 한다고 주장했고, 슈펠트는 "조선이 자주적 내정과 외교를 해왔다"면서 이 조항의 삭제를 주장했다.

수많은 논쟁 끝에 두 사람은 속방 조항을 조약에서 삭제하는 대신 부속문서에 넣는 것으로 봉합하고 1882년 3월 1일 전문 15조로 된 조미수호조약문에 합의했다. 이에 따라 슈펠트와 마건충이 조선으로 와서 조선 측 대표인 신헌, 김홍집과 만나 1882년 4월 6일 조미수호조약에 조인했다.

또한 임오군란을 청군의 도움으로 수습한 후 미국에 이어 청과의 개화통상을 위하여 이홍장의 뜻대로 체결된 청과의 조청상민수륙무역장정(1882년) 본문에는 '조선이 청의 속국'임이 명기되었다.

이렇게 수백 년간 지속되어 온 사대조공 관계와 성리학적 타성에 젖어 조선의 지배층은 안타깝게도 그나마 내정을 자율적으로 하는 것에 위안을 삼으면서 스스로 청의 속국임을 자처하고 있었으며, 이러한 자세는 세자 책봉 칙사 맞이(제1장 제3절)의 예에서 이미 살펴본 바 있다.

조선의 국제법적 입지가 자주독립국인가 아니면 청의 속국(또는 속방)인가는 국제법상 조선이 근대적 자주독립 국가로 인정받는가 아닌가를 결정하는 중요한 문제였다.

각국과 조약을 체결하면서 조선은 청과는 종전 관계를 유지하되, 서양 열강과는 근대적 자주 국가로서 조약을 체결하는 이중적 입장이었다. 따라서 조선의 국제법적 위상은 청과는 속국 관계이면서 동시에 나머지 국가들과는 자주독립국이라는 논리적 모순에 빠져 있었다.

조선과의 조약 체결을 서두르던 서양 열강은 조선과 청의 특수한 관계를 묵인하면서 미국과 같은 방식으로 근대적 조약을 체결하였고, 동북아의 역사와 정세에 익숙한 일본도 이를 잘 알고 있었다.

그러나 일본은 일본군 주둔 장기화의 명분을 찾기 위해 이와 같은 조선의 국제법적 위상의 취약점을 논리적으로 공격하기 시작했다. 즉 일본은 조선을 자주독립국으로 알고 조약을 체결하였는데, 조선이 사실은 청의 속국이면서 마치 자주독립국인 양 행세하여 일본을 속였다는 논리다. 일본 정부와 천황을 속였으니 응징받아 마땅하다는 것이다.

나. 일본의 속방론 공세 제기

기술한 바와 같이 외무대신 무쓰는 일본 주재 청국공사 왕봉조의 청군 파병 통고문의 "군대를 파견해서 원조하는 것은 우리 조정이 속방을 보호하는 예로부터의 관례"라는 문구를 트집 잡아 항의서를 베이징의 총리각국사무아문에 일단 제출하도록 지시하여(1894.6.11., 168쪽.) 속방론 공세를 위한 밑밥을 1차적으로 깔아 놓았었다(『주한일본공사관기록』 3, 「2. 동학난과 청일관계 1」, (30)).

이어서 조선 정부의 철군 요청에 그간 변명에 급급하던 오토리가 6월 24일, 돌연 속방론 이슈를 제기하며 조선 정부에 공세를 취하기 시작했다.

발신자: 일본국 특명전권공사 오토리(1894.6.24.)

수신자: 조선국 독판교섭통상사무 조병직

제목: 조선국의 청국속방설에 대한 사실 여부의 기한부확답 요구

　　서신으로 아룁니다. 아뢸 바는 이번에 본국 외무대신의 훈령을 받아보니, "음력
으로 올해 6월 7일 도쿄 주재 청국 흠차공사 왕씨의 조회를 접수하였는바 그 속
에 '파병원조는 곧 우리 조정에서 속방을 보호하는 구례이다' 등의 문구가 또 있었
습니다. 그런데 우리 정부는 처음부터 조선을 자주독립 국가로 인정하였고 오늘날
에 이르러 1876년 2월 26일 체결한 두 나라 수호조규 제1항에도 '조선은 자주국으
로 일본과 평등의 권리를 가짐'이라는 문구가 명백히 기재되어 있는바, 그 청국 흠
차공사의 조회는 이와 전혀 반대이니 실로 뜻밖의 의론이라 아니할 수 없습니다.
이는 일조 양국의 교섭에 있어서 지대한 관계를 미치게 될 의론으로, '조선 정부에
서도 스스로 보호 속방 글자를 인정하고 있는 것이나 아닌지?' 지금으로 귀국 정부
에 대해 의견을 확인해 보아야 한다"라는 대목이 있었습니다. 따라서 그 청국 흠차
공사의 조회 사본을 첨부하여 이에 조회하오니, 양력 이달 29일까지 가부간 회답
해주시길 바라며 이상과 같이 조회합니다. 경구.

　　　　　— 『주한일본공사관기록』 2, 「7. 일청개전에 따른 원세개와의 왕복문서」, (3) 1)

　　일본은 일단 속방론을 제기한 후 집요하게 이 문제를 물고 늘어졌다.
　　아산에 주둔한 청군 섭사성 제독이 공고한 조선 백성들에 대한 고
시문(6.11.)에 '속방을 보호하고' 등의 문구가 있는 것을 뒤늦게 입수한
일본 측이 그 진위 여부의 조회 요청을 원세개에게 했다(7.3.).

　　원세개는 "섭 제독 고시문'의 문구는 청과 조선이 전부터 유지해 온

체제로서 새로운 것이 아니며, 조선이 내치와 외교에 관하여는 본래부터 자주적으로 해왔다"라고 답신했고(7.7.), 이에 오토리는 반박했다(7.8.).

(『주한일본공사관기록』2, 「7. 일청개전에 따른 원세개와의 왕복문서」, (2) 7~8))

다. 오토리 공사의 속방론 압박 계획

내정개혁론이 주로 본국 외무대신 무쓰의 훈령에 의해 진행되는 것에 비해 속방론은 주로 오토리 공사에 의해 주도된다. 오토리는 본국의 훈령에 따라 내정개혁론으로 조선 조정에 압박을 가하면서도, 자신이 주도하는 속방론에 의한 압박 계획을 다음과 같이 무쓰에게 밝혔다.

오토리는 조선에 조회한 상기 속방론에 관한 조선의 기한부확답 요구(6.28. 재차 발송함)에 대해 조선의 답변을 3가지로 상정하여 각각의 경우에 조선에 대한 압박 계획을 무쓰에게 제시했다.

(1) 조선이 자주독립국으로서 청의 속방이 아니라고 회답하는 경우

청군이 조선을 보호 속방이라며 조선에 주둔한 것은 조선의 독립권을 침해한 것이니 빨리 청군을 내쫓아 강화도조약에 명시된 조선의 일본에 대한 의무(자주독립 상태)를 지켜야 한다. 만일 조선의 자력으로 어려울 때는 일본군이 이를 도와줄 것이다.

(2) 조선이 청의 속방임이 틀림없다고 회답하는 경우

조 독판을 면담하여 설득해 공문을 철회시켜야 한다. 만일 조 독판이 설득되지 않는 경우에는 공공연히 조선 정부가 강화도조약 제1조를 위배하였음을 인지시키고, 조약 체결 이래 17년간 일본을 기만한 죄를 물어 군사적 압력을 가하여 조선이 사죄토록 하여 일본이 만족스러운 보상을 받아야 한다.

> (3) 조선이 예부터 청의 속방이지만, 실제로 내치와 외교는 자주적으로 하도록
> 약속이 되어 있기에 실제로는 자주독립국이라고 회답하는 경우
> 내란을 진정시키는 것은 내정에 속하는 것이므로, 청이 속방이라는 명의를 빌
> 려 청군을 파견한 것은 내정간섭으로서 실질적인 속방으로 하려는 것이다. 따라
> 서 (1)과 같은 조치를 취하여야 한다.
>
> — 『주한일본공사관기록』 1, 「9. 제방기밀송신왕 1」, (6)

오토리는 6월 29일에 상기 계획을 좀 더 구체화하여 조선의 유효한 개혁을 수행하기 위하여는 조선을 일본의 위력 하에 두는 것이 필수적이라고 강조하면서 유사시 군대를 앞세워 왕실을 포위해야 한다고 건의했다.

이 건의는 하루 전날 본국에서 도착한 가토 외무서기관으로부터 외무대신의 구두 훈령을 상세히 전달받고 현장에서 작성된 건의라는 점을 주목할 필요가 있다. 따라서 이미 이때부터 실행 시기와 방법의 문제만 남았을 뿐 일본 정부의 경복궁 포위와 점령 등 군사적 대응 원칙은 일찌감치 정해진 것으로 추정된다.

이에 따라 조선 현지의 오토리 공사는 내정개혁론이든 속방론이든 조선 정부가 어떻게 답변하더라도 트집을 잡아 군사적 도발을 감행할 만반의 준비를 하고 본국의 최종 승인을 기다렸다고 보는 것이 합리적 추론이 아닐까?

오토리 공사가 본국 외무대신 무쓰에게 보낸 아래의 이 전문(1894.6.29. 제12호)은 **'최초로 경복궁 포위 계획이 기술'**된 기록이라는 점

에서 매우 중요한 사료다. 결과적으로 일본군이 경복궁을 포위하고 점령하자마자 청일전쟁과 갑오개혁이 동시에 시작되었고, 이후의 역사는 일본이 조선반도에서 절대적 영향력을 가지게 되기 때문이다.

발신자: 경성공사 오토리 (1894.6.29. 오후 6시)

수신자: 동경 외무대신 무쓰

제목: 청국의 종주권 시비와 관련 조선 정부의 답변 여하에 따른 양면대책 건의

　　제12호

　가토 외무서기관이 6월 28일 아침에 도착하여 본 공사는 귀 대신의 훈령을 상세히 들었습니다. 6월 26일 제11호 본 공사의 전신에서 말씀드린 바와 같이 청국을 압도하고 조선을 우리의 위력 밑에 두지 않고서는 아무리 유효한 개혁을 수행하려 해도 불가능함을 확신하였기 때문에 일본 정부의 목적을 수행하기 위하여 6월 28일 본 공사는 조선 정부에 공문을 보냈습니다. 여기에 진술하기를 일본 주재 청국공사가 귀 대신에게 보낸 서한 사본을 인용해서 했으며 조선 정부에 대해 과연 우리 정부는 청나라 공사의 서한에서 기술한 대로 청국의 속방임을 인정하는 것인지 아니하는 것인지 하는 문제에 대해 하루를 기한으로 해명해 줄 것을 요구하였습니다.

　그리고 만일 조선 정부가 청국의 속방임을 인정하지 않는다고 회답하면 본 공사는 한편으로는 원세개에게 청나라가 속방을 보호한다는 구실에 의거하여 청나라 군대를 파견하여 현재 조선에 주둔시키는 것은 조선의 독립에 해가 된다는 이유를 들어 곧바로 청나라 군대의 철회를 요구할 것이며 또 다른 한편으로는 조선 정부에 대하여 청나라 군대를 축출할 것을 요구할 것입니다. 그리고 만일 조선 정부에서 자력으로 청나라 군대를 축출시킬 수 없을 때는 우리가 스스로 그 일

을 맡아 하지 않을 수 없습니다.

만일 또 조선 정부에서 청나라의 속방임을 인정한다고 회답하여 오면 우리는 군대를 앞세워 곧바로 왕실을 포위하고 강화도조약 제1조를 파기한 것으로 간주하여 저들로부터 변명과 사과를 받아야 합니다.

만일 또 조선 정부에서 모호한 회답을 하여 조선은 청국의 속방이라고 칭하고 내치외교에 관해서만은 조선 정부 스스로 단행할 권리가 있다고 말할 때는 역시 첫째의 경우에 있어서와 같은 조치를 취할 것입니다.

어떠한 경우에 있어서도 다른 조약국으로 하여금 국외 중립의 위치를 지키게끔 하기 위하여 일본 정부의 정당한 목적에 관하여 우리 측에서 보장하는 것이 가장 긴요하며 이러한 보장은 귀 대신 및 본 공사 측에서 끝까지 이를 보장코자 합니다.

6월 26일에 알현하여 본 공사는 이 나라의 행정개혁에 관한 일을 국왕에게 상주하였으며, 또 본 공사는 최근의 상황을 말씀드리고 우리 제의를 공식으로 조선 정부에 제출할 예정입니다. 본 전신의 취지는 귀 대신께서 가장 적절한 방법으로 고무라 임시대리공사에게 통지하시고 아울러 필요한 훈령을 동 대리공사에게 부여하시기 바랍니다. 그리고 이러한 경우에 우리 해군은 어떠한 행동을 취할 것인지요…

— 『주한일본공사관기록』 4, 「6. 구문전보왕복공 1」, (157)

기한부확답 요구와 같은 오토리의 속방론 조회 공세에 대해 조선은 어떻게 대응했을까?

그간 문서 상으로나마 당당하게 일본군의 철병요구를 하던 조선의 공세적 입장은 온데간데없이 사라지고 원세개와 협의하여 모범답안을 만드는 시간을 버느라 이런저런 핑계를 대는 조병직 독판의 모습은 안쓰러워 애처롭기까지 하다. 모범답안을 구하기 위해 원세개와 숙의하는 조선 정부에게 이홍장은 조선의 청나라 의존성을 높이고 조선을 달래기 위해 "열강은 조선에서의 일본의 행동을 인정하지 않으며, 청군은 조선에서 일본군을 철수시킬 것이므로 조선 정부는 일본공사의 요구를 하나도 받아들이지 말라"고 전문(7월 1일)으로 안심시켰다.

고종과 조선 조정은 설혹 전쟁이 벌어지더라도 청이 결국 승리할 것이라는 막연한 믿음이 있었기에 경복궁 점령 사건이 벌어지기 전까지 청일 양국에 대하여 외견상 중립적 입장을 보였지만 내심으로는 친청적인 입장을 유지하고 있었다. 이는 청의 실세 서태후의 회갑을 축하하기 위해 축하사절단에게 은 10만 냥을 지참시켜 베이징으로 출발시킨 점에서도 알 수 있다.

제2절 내정개혁론과 노인정회담

식수가 부족하다는 핑계로 인천 주둔 일본군을 한양의 양화진 등 수도 진입을 위한 요충지로 이동시킨 일본은 오토리 공사로 하여금 6월 26일, 고종을 알현해 다음과 같이 내정개혁의 필요성과 개혁위원을 임명해 주도록 상주하였다.

사신 오토리는 삼가 아뢰옵니다. 대군주폐하의 성덕은 날로 더하여 만민이 이에 젖고 다스림은 더욱 높아 온 누리가 송축하고 있으니 숭앙하는 마음을 어찌 다 표현하겠습니까.

일찍이 남쪽 백성들이 어리석게도 반역하여 감히 관료에게 대항하고 함부로 날뛰므로 군사를 발하여 크게 토벌을 행하였으나 이들을 평정하기가 밥 먹듯 쉽지 않음을 염려하여 마침내 이웃 나라의 도움을 청하기에 이르렀다니, 우리 정부에서는 이를 듣고 중대한 일로 여기고 있습니다. 이리하여 천황 폐하의 유지를 받들어 사신으로 하여금 군대를 대동하고 대궐 문 아래에 복무토록 하였습니다. 아문이나 공사관·상업민들도 모두 이번 일이 귀국의 희비와 큰 관계가 있음을 생각하고 만일 요청만 있으면 조그마한 힘일망정 서로 도우면서 이웃 간의 우의를 돈독히 하려고 하고 있습니다. 사신이 명을 받들고 서울에 도착하여 마침 전주가 수복되고 잔당들도 흩어져 이제는 군사를 거느리고 돌아오는 선후책이 차츰 실마리가 풀려나간다는 것을 들었는데, 이 모두는 성덕에 의한 것이 아님이 없으니 실로 국내외에서 다같이 송축할 일입니다. 생각건대, 우리 일본은 귀국과 함께 동양의 한쪽에 처하여 강역이 지극히 가깝기 때문에 참으로 입술과 이처럼 서로 의지하는 관계에 있을 뿐 아니라 화목을 닦고 사신의 왕래함이 예전부터 오늘까지 끊임이 없었음은 역사책을 펼쳐보면 역력히 알 수 있습니다.

일본의 근대사 왜곡은 언제 시작되는가

요즘 열국 중방의 대세를 보면 정치·교육·입법·이재·권농·권상에 이르기까지 부강책이 아님이 없으며 스스로 발전과 성장을 이루어 세계에 웅비하려 하고 있습니다. 그런데 지금까지의 실정법만 지키고서 변통할 것은 생각지도 않고 시야를 크게 넓히고 국세를 다투어 힘써 스스로 주인이 되지 않는다면 어떻게 열국이 주시하는 속에서 버티어 설 수 있겠습니까. 그래서 또 사신에게 명하여 귀 조정의 대신들을 모아놓고 이러한 도리를 해석하여 밝히고 권장하라 하였습니다. 그리하여 귀 정부에서도 부강을 지향하는 실속있는 정치를 거행하는 데 힘써나간다면 희비를 같이 하는 우의가 이것으로 시종을 다했다 할 것이며 광대뼈와 잇몸처럼 의지해가는 정국도 이것으로 유지할 수 있을 것입니다. 바라옵건대 **폐하께서는 밝게 보시고 유지를 내리시어 변리교섭대신이나 또는 전권대신에게 칙령하여 사신과 만나게 하고 그로 하여금 이러한 말들을 다 듣게 함으로써,** 무릇 우의를 독실히 생각하는 우리 정부의 지극한 뜻을 저버리지 않게 하시면 대국을 위해서도 다행한 일이 될 것입니다. 사신 오토리는 이를 간절히 바라옵고 아울러 폐하의 홍복 무강하심을 기원하는 바입니다. 삼가 아룁니다.

6월 28일, 무쓰는 조선의 내정개혁에 관한 일본 내각의 결정사항을 통보하며 오토리에게 다음과 같은 구체적 훈령을 내렸다.

발신자: 외무대신 무쓰(1894.6.28.)

수신자: 재경성 특명전권공사 오토리

제목: 조선국 내정개혁에 관해서 오토리 공사에게 보낸 훈령

　　본 대신은 묘의(각의) 결정의 취지에 따라 이에 다음과 같이 훈령하오니 각하께서는 이번에 조선 정부에 대해 다음에 기술한 대로 제의하는 동시에, 이를

공문으로 조선 정부에 조회하여 그 공문의 회답을 받아놓으시기 바랍니다.

　"일찍이 제국은 귀국과의 구교를 살려 인호를 닦는 데 있어서 깊이 동양 대세를 고념하는 바가 있었다. 그리하여 혼자서 스스로 솔선하여 조약을 체결하여 평등한 권리를 확실히 하며 장정을 만들어 통상의 편익을 널리 펼침으로써, 귀국이 하나의 독립국이라는 사실을 만국에 표창하였다. 그 후 우리 정부가 귀국에 대하여 시행한 것은 하나같이 귀국이 날로 융성하여 점점 자주독립의 실효를 거두게 하려고 애쓰지 않은 것이 없다. 그리고 만일 귀국 정부가 자신을 안으로 추사회고해 본다면, 반드시 그 사실을 역력히 인식하지 않을 수 없을 것이다.

　그런데 귀국은 쓸데없이 구장을 고수하여 숙폐를 아직도 제거하지 않았다. 이에 따라 요난이 뒤를 잇고 민심이 괴리되며 국가의 질서가 문란하여지므로 국내의 안녕이 위태롭게 되어 자주 누를 이웃 나라에 미치게 하였다. 만약 지금 곧 구제의 길을 강구하고 진작의 계책을 마련하지 않으면 결국 끝내 수습할 수 없는 형세까지 이르러 비단 자주독립의 근기를 흔들어 놓을 뿐 아니라 나아가 큰 우를 동양 대국에 끼치게 될 것이다. 이는 우리나라가 이웃 나라에 대한 정의로서나 제국 자위의 방도를 고려해서나 하루라도 차마 수수방관할 수 없는 일인 것이다. 고로 우리 정부는 이번에 귀국 정부에게 자주독립의 실효를 거둠으로써 왕실의 존엄과 번영을 영원히 유지할 장계를 구하라고 하는 외에, 따로 다음에 열거 기재하는 사항을 권고함으로써 귀국 내치의 개선을 촉구하는 바이다.

　一. 관사의 직수를 분명히 하여 지방관리의 폐정을 교정할 것.

　一. 외국교섭의 사의를 중히 하여 그 직책에 맞는 사람을 선택할 것.

　一. 재판을 공정하게 할 것.

　一. 회계출납을 엄정하게 할 것.

　　7월 3일, 오토리가 일본 정부의 내정개혁안을 또다시 제시하며 전담 협상위원의 선임을 요구하자, 조정에서는 내무부 독판 신정희와 협판 김종한, 조인승 등 3명을 위원으로 임명하고 오토리와 함께 내정개혁안을 협상하도록 지시했다.

　　이에 따라 7월 10일, 오토리는 조선의 내정개혁 조사위원들과 남산 노인정(민영준의 별장)에서 내정개혁을 위한 1차 회담을 하였으며, 이 자리에서 그는 '내정개혁방안강목'을 조선 측에 제시했다. 주요 내용은 다음과 같다.

오토리가 각 항목을 설명하다가 시간이 부족하자 다음날 회의를 다시 열어 나머지 부분을 설명했다. 그다음 오토리는 27개 항의 세부 항목을 세 종류로 구분하여 시한부로 실행할 것을 요구했다. 즉 10일 내 시행해야 할 사항, 6개월 내 실행해야 할 사항, 2년 내 실행해야 할 사항으로 분류하여 엄격히 실행할 것을 요구했다. 오토리의 강압적 시한부 내정개혁 요구에 대해 조선 측 위원들은 내정간섭이라고 반발했으나, 그 문서의 접수만은 거절하지 못하고 받아왔다.

7월 11일과 12일 연이틀에 걸쳐 고종과 대신들은 비밀 어전회의를 통하여 내정개혁이 불가피하다고 판단하고 부패 정권의 상징이자 민씨 척족세력의 좌장 민영준을 선혜청 당상에서 해임하고, 내정개혁을 위한 기구인 교정청을 창설했다. 김홍집을 비롯한 시·원임대신 6명의 총재관 등 교정청 위원들이 다음과 같이 차출되었다.

> 총재관(6명): 영부사 신응조, 영의정 심순택, 판부사 김홍집, 영돈녕 김병시, 좌의정 조병세, 우의정 정범조.
> 당상관(정3품 이상의 고급 관리, 13명): 중추부사 김영수, 호조판서 박정양, 병조판서 민영규, 한성부윤 신정희, 대호군 이유승·김만식·조종필, 이조판서 윤용구, 협판내무부사 심상훈·김종한·조인승·김사철·어윤중.
> 낭청(종3품 이하의 중앙관청의 하급관리, 2명): 부사과 김각현·정인표.
>
> ─『고종실록』음 1894.6.11. / 음 1894.6.13.

교정청은 '교정청 의정혁폐조건'을 만들어 각 도에 통고하는 등 국정의 대개혁에 착수했다. 의정혁폐조건의 주요 내용은 탐관오리를 제거하고 잘못된 조세 수취 제도를 바로잡는 등 동학 농민군의 폐정 개혁 요구안과 대부분 일치했다.

동학농민운동이 발발했을 때 조정에서 자발적으로 농민들의 요구 사항을 반영해 내정개혁에 나섰으면 되었을 일이었다. 만약 그랬다면 우리나라의 역사는 전혀 새로운 방향으로 흘러가지 않았을까? 자발적 개혁의 기회를 허무하게 놓친 채 지도자의 잘못된 판단으로 외국군을 불러들인 후에야 그것도 외세의 강압에 등 떠밀려 하게 된 개혁이었으니 교정청의 개혁이라는 것이 순수 자발적 개혁이라고는 할 수 없었다.

그럼에도 불구하고 협상위원들은 국가의 자존심을 잃지 않으려 애썼다. 7월 15일에 열린 노인정 3차 회담에서 신정희는 남의 나라의 내정개혁을 권고하기 전에 일본은 철병부터 먼저 실행할 것을 오토리에게 요구했다. 또 일본이 요구하는 내정개혁 요건은 우리나라의 제도와 크게 다르지 않으며 그중 몇 가지 새로운 사항은 이미 교정청을 통하여 독자적으로 실시하고 있다고 반박하면서, 일본군 철수와 일본 정부가 강요한 '내정개혁방안강목'의 철회를 요구하고 내정개혁은 조선이 독자적으로 실시하겠다고 단호하게 답신하였다.

그러나 안타깝게도 이렇게 일본의 강요를 피하기 위해 조선이 급작스럽게 설치한 교정청의 개혁은 제대로 시행도 못 한 채 1주일 만에 벌어진 일본군의 경복궁 점령과 청일전쟁 개전으로 역사의 뒤안길로 사라진다. 교정청은 폐지되고 친일내각에 의한 갑오개혁이 시작되기 때문이다. 결과적으로 동학 농민군 폐정 개혁 요구안의 대부분이 갑오개혁에 포함된다.

향후 수년에 걸쳐 추진되는 갑오개혁에 결국 동학 농민군이 요구한 폐정개혁안의 대부분이 반영된다는 사실은 우리 역사에서 무엇을 의미하는 걸까? 조선이 자주적 개혁의 기회를 놓쳤다는 점에 역사적 평가와 방점이 찍혀야 할 것이다. 결과적으로 이후의 조선은 당시 세계적인 추세인 근대화의 큰 흐름에 주도적으로 올라타지 못하고, 외세에 의해 피동적으로 끌려가는 운명을 맞게 된다.

제3절 국제적 중재 노력

청일 양국 간의 협상 기간 중 양국군 철수를 위한 국제적 중재노력이 동시에 진행된다. 이홍장의 요청으로 이미 관여한 영국 외에도, 청과 조선의 외교적 노력에 의해 6월 하순에는 러시아와 미국도 중재에 나선다.

6월 25일, 일본 주재 러시아공사 히트로보는 외무대신 무쓰와 회담하며 조선 문제에 개입하기 시작했다. 이때 무쓰는 일본군의 철병조건으로 1) 청일 양국이 조선의 내정개혁에 공동으로 참여하거나, 2) 일본이 단독 개혁 시 청이 간섭 및 방해를 하지 않는다는 것을 보증한다면 철병할 수 있다고 했다.

6월 29일, 러시아 주재 일본공사는 러시아 정부와 회담을 통하여 러시아의 입장을 통보받았다. "러시아는 조선의 내정개혁에는 찬성하지만, 일본군의 장기 주둔에는 반대한다"는 내용이었다. 6월 30일, 러시아 황제와 정부의 공식입장이 무쓰에게 전달된다.

> 발신자: 동경 주재 러시아공사 히트로보(1894.6.30.)
>
> 수신자: 외무대신 무쓰
>
> 제목: 조선에서의 철병 권고의 건
>
> 조선 정부는 국내의 내란이 이미 진정되었다는 뜻을 공식적으로 자국에 주재하는 각국 사신에게 고하였고, 또 청국병 및 일본병을 철수시키는 일에 관하여 그들 사신의 원조를 요청하였습니다.

> 그래서 본관의 군주이신 황제 폐하의 정부는 본관에게 명하기를, 일본제국 정부에게 조선의 요구를 받아들이도록 권고하고, 또 일본이 청나라 정부와 동시에 조선에 있는 군대를 철수하는 일을 방해할 경우에는 중대한 책임을 지게 될 것임을 충고하라고 하였습니다.
>
> 앞에서 말씀드린 일을 외무대신 각하에게 말씀드리며 거듭 경의를 표합니다.
>
> —『주한일본공사관기록』 4, 「4. 노일관계 4」, (13)

한편 미국 국무장관은 6월 29일, 미국 주재 일본공사와 회담했다. 이 자리에서 미 국무장관은 "청군은 철병을 원하나 일본이 거부하고 있으니 미국이 중재에 나서달라"는 조선공사의 말을 전했다. 이에 일본공사는 조선의 개혁을 위한 일본의 입장을 자세히 설명하는 등 조선 문제는 세계열강의 외교전으로 비화하였다.

특히 전 세계에서 러시아의 팽창 저지를 최우선 정책으로 삼는 영국은 러시아의 조선 문제 개입이 가시화하자 적극 움직였다. 6월 30일, 주일 영국공사가 무쓰를 만나 "속방 문제를 언급하지 않는다면 일본의 의사를 수용할 수 있다"는 청의 양보 의향을 전했다. 이에 대해 무쓰는 "청의 주장은 모순투성이라 무슨 이야기인지 이해가 잘 안 된다"고 하면서도 중재를 위해 애쓰는 영국의 노고를 감안해 협상의 여지는 남겨놓는다.

영국의 적대적 대러시아 전략을 잘 알고 있는 무쓰는 이날 영국 주재 일본공사 아오키에게 "이토 총리와 본관은 절대 러시아의 지시에는 따르지 않을 결심이다. 영국 정부의 환심을 살 수 있는 이 내용을 특별히 영국 정부에 전달하라"고 지시했다.

러시아 개입에 바짝 예민해진 일본 정부는 각의의 논의 끝에 머리를 짜낸 무쓰의 회신을 주일 러시아공사 히트로보에게 보낸다.

발신자: 외무대신 무쓰 무네미쓰 (1894.7.2.)

수신자: 러시아 특명전권공사 미세르 히트로보

제목: 러시아의 제의에 대한 회답의 건

　러시아 특명전권공사 각하(히트로보)께서 송부하신 공문 중에, 조선 정부는 조선의 내란이 이미 진정되었다고 공식적으로 조선에 주차하는 각국 사신들에게 통고하였다고 기재하셨지만 일본 정부가 접수한 최근 보고 내용에 의하면 불행하게도 조선 정부의 이 같은 통고는 매우 경솔한 생각에서 나온 말이라고 하지 않을 수 없습니다. 그리고 위는 최근의 보고로써 (일본)제국 정부가 확신하는 바와 같이 그것이 사실이라면 비단 사변을 일으킨 원인을 아직 제거하지 못하였을 뿐만 아니라 일본병을 파견하지 않을 수 없게 한 변란도 아직 완전하게 그 자취를 근절치 못하여 이에 대한 처리를 필요로 하는 것 같습니다. 그리고 지금 만약 그 변란의 근원이 완전히 제거되지 않을 때는 앞으로 언제든 소란을 일으키는 것을 면할 수 없을 것입니다.

　일본 정부의 조치는 강토 침략의 의도에서 나온 것이 아니라 전적으로 현재의 형세에 대한 부득불 한 필요에 응하는 것뿐입니다. 그러므로 조선 국내의 형세가 완전히 평온한 상태가 되어 장래 다시는 아무런 우려가 없다고 인정될 때에는 지금 조선에 있는 일본병을 일본 정부에서 철수할 것임은 본 대신이 러시아 특명전권공사 각하에게 명언하는 것을 주저하지 않는 바입니다.

> 일본 정부는 러시아 황제 폐하 정부의 우호적인 권고에 대하여 사의를 표하는 동시에 양국 정부 간에 다행히 현존하는 상호 신의와 호의에 따라 지금 본 대신이 한 분명한 말씀은 러시아 정부에서 충분히 믿어 주실 것을 일본 정부가 믿어 의심치 않는 바입니다.
>
> — 『주한일본공사관기록』 4, 「4. 노일관계 4」, (42)

동시에 7월 6일, 러시아 주재 일본공사 니시 도쿠지로는 러시아 외무성 아시아 국장과 만나 상기 무쓰의 서신을 설명하고, 러시아 정부가 일본에 대해 품고 있는 의심을 해소하는 데 총력을 기울였다. 니시는 한발 더 나아가 "만약 러시아 정부가 일본에 대해 같은 충고를 다시 하면 사태가 매우 심각하게 될 것이다. 왜냐하면, 지금 우리 군대의 철군은 도저히 불가능하기 때문이다"라며 러시아 정부를 설득하고 압박했다.

7월 9일, 미국 국무장관의 사태악화를 우려하는 메시지가 무쓰에게 전해졌다.

> 조선 변란은 이미 진정되어 국내가 평화스러운데도 불구하고 일본이 철병을 거절하고 그 나라 내정에 대해 급격한 개혁을 시행할 것을 요구한다고 들었는데, 이는 미합중국 정부가 크게 유감으로 여기는 바이다. 그리고 청국에서 일청 양국이 동시에 철병하기를 희망하는 사실이 있는 상황에서 이와 같은 요구는 특히 다른 나라의 주목을 끄는 것이다. 미합중국 정부는 일조 양국에 대하여 깊이 우의를 품고 있으므로 조선의 독립 및 주권이 존중되기를 희망하는 바이다. 만약 일본이 명

분 없는 군사를 일으켜 미약하고 방어를 할 수 없는 이웃 나라를 병화에 이르게 하는 일이 있다면 대통령은 크게 실망할 것이다.

— 『주한일본공사관기록』 4, 「2. 노일관계 2」, (6)

한편 중단된 청일 간의 직접 협상이 베이징 주재 영국공사 오코너의 알선 중재에 의해 7월 7일 베이징에서 청의 총리아문 왕대신과 일본공사 고무라 사이에 재개된다. 회담에 앞서 무쓰는 고무라에게 다음과 같은 훈령을 보냈다(7.5.).

귀하는 왕 대신을 만나 그들의 어떤 제의도 언제든지 일본 정부에 전달할 수 있다고 말할 것. 교섭의 기본 사항에 관한 토의에 들어가면 귀하는 그들의 제의를 그저 듣기만 할 것. 그러나 그들과의 교섭 개시와 함께 어떤 뚜렷한 타협이 이루어지기 전에는 일본 정부는 결코 군대의 철수에 동의하지 않을 것이며, 그뿐만 아니라 현존하는 조선의 내부 소요는 여전히 우려할 만하여 일본 정부는 이 문제에 대한 러시아 정부의 권고를 이미 거부한 바 있음을 강조할 것. 귀하는 또 영국공사를 만나 총리아문 왕대신과 주고받은 내용을 그에게 알려줄 것.

— 『주한일본공사관기록』 4, 「2. 노일관계 2」, (21)

회담 전 영국공사로부터 일본의 고압적 분위기를 전달받은 청의 총리아문의 대신들도 대신회의에서 일본의 오만무례함을 성토하며 강경해졌다. 이 같은 양국의 사전 분위기는 회담에 영향을 크게 미쳐 결국

왕대신과 고무라 사이의 2차례에 걸친 회담(7.7., 7.9.)은 소득 없이 끝났다. 제2차 회담에서 청이 최종 선언한 내용은 다음과 같다.

> "조선의 내란은 진정되었으며 톈진조약에 의거 양국군의 철수가 필요하다. 내정개혁 등 담판은 철군 후에나 가능하다."

제2차 회담이 열린 날 러시아 외무성 아시아 국장은 일본공사를 만나 무쓰의 회답 문서(1894.7.2. 223~224쪽.)에 대한 만족을 표하며 청과의 조속한 화평을 희망했다. 러시아에 대한 일본의 집요한 외교적 노력이 먹힌 것이다.

한편 조선에서는 러시아공사 베베르가 7월 중순 3회에 걸쳐 오토리와 회담을 했다. 베베르는 조선 문제의 평화적 해결을 위한 마지막 기회라며 이홍장과 고무라 간의 담판을 촉구했다.

> **7월 13일, 15일 회담 요약**
>
> **베베르:** 지금 이 나라에 주재하는 귀국의 군대는 귀 공사관과 거류민을 보호하기 위해 온 것이라고 하지만, 남쪽 지방의 민란이 이미 평정된 오늘날에는 오히려 귀국 군대의 경성 주재 때문에 민심이 동요되고 수만 명의 조선 사람이 도성을 버리고 피난 가는 실정이니, 가능한 한 빨리 그 일부라도 귀국시켜 주기 바랍니다. 본인은 지금 귀국의 사정상 병력 전부를 귀국시킬 수 없는 곤란한 사정이 있는 것도 잘 알고 있습니다. 그러나 지금 귀국 군대가 이대로 오랫동안 이 나라에 주둔하면 청나라도 역시 부득이 군대를 증파하지 않을 수 없게 되고, 그렇게 되면 곧 일본과 청국이 전쟁을

벌이게 될 것입니다.

그러나 지금 동방에서 병란이 일어나는 것을 모두 바라고 있지 않을 뿐만 아니라, 지난번에 청군을 증파하려는 움직임이 있었을 때 우리나라는 청나라를 설득해 군대 증파를 중지시켰으며, 청나라도 귀국이 장기간 군대를 이 나라에 주재시키지 않을 것을 믿고 출병하지 않았던 것입니다. 그러니 이 땅의 평화를 위하고 또한 청국의 변심을 막기 위해 귀국 군대의 일부를 철수시킴이 긴요하다고 믿습니다.

각하는 이번에 이 나라 정부 앞으로 내정개혁안을 제출하고 그 결과에 대한 회답을 받지 못하고서는 철군이 불가하다고 했는데, 군대의 위세를 빌려서 개혁을 단행시키는 것은 다소 그 목적에서 이탈하는 처사가 아닌가 본인은 의심치 않을 수 없습니다. 본인이 입수한 정보에 의하면 각하가 제출한 개혁안이 하나하나 이치에 맞으며 실로 이 나라 현실 상황에 적절하므로 조선인 가운데도 이를 찬성하는 사람이 적지 않으리라 믿습니다. 그러나 무력으로 강압해 이를 실행한다면 조선은 남의 나라에 강요당해 개혁을 단행했다는 비방을 면치 못할 것이고, 조선의 개혁 찬성론자도 비방을 염려해 개혁을 시행시키지 못할 것이니 가능한 한 무력으로 이를 강압하지 않기를 바랍니다.

현재 귀국의 군대를 이곳에 주둔시키는 목적은 첫째는 귀 공사관과 거류민을 보호하는 것이며, 둘째는 각하가 제출한 개혁안의 실행에 있을 것입니다. 현재의 사정으로는 첫째 목적을 달성하는 데 1만 명에 가까운 귀국의 군대가 필요하지 않으며, 둘째 목적을 달성하기 위해 그 많은 군대를 주재시키면 오히려 개혁안을 폐기해 버릴 염려가 있습니다. 그러니 현재 얼마간의 군대를 일시 퇴거시켜 서서히 내정개혁의 실시를 기하는 것이 바람직합니다. 본인이 보는 바로는 이 개혁이 그리 어려울 것이 없다고 믿습니다.

본인이 지난 9일 톈진에서 이 나라로 돌아오기에 앞서, 다시 이중당(이홍장)을 방문하여 이 나라의 내정을 개혁하지 않으면 안 된다는 연유를 간곡히 진술했던바, 그는 처음에는 일본군을 먼저 철수시키지 않는 한 서로 이야기할 수 없다고 했습니다. 일본은 목적 달성 없이는 철병하지 않을 것이기에 그러면 전쟁으로 그들을 물러나게 할 수밖에 없다고 본인이 말했더니, 이중당도 끝내 수긍하여 개혁이 필요하다는 것을 인정했습니다. 본인이 텐진을 떠날 즈음에 다시 이중당을 방문해 개혁의 필요성을 인정하는지 또 개혁을 실시할 결의가 있는지를 따져 물었더니, 전적으로 본인의 의견에 동의한다고 대답했습니다.

본인이 생각하기에 조선에 대한 일은 이중당이 혼자서 모든 일을 결정지을 뿐만 아니라, 중국 북부의 군대를 중당이 총괄하고 해군에 관해서는 남양함대라 할지라도 중당(이홍장)의 지시를 받을 정도이므로(북양함대는 완전한 이홍장의 소속임), 지금 만약 일이 잘못되어 일본과 청나라와 조선이 전쟁을 벌이게 되면 그 결과에 대해서는 중당이 이를 담당하고 패전의 잘잘못을 한 몸에 책임지지 않을 수 없습니다.

이러한 것은 중당 자신과 그 나라를 위해서 우려되기에 가능한 한 평화를 희망하는 바인데, 다행히도 중당이 개혁에 대한 의사가 있으니, 귀국의 텐진 주재 고무라 임시공사를 시켜서 그와 정세 대국에 대한 의논을 시키는 것이 현재의 급선무라고 믿습니다. 베이징의 총리아문의 대신 같은 사람들은 완고하고 집요하여 말할 상대도 못되지만, 중당은 공평 활달한 사람이므로 오늘날과 같은 사태에 대해서 의논하기에는 이 사람 외에 다른 사람이 없습니다. 그리고 영국공사 오코너 씨 같은 사람이 총리아문을 상대로 중재를 시도한 것은 유감 천만이며 다시 한 번 더 귀국이 중당을 통하여 총리아문을 설득하면 조선 문제의 해결에 영국공사를 능가하는 좋은 결과를 얻어 사태수습에 여한을 남기지 않으리라 믿어 의심치 않습니다.

오토리: 귀 공사의 말씀은 모두 잘 알았습니다. 그러나 우리 군대를 철수시키는 일에 대해서는 원래 그 권한이 없으므로 할 수 없습니다… 우리 국민은 지난 1882년(임오

군란)과 1884년(갑신정변) 사변을 비롯해서 그 밖에도 몇 번 이 나라에서 생명과 재산의 손실을 입은 적이 있기에 다시 당하지 않기 위해 군대를 파견한 것입니다. 그러니 귀 공사께서도 이 사정을 잘 양해하여 주시기 바랍니다.

그런데 귀 공사도 잘 아시는 바와 같이, 이 나라의 내정이 문란하게 된 사정은 사실 일조일석에 된 것이라 말할 수 없습니다. 우리나라는 어민을 제외하고도 3개 항과 경성에 1만 명에 가까운 거류민을 두고 있으며 이 나라 외국 무역량의 절반은 우리나라 상인들의 거래와 관계있으므로, 이번 민란이 다행히 평정된다 하더라도 향후 이들의 이익을 보호하기 위해서는 확실한 보장조치를 취하지 않을 수 없습니다. 그래서 본 공사는 우리 정부의 훈령을 받들어 앞서 개혁안 5개조를 제출하였고 이어서 그 자세한 항목도 조선 조정에 보냈습니다… 이 개혁안은 이 나라를 위해 공평하게 기안한 것인 만큼 귀 공사께서도 틀림없이 이 일에 대해 이의가 없으리라 믿을 뿐만 아니라, 대군주 폐하께서도 역시 이를 받아들여 주실 것으로 믿고 또 바라는 바입니다.

그런데 잘 아시는 바와 같이, 조선의 현재 사정으로는 약간의 위력을 과시하지 않고서는 쉽게 개혁이 가능할 것으로 보이지 않습니다. 물론 본 공사로서야 우리 병력을 사용할 마음은 없습니다만, 말씀드린 바와 같이 위력 과시의 필요도 있으므로, 이 개혁안의 채택 여부가 결정되지 않는 동안은 우리 정부로서도 군대철수를 응하지 않을 것이라고 본 공사는 믿고 있습니다. 또한, 개혁에 대해 이중당도 동의하고 있으니 고무라 공사로 하여금 이중당과 협의케 하라는 것은 일단 지당한 의견이라고 생각합니다. 그렇지만 지난 12일 동경에서 온 전보에 의하면, 청나라 정부는 공공연히 우리 일본과 제휴하는 것을 바라지 않는다고 단언했으므로 일본 정부는 부득이 단독으로 이 나라의 개혁에 착수하겠다는 뜻을 회답하였습니다. 그러므로 귀 공사의 모처럼의 충고이지만 새삼스럽게 톈진에서 회담을 벌일 방도가 있을 것으로는 보이지 않습니다. 실로 시기를 놓쳤다고 하지 않을 수 없습니다. 그러나 모처럼의 충고이니 일단은 우리 정부에 전보를 보내겠습니다.

7월 21일 회담

베베르: 다시 회담을 여는 건에 대해 일본 정부로부터 어떤 전보가 왔는지 궁금합니다.

오토리: 아직은 아무런 답전이 없습니다. 지난번 말한 바와 같이, 일청 양 정부 사이에서는 일단 교섭이 단절된 상태이므로 다시 회담을 열 것을 시도하리라고는 생각되지 않습니다. 따라서 외무대신으로부터는 아무런 회전도 없을 것으로 믿습니다.

베베르: 지난번에 말한 대로 이중당은 이 나라 내정개혁의 필요성을 인정하여 귀국과 충분히 서로 제휴해서 동양평화를 유지하려고 열성을 다하고 있는데, 일이 거의 다 성사될 즈음에 이르러 온화한 수단을 취할 수 없다니 실로 유감입니다.

원세개 씨가 이번에 갑자기 귀국명령을 받은 것은 본인의 생각으로는 일본에 대해 이중당의 호의를 나타내기 위한 처사라고 믿습니다. 실제로 본인이 톈진에서 이중당을 방문했을 때 그가 말한 것을 감안해 보면, 원세개가 이 나라에 주재하고 있는 이상 지난 1884년 사건도 있고 해서 일본의 감정을 누그러뜨릴 수 없을 뿐만 아니라, 개혁 같은 것은 사람을 바꾸지 않고는 도저히 실시할 수 없을 것이라 생각해서 이번에 갑자기 소환한 것이라 생각합니다. 이와 같이 청나라의 귀국에 대한 선의는 지난번에 군대 증파를 보류한 것과 이번에 또 원세개를 소환한 것으로도 분명히 나타났으니, 귀국에서도 역시 이에 대응해서 실질적으로 사소한 것일지라도 명분상으로 한 가지쯤 양보해서 선의에 보답한다면, 반드시 일·청 양국은 옛날과 같이 서로 화합하여 함께 조선의 독립을 돕는 데 부족함이 없을 것입니다.

양국 사이에 한 번 전쟁이 벌어지면 1년 정도는 쉽게 승패를 가늠하는 국면을 보지 못할 것입니다. 요컨대 청나라가 귀국에 대해서 이처럼 선의를 나타내고 동양평

일본의 근대사 왜곡은 언제 시작되는가

화를 유지하기 바라고 있으니, 귀국에서도 가능한 한 평화적으로 국면을 수습하도록 노력하시기 바랍니다. 그래서 고무라 씨를 톈진으로 보내어 이중당과 서로 함께 속마음을 털어놓고 담판하는 도리밖에 없을 것입니다.

이것이 현재로써는 유일한 수단이오니, 부디 귀 정부에서도 이 방법을 채택해 주시기 바랍니다. 또 무엇이든지 평화를 위해 본인이 할 수 있는 일이 있으면 서슴없이 지시해 주시기 바랍니다. 그때는 조금도 사양치 않겠습니다.

— 『주한일본공사관기록』 1, 「9. 제방기밀공신왕 1」 (18) /
『주한일본공사관기록』 4, 「2. 노일관계 2」, (9)

이즈음 때맞추어 일본 정부에는 외교적 낭보가 날아든다.

그레이트 게임[1]을 전 세계적으로 펼치던 대영제국의 외교 전략에 맞추어 영국의 환심을 얻기 위한 오랜 노력 끝에 일본은 마침내 7월 16일 영일신조약(영일통상항해조약)을 체결했다. 신조약에서 영사재판권을 철폐함으로써 메이지 신정부가 추진해온 불평등조약[2] 시정을 위한 30년간의 각고의 노력이 첫 결실을 맺었을 뿐 아니라 일본은 당시 '해가 지지 않는 나라' 세계 최강국 영국이라는 든든한 후원자를 얻게 되었다.

당시가 이렇듯 외교적으로 민감한 시기였기에 일본 정부는 경복궁 점령 계획 등 강경책을 승인해 달라고 수차 간청하는 오토리에게 과격

---

1) 19세기 초부터 약 100년간 중앙아시아의 패권을 차지하기 위한 영국과 러시아 간의 전략적 경쟁을 표현하는 용어. 이후 개념을 확장하여 전 세계에서 러시아의 팽창 전략과 이를 저지하려는 영국의 대응을 총괄하는 의미로 사용하기도 한다.

2) 에도막부 시절인 1854년 미일화친조약을 계기로 일본이 개항한 이래, 1858년 미국, 네덜란드, 러시아, 영국, 프랑스 등과 수호통상조약을 체결했다. 당시 일본 정부가 근대 국제법 지식을 보유하지 못하여 개항 초기에 체결한 이 조약들은 외국인에 대한 영사재판권을 허용하고 관세자주권을 확보하지 못한 불평등조약이었다. 메이지 신정부는 뒤늦게 불평등성을 깨닫고 이를 시정하기 위한 외교적 노력에 심혈을 쏟았으나 몇십 년간 성과가 없었다.

수단 자제를 지시하였고, 참모본부는 조선파병군 여단장 오시마에게 성급한 행동을 삼가도록 명령을 내려놓고 있었던 것이다.

> 발신자: 외무대신 무쓰(1894.6.30.)
>
> 수신자: 경성공사 오토리
>
> 제목: 과격수단 자제 지시
>
> 전문 제12호를 받았음. 과격한 수단에 호소하기 전에 추후의 훈령을 대기할 것.
>
> — 『주한일본공사관기록』 4, 「4. 노일관계 4」, (14)

그러나 이때 일본은 조선에서 이미 확보한 군사적 우위를 바탕으로 화전양면 전술을 철저히 구사하고 있었다. 그런 면에서 이 같은 과격수단 자제 지시도 외교적으로 민감한 시기의 국제정세를 감안한 임시 유보적 지시일 뿐이었다. 일본 정부는 신조약을 추진하는 영국과의 관계를 감안해 영국의 중재 알선에 대응해 따라가는 시늉은 하되 내심은 오히려 협상이 깨지길 바라고 있었다.

이와 같은 일본의 입장은 이미 살펴본 바와 같이 왕대신-고무라 회담 전 무쓰가 고무라에게 내린 강경한 훈령(7.5., 225쪽.), 군용전선을 가설하라는 대본영 참모총장의 명령(6.27.) 및 전쟁 돌입을 기정사실화하는 오토리와 무쓰 간의 왕래 전신 등에서 확인할 수 있다.

일본의 근대사 왜곡은 언제 시작되는가

발신자: 공사 오토리 (1894.7.5. 오후 4시)

수신자: 대신 무쓰

제목: 부산 전신선 가설 연기 건의

　　부산 전신선은 이미 조선 정부에 의해 수리되었으므로 **우리의 군용전선 가설**은 결국 조선의 주권에 대한 침해가 될 것임. 따라서 **전쟁 돌입 시까지 기다리는 것이 바람직함.** 그동안 전신 경로에 필요한 조사를 하겠음.

　　　　　　　　　　— 『주한일본공사관기록』 4, 「6. 구문전보왕복공 1」, (198)

제5장 경복궁 점령

제1절 조선에 대한 강경조치 및 이권확보 지시

1. 이권확보 지시와 오토리의 제안

청일 간 직접 협상이 결렬되고 각국의 중재노력이 가망 없을 것으로 예견되자 무쓰는 7월 10일, 향후의 조선 정세에 대비하여 오토리에게 조선의 개혁파 관리들을 규합할 것과 철도 및 전신 등 조선에서의 실질적 이권확보를 지시했다.

그날 오토리는 1차 노인정회담에서 조선에 내정개혁을 권고하면서, 조선이 거부할 경우를 상정해 두 가지 안(갑안, 을안)을 본국에 올리며 훈령을 요청했다. 전쟁을 준비하고 있는 일본 정부의 입장을 잘 알고 있는 오토리의 두 가지 안 모두 성의 출입문과 왕궁의 문을 일본군이 점령해야 한다는 군사적 조치를 포함하고 있었다. 다음은 속방론 질의에 대한 조선 정부의 답변 여하에 따라 왕실을 포위해야 한다는 제1차 건의 (1894.6.29. 전신 제12호, 211쪽.)에 이은 오토리의 제2차 경복궁 점령 건의다.

발신자: 특명전권공사 오토리(1894.7.10.)

수신자: 외무대신 무쓰

제목: 내정개혁의 권고가 거절될 때 일본이 취할 수단에 관한 품의

기밀 제122호 본71

조선 정부에 대하여 내정개혁안을 제출한 내용은 이미 기밀 제121호로 상세하게 진술한 대로입니다. 이 나라 정부의 안 사정을 탐정하건대 국왕께서는 어느 정도 개혁에 뜻을 가지고 있으시다 해도, 전부터 이홍장의 의도에 따라 꾸며진 전신이 텐진으로부터 계속 도달하고 원세개 또한 이에 부화해서 공갈 협박하고 있기 때문에, 수구 즉 사대파의 기염을 한층 강하게 만들어 놓았습니다. 그러므로 그들은 우리에 대하여 외면으로는 개혁을 입에 담고 있지만 그 실행은 도저히 가망이 없습니다. 그들의 속셈은 일시 우리의 예봉을 피하고 우리의 권고에 따르는 듯이 안색을 꾸미고 시일을 끌며, 그 사이에 이홍장 및 각국 공사에게 의뢰하여 우리 주둔군을 철수시키려는 생각을 하고 있을 것으로 추측합니다.

따라서 우리가 일반적인 수단으로 이들을 대하게 되면 필시 그들의 술수에 빠질 염려가 있으니, 이번에 단호한 조치를 취해 후환을 남기지 않도록 주의하는 것이 긴요하다고 생각합니다. 따라서 조선 정부가 우리의 권고를 거절하거나, 시일을 끌어 가부의 확답을 하지 않거나, 또는 건성으로 우리의 권고를 받아들이고서 이것을 실행하지 않는 경우에는 완전히 우리의 권고를 거절한 것이라고 간주해 본관은 다음 양안 중 반드시 그 하나를 취하여 직접 또는 간접으로 개혁의 실행을 독촉하고자 생각합니다.

(갑) 조선 정부로부터 음으로 양으로 거절을 당할 때 우리는 "조선 정부의 내정이 정돈되지 않았기 때문에 자주 변란이 일어나거나 외국의 원조를 초래하

게 되어 일본에게 위험을 주었다. 우리나라는 정치와 무역상 조선과의 관계가 매우 깊기 때문에 자위를 위해 조선 내정의 개혁을 촉진시켜 변란의 근원을 뽑지 않을 수 없다"는 구실로 군사적 위력으로 그 실행을 독촉해야 한다. 그리고 군사적 위협으로 이를 강요하는 수단은 우리의 호위군대를 파견하여, 경성의 각 대문을 경비하고 또 왕궁의 모든 출입문을 지켜, 그들이 승복할 때까지 다그치는 담판을 해야 한다.

(을) 조선 정부가 만약 음으로 양으로 우리의 권고를 거절할 때 우리는 먼저 공문으로, "조선 정부의 거절은 동양의 정세를 돌보지 않고 우리나라와 제휴해 함께 부강을 도모하려는 뜻이 없음을 표시한 것이니, 우리나라는 유감스러우나 본국의 이익을 보호하는 수단을 택하지 않을 수 없다"라는 결의를 통고하고 이와 동시에 다음의 요구를 해야 한다.

   1. 강화도조약 중, "조선은 자주 국가로서 일본과 평등한 권리를 보유한다"는 의미를 확대하여, 종래 청·조 간에 있었던 종속관계를 모두 혁신·제거시킨다(단, 청·조 간 종속문제는 우리 쪽에서 제의하지 말라는 취지는 훈령을 받아서 알고 있습니다만, 조선에 대하여 이것을 제의하는 것은 별로 지장이 없을 것이라고 생각합니다).

   2. 최혜국 조관에 의하여 청나라 정부와 그 국민에게 부여한 권리 특전(그 중에서 조선 국내에서 청인(淸人)을 재판하는 권리와 전신가설 등)을 우리에게도 부여하도록 요구한다.

이들 2개조의 실행이 보장되기까지 **우리는 군대를 파견하여 경성 제문과 왕궁의 여러 문을 지켜야 한다.** 단 양국 교섭사건 중 미결로 되어 있는 것은 일반적인 담판으로서 따로 제의하는 것이 좋다. 왜냐하면, 이번에 이것을 제의하게 되면 강박하는 재료로 내놓는 것밖에 되지 않으며, 만약 조선 정부가 굳이 개혁을 타협·실행한다면 반드시 제출해야 할 성질의 것이 아니기 때문이다…

이상은 눈앞에 다가온 사건이므로, 이 서신을 받으시는 대로 부디 전보로 훈령해 주시기 바라며 여기에 긴급하게 품의합니다.

— 『주한일본공사관기록』 1, 「9. 제방기밀공신왕 1」, (11)

갑안이든 을안이든 오토리가 보낸 전문의 표현 중 '군대로 경성의 각 대문을 경비하고 왕궁의 문을 지킨다'는 것은 '군사력으로 문 안팎의 공간을 제압하여 지배력을 확보한다'는 뜻이다. 왕궁 안팎을 제압하지 않고 어떻게 왕궁 문을 지킬 수 있겠는가? 다시 말하면 이 표현은 한성과 경복궁을 군사력으로 점령하겠다는 뜻이다.

2. 일본의 대조선 강경조치 지령

7월 12일, 무쓰는 영국의 중재노력이 실패했음을 알리며 조선과 청을 도발하기 위하여 조선 정부에 개혁조치와 목포항 개항 요구를 순차적으로 하지 말고 무리하게 한꺼번에 하라고 지시한 데 이어, 다음날 조선에 대한 결정적 조치가 필요하다며 오토리에게 적극적 행동을 개시하라고 지시한다.

1차 협상 결렬 시의 전문(「조선 선후 처치에 관한 건」, 1894.6.21. 194쪽)과 연계된 바로 이 전문이야말로 7월 23일 새벽의 경복궁 점령 사건으로 귀결되는 약 열흘간 조선에서 벌어지는 일본공사관과 일본군의 모든 행동에 대한 일본 정부의 포괄적 행동개시 지령이다.

　두 전문의 공통점은 그간 진행되던 협상 또는 중재가 실패로 돌아감에 따라 청일의 충돌(청일전쟁)이 불가피한 만큼 전쟁 전 조선 국왕과 정부를 일본 편으로 끌어들일 결정적인 조치가 필요함을 일본 정부는 역설하면서 오토리의 결정적 행동을 촉구하고 있다.

　무쓰는 7월 12일 자 지령문에서 "어떤 핑계를 만들어서도 적극적인 활동을 시작하라"고 주문하면서도, 또 한편으로는 세계적인 이목과 비난을 염려하고 있었다. 불과 열흘 후 벌어진 경복궁 점령 사건 직후 이 사건을 축소하여 외교 사절들에게 그 과정과 목적을 위장해 설명하고 또, 사후에 각종 자료마저 조작한 일본 정부의 모든 행동은 무쓰의 이 지령문 한 장에 다 함축되어 있다고 보면 된다.

그 사이 오고 간 전문과 훈령을 통하여 한성과 경복궁 점령이라는 오토리의 군사적 대처계획을 잘 알고 있는 무쓰는 이와 같은 포괄적 지령을 내렸고, 내정개혁론을 취하든 속방론을 취하든 그 구체적인 방식과 실행조치에 대하여는 오토리에게 일임한 것이다.

3. 오토리 공사의 최후통첩

3차 노인정회담(7.15.)에서 조선 측 협상위원의 조리 있는 논박을 받고 다음 날 조선이 독자적으로 개혁에 착수하겠으니 일본군 철수와 일본 제안을 철회하라는 조선 조정의 문서를 받은 오토리는 논리적으로 궁지에 몰린 상태였다.

결정적인 조치를 적극적으로 취하라는 본국의 훈령에 따르면 가야 할 방향은 이미 정해져 있었다. 오토리가 곰곰 생각해보니 내정개혁론 만으로 군사적 위협을 하는 것은 적절치 않다고 결론을 내고, 전쟁을 위해서라도 조선과 청을 한 번에 트집 잡을 수 있는 속방론을 다시 제기하기로 했다. 사실 일본군 장기 주둔의 명분으로 그간 써먹은 내정 개혁론은 주로 본국의 무쓰가 제기한 이슈였던 반면, 무쓰가 한때 진부하다고 평가한 속방론에 대하여는 오토리가 선호한 이슈였다. 오토리가 보기에 조선과 청 양국을 상대로 강경책을 쓰기에는 속방론이 오히려 간단명료한 논리였다.

조선을 거칠게 몰아붙이면서 청과 전쟁하려는 일본에게 큰 호재가 발생했는데 이미 기술한 영일신조약(영일통상항해조약 7.16.)이 바로 그것이다. 이는 당시 세계 최강국 영국이 글로벌 전략상 일본을 동북아시아의 파트너로 인정한다는 뜻이었다. 글로벌 백만 원군을 얻은 일본의 행동은 이후 거칠 것이 없었다.

7월 17일부터 이틀간 오토리는 조선 조정에 경부전신선 가설을 통보하고, 제물포조약에 의거 조선의 비용으로 일본군의 병영 설치를 독촉하면서 남대문을 포함한 한성의 모든 성문을 일본군의 위력으로 점령했다.

전쟁 위기가 고조되면서 원세개가 조선인 복장으로 한성을 탈출한 7월 19일, 오토리는 조선 정부의 승인도 없이 독자적으로 경부 간 군용전신선 가설에 착수하고, 병영을 설치하겠다고 조선 정부에 통보했다.

또한 속방론을 강경하게 제기하면서 조선이 자주독립국임을 입증하기 위해 조선 정부가 조선 주둔 청군의 철수를 요구할 것과 그간 속방 등이 표시된 조청상민수륙무역장정, 중강통상장정 및 길림장정 등 조선이 청과 체결한 모든 조약을 폐기할 것을 촉구했다. 아울러 이에 대한 조선 정부의 결정내용을 7월 22일까지 답변을 달라고 통보하면서, 만일 회답이 지연될 경우 스스로 결의하는 바가 있을 것이라는 의미심장한 경고를 덧붙였다(『주한일본공사관기록』 1, 「9. 제방기밀송신왕 1」, (19)).

일본의 근대사 왜곡은 언제 시작되는가

제2절 마지막 중재와 협상 시도

영국의 중재 알선에 의한 베이징에서의 2차(7.7., 7.9.)에 걸친 회담마저 "조선 내란은 진정되었으니 톈진조약에 의한 양국군의 철수만 남았다. 내정개혁을 위한 담판은 철군 후에나 가능하다"는 총리아문의 강경해진 입장으로 막상 결렬되고, 조선에서의 군사적 형세가 청이 일본에 비해 압도적 열위에 있을 뿐 아니라 노인정회담 등을 통해 일본이 단독으로 세차게 조선의 내정개혁을 다그치는 상황이 지속되자 청의 입장은 매우 답답해졌다.

이에 다음과 같은 기초 위에서 협상을 재개할 뜻이 있다는 청 정부의 의사가 청 주재 영국공사를 통해 도쿄 주재 영국공사에게 전신으로 전해졌다(7.19.).

1. 반란을 진정시킬 것.
2. 개혁을 위한 공동의 협동위원을 임명할 것. 단, 이를 받아들이게 하기 위하여 조선 국왕을 강압하지 말 것.
3. 조선 국토의 보전을 공동으로 담보할 것.
4. 청일 양국이 조선에서 통상 동일한 권리를 가질 것.
  - '정치상'이라는 문자를 삭제할 것.
  - 철병 문제는 회담 시초에 결정할 것.
  - 종주권 문제는 거론하지 말 것.

— 『주한일본공사관기록』 4, 「2. 노일관계 2」, (19)

무쓰는 평화적 해결 전망이 거의 없다고 판단해 청의 제안을 거절하려 했으나, 알선·중재하는 영국 정부의 호의를 감안해 다음과 같이 수정안을 제시했다(7.19.).

> 1. 청나라 위원의 협동·노력은 오로지 장래의 일에 한하고 일본이 이미 착수한 사업에는 관계하지 말 것. 그리고 양국 정부는 모든 수단을 써서 조선 국왕이 개혁을 도모하도록 보장할 것.
> 2. '정치상'이라는 문자를 존치시키도록 할 것. 청나라는 5일간을 기하여 제의할 것. 그렇지 않으면 일본은 청나라의 제의를 수리하지 않을 것임. 이번에 청군을 파견할 경우 이를 위협으로 간주할 것임.
>
> ─ 『주한일본공사관기록』 4, 「6. 구문전보왕복공 1」, (268)

그러나 이 수정안에 대해서는 중재하는 영국 정부가 반발했다. 영국 외상은 "일본 정부가 이미 단독으로 착수했던 조선의 내정개혁에 관하여 청 정부와의 협의를 거절하는 것은 톈진조약의 정신을 도외시하는 것이다. 만일 일본 정부가 이 정략을 고집하여 그 때문에 전쟁이 일어난다면 그 결과에 대하여 일본 정부가 책임을 질 수밖에 없음"을 통보했다(『주한일본공사관기록』 4, 「2. 노일관계 2」, (26)).

청일 간의 재협상이 어려울 것으로 예상한 영국 정부는 전혀 새로운 제안을 청일 양측에 제시했는데 그것은 바로 '조선 분할 점령안'이었다. 영국 외상 킴벌리 경이 영국 주재 일본공사 아오키에게 "일본군은 서울과 제물포에서 철수하여 수도의 남쪽 지역을 점령하고 청군은 북쪽 지역에 주둔하여, 수도 서울은 서로 점령하지 않고 놓아둔다. 자신이 제기한 청일 양국군대에 의한 조선 분할 점령안을 청 정부는 환영하고 있다"라고 말하며 일본의 의중을 떠보았다.

이에 대해 무쓰는 자신의 수정안에 대한 회답 시한이 얼마 남지 않은 시점에서 새로운 안을 수용하기는 불가능하다고 거절했다(7.21). (『주한일본공사관기록』 4, 「2. 노일관계 2」 (17), (23), (25))

만일 일본이 동의하였다면 우리나라는 19세기 말에 벌써 남북 분단이 될 뻔했던 나라다. 우리의 의지와 상관없이 일본의 의도로 이때는 피했지만 결국 반세기 후 우리나라는 분단되는 운명에 처해지지 않는가? 안타깝지만 당시 조선 지배층이 역사 발전에 능동적으로 대처하지 못했던 후과라고 할 수밖에 없다.

영국 정부의 반발에 대하여 무쓰는 다음과 같이 반박했다.

일본의 수정안은 앞서 기술한 기초에 모순되지 않고 넘어서지도 않는다. 왜냐하면, 이번 청나라의 제의는 다음의 각 조목에 있어서 앞서 기술한 기초의 정신과 다르기 때문이다.

(1) 권고만으로는 실용성이 없다. 왜냐하면, 조선 정부는 청나라의 강대한 위력 아래 있으므로 청나라는 표면으로는 일본과 협동하여 조선에 권고하는 듯하지만, 이면으로는 은밀히 조선을 설득하여 개혁을 거절시킬 수가 있다.

(2) 청나라 대표는 특수한 특권을 갖고 있으므로 일본의 이익에 큰 해를 끼치도

록 부당한 유도를 할 수 있기 때문에 일본의 대표가 조선의 궁중에서 동일한 대우를 받는 것이 필요하다.

(3) 청나라는 일본에게 별수 없이 단독의 조치를 취하게 만들었다. 그래서 청나라에서 이미 조선이 사의를 표한 우리의 제의를 인정하지 않는다면 일본은 최초의 위치로 되돌아갈 수 없다. 1885년의 조약(텐진조약)은 다만 조선에 군대를 파견하는 수속을 정한 것으로서 체결국에게 조선 사건에 관해 서로 상의할 의무를 지게 한 것이 아니다.

사실이 이와 같으므로 만약 영국 정부가 오로지 일본만이 전기한 결과에 대하여 책임을 져야 한다고 한다면 일본 정부로서는 심대한 불행이라 하겠음. 만약에 청나라 정부가 처음 일본의 제의를 받아들여 청국 주재 영국공사를 거쳐 제출한 앞서 기술한 기초를 단연코 거절하지 않았었다면 형세는 이처럼 위급하게 이르지는 않았을 것임.

— 『주한일본공사관기록』 4, 「2. 노일관계 2」, (28)

영국과의 신조약 체결로 불평등조약 시정이라는 과실까지 이미 얻은 마당에 무쓰는 영국에 대해서도 강경하게 밀어붙였다. 과연 '무쓰 외교'라 불릴 만했다.

이와 같이 7월 중순에 열린 서구 열강의 중재로 재개된 청일 간의 협상에서 일본은 시종일관 고자세를 견지했다. 그 이유는 조선에 이미 취한 군사적 조치가 청을 압도하고 있었기에 협상이 결렬되어도 불리할 게 전혀 없었고, 일본 단독으로 조선에 촉구한 내정개혁 논의가 노

일본의 근대사 왜곡은 언제 시작되는가

인정회담을 통해 오토리와 조선 협상위원들과 진행되는 등 일본 단독의 외교적 공세도 조선 정세에 제대로 먹혀들고 있었기 때문이었다.

결국 조선 정부가 신설된 교정청에 의한 자발적 개혁을 주장하며 일본의 강요에 의한 내정개혁을 거부하자, 오토리는 즉각 속방론 공세를 재개하며 7월 22일까지 답신을 달라며 조선 조정을 궁지로 몰아간 사실은 기술한 바와 같다.

일본의 속방론 공세에 대한 조선 조정의 최종 답신은 다음과 같았다. 다음은 시한에 쫓긴 22일 밤 11시가 넘어서야 조병직 독판이 보낸 답신이다.

'우리나라가 자주국이며 귀국과 평등한 권리를 보유하고 있음은 조일조약(강화도조약)에 이미 실려있는 바이며 우리나라의 내치와 외교가 본디 자주적이었음은 중국에서도 익히 알고 있는 터이다'는 내용은 이미 답신한 내용입니다… 청나라 군대가 오래도록 경내에 머무르고 있는 일에 관하여는 이는 우리나라가 원조를 청한 것으로서 남도의 도적 떼가 평정된 후 누차 철수를 요구했으나 바로 철병하지 않는 것은 귀국의 군대가 아직도 머무르고 있는 것과 같습니다. 지금 다시 빨리 퇴병할 것을 청하고 있습니다. 이상 답신하오니 귀 공사께서는 살펴 조회하시기 바랍니다.

오토리는 이미 예상되었던 조선의 답신내용에 단호한 조치를 취하기로 결정하고 즉시 오시마 여단장과 구체적 방안을 협의하였다.

제3절 경복궁 점령

1. 일본 정부의 공식입장

그 단호한 조치란 그간 오토리가 계속 본국에 승인을 요청하였던 군사
적 위력 조치 즉 경복궁 점령이었다. 이처럼 경복궁 점령은 군과 정부의
합작으로 이루어진 일본의 계획적인 군사행동이었음에도 불구하고 일
본 정부는 시종일관 공식적으로 이를 부인해왔다. 일본 정부와 일본군
의 공식입장을 한번 살펴보자.

가. 육군의 『일청전사』[1)

일본 육군 참모본부가 공식 발간한 『일청전사』는 이 부분에 관해 이렇
게 기록했다.

> 오토리 공사는 조선 조정에 대한 내정개혁 담판을 재빨리 진척시키지 않으
> 면 안 될 뿐 아니라, 최근 조선 조정이 갑자기 강경한 태도를 취하여 우리 일
> 본 측의 요구를 거부하고 있고, 조선 인민들도 청국 군대 징발 또는 입경 소문
> 에 의지하여 점점 불손해져서, 사태가 매우 쉽지 않게 됨으로써 다시 여단 일
> 부를 입경시킬 것을 청구하기에 이름.
>
> 그에 따라 여단장은 보병 제21연대 제2대대와 공병 1소대를 왕궁 북방산지

---

1) 청일전쟁사에 관한 일본군의 공식 간행물은 육군 참모본부편 『메이지 이십칠팔년 일청전사』 제
1~8권 및 부도 2권(동경인쇄, 1904~1907년)과 해군 군령부편 『이십칠팔년 해전사』 상·하·별권(춘양당,
1905년)이다. 본 책에서는 전자를 줄여서 『일청전사』라 한다.

로 이동시켜 막영하려고 하였으며, 인민의 소요를 피하기 위해 특히 23일 새벽 이전에 위의 여러 군대를 경성으로 투입하였는데, 진격 도중 왕궁 동쪽을 통과하려고 하자 왕궁 수비병과 그 부근에 주둔하던 조선병이 돌연 우리 군대를 향해 사격해서 우리 군대 또한 급작스럽게 응사 방어하였다. 또한, 이 규율 없는 조선병을 경성 밖으로 물리치지 않는다면, 언제 어떤 사변을 다시 일으킬지 예측할 수 없으므로 마침내 왕궁으로 들어가 조선병의 사격을 무릅쓰고 그들을 점차 북쪽 성 밖으로 내쫓고 일시 그들을 대신하여 왕궁의 사방을 수비하였다. 이미 야마구치 대대장은 국왕이 옹화문 안에 있다는 소식을 듣고 부하의 발포를 제지하고 국왕의 행재소로 향했다. 문 안에 있는 많은 조선병이 떼 지어 소요하는 상황 속에 조정의 관리와 교섭하여 그 무장을 해제한 뒤 우리에게 건네주게 하고, 이어서 국왕에게 알현을 청해 양국군대의 예기치 못한 충돌로 심려를 끼친 점 사죄하였으며, 또한 맹세코 옥체를 보호하여 결코 위해가 없도록 할 것을 아뢰었다.

용산에 주둔하고 있던 모든 군대가 이 소식을 듣고 일시 입경했지만, 이미 평정한 뒤여서 그 일부로 하여금 경성의 여러 문을 수비하여 비상시를 대비하게 하고, 그 외는 막영으로 돌아가도록 했다. 오전 11시에 대원군이 입궐하였고, 이어서 오토리 공사와 조선 조정의 여러 대신과 각국 공사가 잇따라 왕궁으로 들어갔다. 이날 오후 오토리 공사는 조선 정부의 요청으로 야마구치 소좌가 지휘하는 대대에게 왕궁 수비를 위촉하였다. 오후 5시 여단장이 막료를 이끌고 기병 중대의 호위를 받으며 들어가 국왕을 알현하고 왕의 마음을 위로해주었다.

— 육군참모본부, 『일청전사』 1, 119~120쪽. /
나카츠카 아키라, 같은 책, 28~30쪽에서 재인용.

나. 외무대신의 회고록

외무대신 무쓰 무네미쓰는 『건건록』에서 당시 상황을 이렇게 기록했다.

오토리 공사 역시 조선 조정의 우유부단함에 고민하고 있었던 중이라, 그도 어떤 고단수의 조치가 필요하다고 느끼고 있었던 듯하였다. 그는 즉시 7월 19일 조선 정부에 대해 다음과 같은 요구를 하였다.

1. 경부 간의 군용 전신을 가설하는 일을 일본 정부 스스로 착수하며,

2. 조선 정부는 제물포조약에 따라 속히 일본국 군대를 위한 병영을 건축할 것,

3. 아산에 주둔하고 있는 청병은 원래 정당하지 않은 명분으로 파견된 것이므로 속히 철퇴시키도록 할 것,

4. 조청수륙무역장정 등 기타 조선의 독립에 저촉되는 조청 간의 모든 조약을 폐기할 것.

또한, 이에 대한 회답을 7월 22일까지 아울러 요구하였다.

조선 정부는 이와 같은 중대한 문제에 대하여 쉽게 가부의 회답을 하기가 어려웠으므로, 대신들은 회의에 회의를 거듭하고 궁중회의도 밤새워 열었으나 결국 결정을 보지는 못했다···

회답을 요구했던 날인 22일이 이미 다가왔던 것인데, 조선 정부의 회답은 여전히 막연한 내용이었고 요령부득하였다. 이에 오토리 공사는 조금도 지체함 없이, 한편으로는 외무독판 조병직을 만나서 조선 정부는 일본 정부의 권고에 대해 기일이 다 되어도 만족할 만한 회답을 주지 못하고 있으니 이런 상황에서 일본 정부는 당연히 스스로 할 일을 하지 않을 수 없는 상태며, 경우

에 따라서는 우리 권리를 신장시키기 위해서라도 병력을 사용할 수밖에 없다고 언명했다. 다른 한편으로는 오시마 여단장과 협의하여 다음 날 23일 새벽 용산에서 주둔하고 있던 약간의 병력을 급히 입경시키려 했다.

그런데 왕궁 근방에까지 이르렀을 때 별안간 조선 군대 측에서 발포를 해왔다. 그리하여 우리 군은 즉시 이들을 추격하여 성문을 밀어제치고 궁궐 내로 진입하였다. 조선 정부는 크게 당황하였고, 궐내에 있던 모든 대신들 특히 사대당들은 도망치고 말았다.

— 무쓰 무네미쓰, 김승일 역, 『건건록』, 범우사, 1994, 79~80쪽.

다. 신문 보도

조선출병 이후 군사 관련 보도가 도쿄발 보도는 물론 현지발 보도도 일본 정부와 군의 관리 아래에 놓여 있었기에 일본 정부와 일본군의 입장을 반영하였으며 이러한 행정절차로 인해 시차를 두고 보도되었다.

① 『오사카아사히 신문』 (7.25. 자 1면 머리기사)

- 「경성 일전」 (23일 오전 10시 경성발)

  조선병이 오늘 아침 돌연 북한산 허리의 성벽에서 총을 발사하다. 우리 병사가 응전하여 조선병을 물리치다. 우리 병 일대가 대원군의 제동 저택을 경비하다. 대원군이 왕성으로 들어가는 것을 승낙하다.

- 「또 공보」 (24일 오전 10시 14분 도쿄발 지급보)

  당국에 아래의 전보가 도착하다.

  23일 오전 8시 경성발. 왕성 부근에서 한병(조선병)이 도발함에 따라 그것에 응전하여 소전투 중.

23일 오전 8시 20분 경성발. 한병 도주하다. 병기를 몰수하고 동시에 왕궁을
수위하다.

② 『도쿄니치니치 신문』 (23일 오전 10시 경성발 전보. 호외 발행)

오늘 아침 8시 한병이 무슨 이유 때문인지 초병(일본군)을 향해 발포함에 따라
우리 병사 1대가 즉시 응전하여 20분 만에 그들을 물리쳤으며 살상이 있었다. 한
병은 퇴각하여 왕성으로 들어갔고 우리 병이 진격하여 왕성을 지켰다[이상 세 개
의 전보 가운데. 23일 발은 모두 같은 날 접수했지만 바로 독자에게 보도할 수 없는 사
정이었다. 어제(24일) 당일 발 전보와 함께 호외로 발행하는 바다. 아직 도착하지 않은
전보도 있는 듯하다].

③ 『오사카마이니치 신문』 (7.25. 자 1면 머리기사)

- 「한정(조선 정부)의 답변」 (7.24. 오전 6시 31분 도쿄발)

오토리 공사가 23일을 기해 한정의 답변을 요구한 데 대해, 한정의 답변이 지
극히 애매함. 동시에 왕성 안이 험악한 분위기였다고 한다.

- 「오토리 공사 한병을 물리치고 입궐하다」

오토리 공사가 호위병을 인솔하고 조선왕궁으로 향하는 도중, 조선병 일행에
게 포격 당하다. 우리 병사 응전 20분. 한병을 물리치고 오토리 공사 무사히 입
궐했다고 한다…

- 「우리 병사, 한병을 물리치다」 (7.24. 오전 9시 24분 도쿄발)

어제 오전 8시 경성발 전보에 말하기를, 경성 부근에 있던 조선병이 우리 일본
병을 향해 전투를 시작하다. 우리 병사 여기에 응전하여 전쟁 중. 동 20분 경성

발 전보에 말하기를, 조선병 바로 패하여 도주하다. 우리 병사가 무기를 몰수하고, 동시에 조선왕궁을 엄수하다(위 확실한 보도는 육군성 검열 완료).

④ 『요로즈쵸호』 (7.25. 자 2면)

그저께 23일 경성에 있는 우리 특파원은 심상치 않은 전보를 보내왔다. 상세한 내용은 어제 아침 호외를 발행하여 알렸는데 전문은 아래와 같다.

3일간의 기한으로 답변을 독촉한 오토리 공사의 최후통첩에 대해 조선 정부는 무례한 말로 단연 거절의 뜻을 보내왔다(경성 일반에 불온한 기색 있음).

오토리 공사는 이 때문에 호위병을 인솔하고 국왕을 알현하기 위해 오늘 아침 (23일) 왕성으로 입궐하려고 했는데, 한병이 난폭하게도 도중에 공사에게 발포하였다. 공사의 호위병이 부득이 응전하여 작은 전쟁이 벌어졌으나 30분 만에 한병이 도망하였다.

오토리 공사는 바로 왕성으로 들어가고 우리 군대는 한병의 무기를 몰수하고 왕성을 수호하고 있는 중이다. 함부로 우리 공사를 저격·발포한 폭거는 결코 용납할 수 없다. 또 조목조목에 대해 그 상보를 조회하건대 오토리 공사의 이번 입궐은 국왕이 대원군을 불렀는데 대원군이 길에서 요격당할 것을 두려워하여 그 부름에 응하지 않았기 때문에 국왕이 오토리 공사에게 대원군을 호위하여 왕성으로 들어올 것을 청하였고, 공사는 즉시 그 뜻에 따라 군대를 시켜 대원군을 왕성까지 호송하는 도중이었다고 한다.

또한, 한병은 큰길이 아니라 왕성의 담 안에서 발포했던 것으로 우리 군대가 그들을 패배시키는 데 30분이나 걸릴 것은 전투의 곤란함 때문이 아니라 그 담을 부수는데 시간이 걸렸을 것이다. 우리 군대가 담 안으로 들어가자 한병이 즉각 도망했다고 조선 사정에 정통한 모 씨가 말했다. 또 이 발포는 순전히 민족(민씨척족)이 한병에게 지시한 것이 틀림없다고 한다. 물론 오토리 공사는 대원군과 함께 무사히 왕성으로 들어가 왕을 알현했는데, 왕은 공사의 개혁 요구에 두터운 후의를 표시하고 처음부터 거절할 의지가 없었음을 말한 다음 즉각 대원군에게 정무를 맡겨 개혁에 관한 사항을 일임했다. 대원군은 그 명을 받들어 스스로 서정 개혁의 책임을 맡아 당분간 왕궁에 머물게 되었다고 한다.

— 나카츠카 아키라, 같은 책, 122~126쪽.

라. 조일잠정합동조관 체결

경복궁 점령 후 바로 청일전쟁을 일으킨 일본 정부는 조선의 내정개혁을 위해 전쟁을 일으켰다는 명분을 쌓고 철도, 전신, 개항장 등 그동안 노리던 경제적 이권을 차지하기 위해 군사력을 배경으로 조선 정부와 조일잠정합동조관을 체결했다(1894.8.20.). 경복궁 점령 후 약 1달 만에 체결된 이 조관의 주요 내용은 다음과 같다.

【제1조】 일본은 조선의 내정개혁을 권고하며 조선 정부는 이러한 권고를 수용한다.

【제2조】 경부선 및 경인선 부설을 권하지만, 현재 조선 정부의 재정이 부족하고 일본과 합동하는 것도 어려우므로 계획을 세워 이후에 조속히 시행한다.

【제3조】 경성과 부산, 경성과 인천 사이에 일본이 설치한 군용 전신선을 그대로 유지한다.

【제4조】 통상을 위해 전라도 연해 지방에 통상 항구 한곳을 연다.

【제5조】 7월 23일의 조선군과 일본군의 충돌은 우연한 사건이며 그 책임을 추궁하지 않는다.

【제6조】 일본이 조선의 독립과 자주를 확립하도록 돕고 있으며, 이와 관련된 문제
들을 두 나라 정부가 논의하여 정한다.
【제7조】 경복궁을 포위하고 있던 일본군을 적당한 시기에 철병한다.

이와 같이 조일잠정합동조관은 일본이 조선의 내정개혁과 자주독립을 위해 청일전쟁을 일으켰다는 명분을 쌓고 철도, 전신, 개항장과 같은 경제적 이권을 획득하기 위해 체결한 조약이었다. 즉, '조선의 독립과 자주의 확립을 돕는다'거나 '조선의 내정개혁을 권고한다'는 등 전쟁 명분과 조선에서의 경제적 이권을 탈취하는 것이 주목적인 조약에 일본 정부는 이미 지나간 사건인 경복궁 점령 사건을 굳이 적시하여 우연성을 강조하고 면책조항을 삽입한 것이다.

이 모든 것을 종합하면 결국 일본 정부와 일본군의 공식입장은 **경복궁 점령 사건이,**

⑴ **먼저 발포한 조선 병사와의 우발적인 충돌에서 시작되었고,**
⑵ **일본군은 어쩔 수 없이 응전하다가 왕궁에 들어가 국왕을 보호까지 하게 되었으며,**
⑶ **소규모 충돌 사건에 지나지 않았다는 것이다.**

이와 같은 일본 정부의 견해는 지금까지도 공식적으로 바뀌지 않고 있다. 그런데 지금까지의 흐름만으로 판단하더라도 너무 이상하지 않은가?

2. 일본 측 공식 주장의 허구성

가. 군사 전략적 상식과 역사적 연계성

사건의 우발성을 강조하는 일본의 공식 견해는 우선 일본군과 일본 정부가 오랫동안 내밀하게 조선반도에서 청일전쟁을 준비해 온 상황에서 전쟁 전 조선 국왕과 조선 조정을 자신들 손아귀에 넣어야 전쟁에 유리하다는 군사 전략상의 극히 기초적인 상식을 부인하는 것이다. 특히 당시가 군부와 목표를 공유하면서 군사적 기반을 바탕으로 흔히 '무쓰 외교'로 불리는 강경하고 공세적인 외교정책을 펼친 일본 정부이었음을 감안하면 더욱더 설득력이 없는 주장이다.

또한, 앞뒤에 벌어진 일련의 사건들을 감안하면 일본의 철저한 사전 기획에 의한 전쟁 전의 선제적 조치가 이 사건의 본질이며 그래야만 역사적 퍼즐이 맞아 떨어지게 된다. 청군의 파병 소식을 기다렸다는 듯이 속전속결로 일본군을 대규모로 파병한 후, 공세적 태도로 돌변해 일본은 내정개혁론과 속방론으로 조선과 청을 몰아붙였다. 시한부로 답변을 요구한 후 조선의 답변이 마음에 들지 않는다고 일본은 경복궁을 점령(이를 일본은 우발적이라고 주장함)하자마자 그간 관리해오던 대원군을 통해 청군축출의뢰서를 입수하여 청일전쟁을 시작하고 친일내각을 구성해 갑오개혁에 착수하는 것이 자연스러운 역사적 흐름이다.

이러한 역사적 사건들의 흐름 한중간에 있는 경복궁 점령 사건이 우발적으로 발생했다는 일본의 주장은 역사적 맥락을 단절시키는 지극히 부자연스럽고 옹색한 주장이다. 결국, 조선반도에서 시작되는 청일전쟁을 병참 지원 등 여러 가지 면에서 유리하게 끌고 가기 위해 조선

일본의 근대사 왜곡은 언제 시작되는가

조정을 자기편으로 만들어 놓고자 일본이 선제적으로 조선왕궁을 점령했다고 보는 것이 훨씬 더 설득력이 있지 않은가?

나. 『주한일본공사관기록』과의 불일치

본편의 제2장~제5장에 수록된 일본 외무성과 조선 주재 공사가 주고받은 각종 보고나 지시 전문 등이 수록된 『주한일본공사관기록』은 당시 상황의 맥락 파악은 물론 일본 정부의 의도를 잘 보여주고 있다.

특히 당시 진행되었던 협상 또는 중재가 실패하자 전쟁을 예상하여 본국 외무성에서 오토리 공사에게 내린 지시 전문 2건(「조선 선후 처치에 관한 건」, 1894.6.21., 194쪽. / 「영국의 중재 실패에 따른 오토리 공사의 대처방안 지시」, 1894.7.12., 238쪽.)은 일본 정부의 의도와 이 사건의 성격이 무엇인지를 명백하게 말해 주고 있다.

물론 이들 전문을 포함한 수많은 『주한일본공사관기록』이 절대 외부에 유출되지 않고 비밀리에 유지될 것임을 확신하고 일본군과 일본 정부는 그동안 우발적 사건이라고 강변하였을 것이다.

참고로 『주한일본공사관기록』과 『통감부문서』(1894년~1910년)의 원자료는 해당문서의 유리건판 형태로 촬영한 사진 자료와 함께 조선총독부 문서과에 보관되어 있었다. 제2차 세계대전 패전 직후 일제는 원자료를 소각했는데, 유리건판 100여 상자는 소각 직전 다행히 조선사편수회에 근무했던 신석호[2]에 의해 중추원 서고로 옮겨졌다가 후일 국사관(국사편찬위원회 전신)에 보관된다.

---

2) 경북 봉화 출신의 역사학자. 경성제국대학 사학과를 졸업하고(1929년) 조선사편수회에 들어가 해방

◇ 신석호(1904~1981년)

국사편찬위원회는 1988~1994년 사이, 이 자료를 영인본 40권(사진 약 45,000매)으로 간행한 후, 1986~2000년 『주한일본공사관기록』 28권과 『통감부문서』 11권으로 간행하였다가 2005~2009년 데이터베이스화(한국사데이터베이스 국사편찬위원회)하였다.

주한 공사관·영사관과 일본 외무성, 각국 주재 일본공사관·영사관

될 때까지 근무했다. 『조선사료총간』 등 조선사 관련 책자를 편찬 간행하고, 청구학회 편집위원 및 진단학회 발기인으로 활동하기도 했다. 고려대학교·성균관대학교·영남대학교 교수, 국사관장, 학술원 부회장, 국사편찬위원회 위원장 등을 역임했다. 조선총독부 직속기구인 조선사편수회에 근무한 행적으로 인해 친일 논란이 있으나, 근현대 일본 측 자료에 가장 정통한 학자였다. 해방 후 한국사 연구기관의 모태가 된 국사관(현 국사편찬위원회의 전신)을 창설했고, 한국인에게 독도를 인식시키고 독도 관련 정책의 골조를 세웠다고 평가받는 독도 영유권 역사를 증명하는 논문을 1948년 역사잡지 『사해』에 발표했다. 무엇보다도 일제 침략성을 입증하는 중요한 사료인 『주한일본공사관기록』을 온존시킨 것은 그의 큰 공적이다. 1963년 대한민국 문화훈장(대통령장)을 받았다.

일본의 근대사 왜곡은 언제 시작되는가

과 일본 외무성이 주고받은 비밀전보와 공문으로 채워져 있으며, 일본 경시청과 헌병대의 비밀문서도 포함되어 있다. 내용이 매우 자세할 뿐 아니라 주요 인사들의 밀담, 첩보 보고, 초안 등도 많아 한일 근대사에 관한 한국과 일제의 정책 수립부터 집행까지의 전 과정을 상세히 알 수 있다. 근대 한일관계사, 국제관계사, 정치사, 경제사 등 한일 근대사 연구의 기본자료이자 보고라 할 만하다.

『주한일본공사관기록』에 남아있는 경복궁 점령에 관한 오토리 공사의 본국 보고 전문을 찾아보자.

① 경복궁 점령이 이루어진 7월 23일 오전 6시 30분, 오토리는 무쓰 외무대신에게 경복궁 점령에 관한 최초의 짧막한 보고(제1신)를 타전했다.

> 조선 정부가 본인의 전문에 언급된 두 번째 요구에 매우 만족스럽지 못한 답변을 했으므로 본인은 대궐 포위의 결정적 수단에 호소하지 않을 수 없었음. 본인은 7월 23일 아침 일찍 이 수단을 실천에 옮겼음. 그러자 조선 병사들의 발포로 오전 6시경에서는 양측의 교전이 있었음.
>
> ― 『주한일본공사관기록』 4, 「6. 구문전보왕복공 1」, (275)

② 당일 오후 3시, 오토리가 무쓰 외무대신에게 처음으로 구체적인 정황 보고(제2신)를 했다.

사격은 15분쯤 계속되다가 지금은 조용함. 독판은 입궐하라는 조선 국왕의 명령을 가지고 본인을 방문했음. 대궐에서 본인은 개혁과 정치의 모든 문제에 대한 전권을 국왕으로부터 위임받은 대원군을 만났음. 그는 모든 문제를 나와 의논하겠다고 약속했음.

본인은 외교 사절들에게 다음과 같은 통지를 했음.

"일본과 조선 간의 협상에 진전이 보여 우리 군대의 일부가 용산에서 서울로 올 필요가 있음. 병력은 오전 4시경 남대문을 거쳐 대궐 뒤 언덕에서 야영하기 위해 대궐을 따라 행진해 들어왔음. 드디어 서울로 들어와 대궐을 경호하게 되었음. 본인은 그들에게 일본 정부는 전혀 침략의도가 없음을 보장했음. 이때 대궐 경비병과 도로에 배치된 조선 병사들이 일본군에 사격을 가해 우리는 응사하지 않을 수 없었음."

— 『주한일본공사관기록』 4, 「6. 구문전보왕복공 1」, (278)

③ 사건 이틀 후인 7월 25일, 오토리는 경복궁 점령 전후의 과정을 총정리한 보고를 외무대신 무쓰에게 하였다. 이중, 경복궁 점령에 관한 부분은 다음과 같이 묘사했다.

조선 정부가 회답 기한일인 지난 22일 밤에 이르러 별지와 같은 막연한 회답을 보내왔기에 본관은 단호한 조치를 취하기로 결심하고, 한편으로는 조선 정부에 별지와 같이 조회하고, 또 한편으로는 오시마 여단장과도 협의 끝에 다음날 23일 오전 4시 용산으로부터 1,000명의 병력을 입경시켜 왕성을 둘러싸기 위해 왕궁 쪽으로 진군시켰습니다. 이에 그쪽에서 발포해왔으므로 우리 군대가 이에 맞

> 서 싸워, 드디어 그들을 물리치고 성문을 열어젖히고 궐내로 진입하여 성의 4문
> 을 점령하였습니다.
>
> — 『주한일본공사관기록』 1, 「9. 제방기밀송신왕 1」, (19)

다. 일본 정부 측 공식 주장 간 모순

『주한일본공사관기록』이 비밀로 유지되던 기간에도 일본 정부 측의
공식 주장 자체에 많은 모순이 내재되어 있었다. 특히 이 사건 발생 후
시간이 흐를수록 또 사건을 구체적으로 설명하는 살이 붙을수록 점차
보고 내용이나 주장들 사이에 더 많은 모순이 생기고 있었다.

(1) 오토리의 제1신 보고

오토리 공사가 사건 당일 오전 6시 30분에 최초로 본국에 타전한 제1신
은 매우 간결하면서도 핵심내용을 담고 있다.

> 조선 정부가 자신의 요구에 매우 만족스럽지 못한 답변을 했으므로 본인은 대궐
> 포위의 결정적 수단에 호소하지 않을 수 없었음. 본인은 7월 23일 아침 일찍 이 수
> 단을 실천에 옮겼음…

이틀 후 오토리가 사건을 총정리해 보고한 전신 중, 이 사건과 관련
된 내용도 마찬가지다.

조선 정부가 회답 기한일인 지난 22일 밤에 이르러 별지와 같은 막연한 회답을 보내왔기에 본관은 단호한 조치를 취하기로 결심하고, 한편으로는 조선 정부에 별지와 같이 조회하고, 또 한편으로는 오시마 여단장과도 협의 끝에 다음날 23일 오전 4시 용산으로부터 1,000명의 병력을 입경시켜 왕성을 둘러싸기 위해 왕궁 쪽으로 진군시켰습니다.

즉, 일본 외무성에 대한 내부 보고용으로는 일본군 이동의 목적이 '**조선 정부의 불만족스런 회답에 대한 응징으로 왕궁을 포위하기 위해서**'였으며, **그 목표지점은 '왕궁(경복궁)'**이라고 명시했다.

(2) 오토리의 제2신과 『일청전사』

사건 당일 오후 3시에 본국에 타전한 오토리의 제2신은 경복궁 점령 후 한성주재 외교관들에게 다음과 같이 사건을 설명하는 회람을 돌렸다고 했다.

일한 간 담판 과정에서 용산에 있는 일본군 일부를 경성으로 진입시킬 필요가 있어 오전 4시경 입경하여 왕궁 뒤편 언덕에 진을 치기 위해 남문에서 왕궁을 따라 나아가는데, 왕궁 호위병과 길거리에 배치되어 있던 많은 조선 병사가 우리 군대를 향해 발포하여 우리 군대도 어쩔 수 없이 발포하게 되었으며, 왕궁으로 들어가 왕궁을 지키게 되었다.

제1신보다 장황하게 상황을 설명하지만, 군사력 이동의 목적은 제1신보다 모호해졌다. 즉 '**일한 간 담판 과정에서… 일본군 일부를 경성으**

로 진입시킬 필요'라고 표현했지만, 그 필요한 이유나 목적은 오히려 나타내지 않았다. 다만 일본군의 이동 **'목표지점이 왕궁 뒤편 언덕'**이며 거기에 진을 치러 가고 있었다고 상술하였다.

한성주재 외교관들을 위한 설명 자료에는 친절한 듯 말은 많아졌지만, 군사이동 목적은 모호해졌고 목표지점이 '왕궁'이 아니라 '왕궁 뒤편 언덕'으로 바뀌었다.

약 10년 후, 일본군 육군참모본부가 공식 발간한 『일청전사』도 이런 입장의 연장선에 있다.

> 오토리 공사는 조선 조정에 대한 내정개혁 담판을 재빨리 진척시키고자 했으나… 최근 조선 조정이 갑자기 강경한 태도를 취하여 우리 일본 측의 요구를 거부하고 있고… 사태가 매우 쉽지 않게 되었기 때문에 다시 여단 일부를 입경시킬 것을 청구하기에 이름. 그에 따라 여단장은 보병 제21연대 제2대대와 공병 1소대를 왕궁 북방산지로 이동시켜 막영하려고 하였으며…

오토리 공사의 내정개혁 담판 사태가 어려워지자 군사력 일부의 입경을 요청했다고 서술하여 **군사력 이동이 조선과의 내정개혁 담판이 뜻대로 되지 않는 것과 관련 있음**'을 연관시켰다. **'군사력 이동의 목표지점은 왕궁 북방산지'**라고 표현했다.

이처럼 사건 초기부터 내부 보고용 자료와 외부에 공표하는 자료의 내용이 달라지기 시작한 것은 무엇을 의미하는 걸까? 무언가 감추고 싶은 진실이 있는 게 아닐까?

(3) 주요 신문 보도

당시 군사에 관한 신문 보도는 육군성의 검열을 받고 있었다. 따라서 현지 기자의 보도가 대부분 현지 일본군과 일본공사관의 입장을 대변하는 기사로 발신되었다. 또 그렇게 발신하더라도 본국 육군성 검열을 통과해야 보도될 수 있었기에 보도되는 신문기사들은 당국의 입장을 반영하는 것이라 볼 수 있다.

이 사건 정황을 구체적으로 기술한 언론의 보도 태도는 크게 다음 두 가지로 볼 수 있다.

1. 『오사카마이니치 신문』 7.25. 자

　　오토리 공사가 호위병을 인솔하고 국왕을 알현하기 위해 왕성에 입궐하려다가 한병이 발포했다.

2. 『요로즈쵸호』 7.25. 자

　　오토리 공사의 이번 입궐은 국왕이 대원군을 불렀는데 대원군이 길에서 요격당할 것을 두려워하여 그 부름에 응하지 않았기 때문에 국왕이 오토리 공사에게 대원군을 호위하여 왕성으로 들어올 것을 청하였고, 공사는 즉시 그 뜻에 따라 군대를 시켜 대원군을 왕성까지 호송하는 도중이었다고 한다. 오토리 공사는 이 때문에 호위병을 인솔하고 국왕을 알현하기 위해 오늘 아침(23일) 왕성으로 입궐하려고 했는데, 한병이 난폭하게도 도중에 공사에게 발포하였다.

즉, 당국의 검열을 받은 신문에서는 **'오토리 공사의 국왕 알현을 위**

◇ 청일전쟁의 일본 승리를 선전하기 위해 제작된 원색 판화첩에 실린 「조선 경성 오토리 공사 대원군 호위」라는 제목의
우키요에(에도 막부 후기~메이지 시대 일본에 유행하던 원색 판화).
당시 우키요에가 대중적으로 유행했던 점을 감안할 때 당시의 많은 일본인들이 경복궁 점령 사건을 『요로즈초호』 기사의
내용처럼 믿고 있었다고 추정된다.

한 호위', 또는 '대원군을 왕성까지 호송하는 오토리 공사의 호위'가 일
본군 이동의 목적이라는 주장이다. 군사력 이동의 실제 목적을 감추고
싶은 일본 당국의 의도에 부응하다 보니 당일 발생한 사실들을 이것저
것 엮어서 상상력에 꿰맞춘 것이다. '국왕의 요청으로 대원군을 호송하
기 위해 오토리가 호위병을 인솔하고…'라는 『요로즈쵸호』 7.25. 자 기사
는 거의 소설과 같은 수준이다.

(4) 외무대신의 회고

… 회답 기한(7.22.)에 받은 조선 정부의 회답이 막연한 내용이라서 오토리
공사는 한편으로는 외무독판 조병직을 만나서 조선 정부는 기일이 다 되어도

만족할 만한 회답을 주지 못하고 있으니 이런 상황에서 일본 정부는 당연히 스스로 할 일을 하지 않을 수 없는 상태며 경우에 따라서는 우리 권리를 신장시키기 위해서라도 병력을 사용할 수밖에 없다고 언명했다. 다른 한편으로는 오시마 여단장과 협의하여 다음 날 23일 새벽 용산에서 주둔하고 있던 약간의 병력을 급히 입경시키려 했다. 그런데 왕궁 근방에까지 이르렀을 때 별안간 조선 군대 측에서 발포를 해왔다. 그리하여 우리 군은 즉시 이들을 추격하여 성문을 밀어제치고 궁궐 내로 진입하였다.

— 무쓰 무네미쓰, 김승일 역, 『건건록』, 범우사, 1994, 80쪽.

무쓰는 『건건록』에서 조선 정부의 불만족스런 회답에 일본이 당연히 할 일로서 일본의 권리를 신장시키기 위한 병력 사용을 오토리가 언명했다고 기록했다. 즉, 군사력 이동의 목적은 **'일본의 권리 신장'**이며, 이는 오토리가 요구한 조선 정부의 회답이 불만족스럽기 때문이라는 것이다. 도대체 일본의 무슨 권리를 조선의 왕궁을 향해 행사한다는 말인가? 일국의 외무대신이 후일 회고하면서 일본의 권리 신장이라는 표현으로 조선의 왕궁 점령에 정당성을 부여한 것이니, 당시 침략적 제국주의적 외교에 매몰된 일본 정부의 성향 즉 '무쓰 외교'의 실체를 잘 알 수 있다. 목표지점에 관하여는 다른 언급이 없었지만 왕궁 근방에 이르렀을 때 조선군의 발포가 있었다는 점, 또 우발적 사건이 총격전에서 멈추지 않고 즉시 조선군을 추격해 성문을 밀어제치고 궁궐 내로 진입했다는 점에서 **왕궁이 목표지점**이었음을 은연중 암시했다.

일본은 오토리의 제1신 보고와 후일 무쓰의 회고록에서 밝힌 바와 같이 결국 침략적 목적으로 군사력을 사용하여 경복궁을 점령했다.

사건 발생 즉시 오토리가 신속하게 핵심내용만 제1신으로 타전하기는 했으나 당시 전쟁을 막기 위한 서구 열강의 중재 알선이 집중되는 등 국제적 눈초리를 의식할 수밖에 없는 일본 정부와 군 당국은 곧이어 국제적인 비난을 받지 않도록 경복궁 점령 사건을 윤색하기 시작했다. 오토리의 제2신 보고와 그 이후의 각종 보고, 핵심이 빠진 장황한 상황 설명 또는 상상력이 가미된 언론 보도 등이 이러한 일본 당국의 의중에 맞추어 사실을 왜곡 변형한 것이다.

3. 드러나는 불편한 진실들

가. 공식발표와 다른 보도

언론 통제와 여론 조작에도 불구하고 현지 기자가 보고 들은 내용을 써서 보내는 기사와 내무성과 육·해군성 등이 여론 유도를 위해 조작한 보도는 어긋날 가능성이 있었다. 다시 말하면 언론 통제의 헛점이 있을 수 있었다.

『오사카마이니치 신문』의 경우, 서울로부터 올라오는 기사가 「조선난기」라는 이름으로 연재되고 있었다. 그중 7월 29일 기사에서는 「경성통신(제23보) 7월 23일 춘산생」이라는 제목으로 7월 23일의 정경을 다음과 같이 보도했다.

〈전보(戰報)〉

　　지난 며칠 동안 경성의 풍운은 점점 더 위급을 알리는 것과 같아서 공사관과 육군 장교의 동정도 왠지 모르게 처연한 분위기를 담고 있다. 우리 병사는 내일 아침 아산을 향해 나아갈 것이라고 하여, 급작스럽게 조선 통역자 30여 명을 육군에 고용했다고 하며, 밤이 되어서 경성의 제○○○ 제○○○이 명령을 전달하며 말하기를, "내일 오전 4시부터 행군하도록 준비하라'고 하였다. 또 공사관에서는 관원 일동은 물론 육·해군 참모관도 오후 12시에 이르러서 흐트러지지 않은 모습으로 한정의 상황을 염려하는 경향이었는데, 과연 오늘 오전 4시경부터 우리 병사는 왕성 부근에 모여들어 오전 5시경 왕성을 포위하였다. 이는 노리는 것이 다른 데 있다는 군사 전략에 근거하여 조선 왕성을 점령하려고 했던 것이 아닐까.

　　이보다 앞서 오토리 공사는 한정을 향해 최후통첩했다. 한정은 지난 22일 오후 2시를 기해 답변해야 했으나 그때 이르러서도 회답을 하지 않은 채 겨우 그 요구에 응하지 않겠다는 뜻을 답변해옴으로써, 우리 병력을 사용하는 길밖에 없어 마침내 왕성으로 들어가게 되었다.

　　오전 5시 40분, 우리 군대가 왕성의 네 군데 문에서 함성을 지르며 들어가려고 할 때 후문에 있던 조선 병사가 이것을 가로막고 발포하자, 우리 군대는 본의 아니게 거기에 응전하여 발포하였다. 그와 동시에 다른 세 군데 문앞에 선 병사는 출입문을 태워 부수고 약 20분 사이에 왕성을 완전히 점령하였으며, 조선병은 한 명도 남기지 않고 물리쳐 왕성을 경호하였다.

　　우리 군대는 이미 왕성을 점령하였다. 계속해서 왕성 앞의 병영 친군장위영을 포격하여 빼앗고, 조선전신국을 감독하여 전보 발신의 편리를 꾀하였으며 순식간에 모든 군대 업무를 지배하였다. 우리 군대는 왕성과 그 부근을 경계하고 호위하는 부대를 대강 2개 대대로 하고, 아현, 만리현, 경성의 주재병으로 머물도록 하였다.

　　　　　　　　　　　　　　　일본의 근대사 왜곡은 언제 시작되는가

> 오후 3시경, 우리 군대는 다시 동대문 근처의 친군통위영을 습격하여 총을 쏘
> 아 그곳 병사들을 물리쳤다. 5시경 통위영의 우영과 좌영에 있는 병사를 포격하
> 여 그들을 물리쳤다.
>
> — 나카츠카 아키라, 같은 책, 130~132쪽.

새로운 사실이 많이 포함된 이 기사는 기존 보도된 내용과는 크게
어긋나는 것으로서 일본 정부와 군 당국을 긴장시켰다.

나. 『일청전사』 초안의 발견

경복궁 점령 사건 발생 100년이 되는 해에 후쿠시마 현립도서관의 '사
토문고'[3]에서 육군참모본부가 쓴 『일청전사』의 초안이 발견되었다.

1894년 3월 29일, 오랫동안 청일전쟁과 한일근대사 연구에 헌신한
나라여자대학(奈良女子大學)의 나카츠카 아키라(中塚明) 교수가 후쿠시마
현립도서관에서 『일청전사』 초안 중 경복궁 점령 사건과 관련된 '조선
왕궁에 대한 위협적 운동'을 발견하여 충격적인 내용을 세상에 알리
고, 한국에서는 발견 경위와 그 내용을 상세히 밝힌 책 『1894년, 경복
궁을 점령하라』(박맹수 역, 푸른역사, 2002)를 발간했다. 본서에서 밝힌 『일
청전사』 초안의 내용은 이 책을 인용했음을 밝혀 둔다.

---

3) '사토문고'는 후쿠시마현 코리야마시를 거점으로 식품 및 잡화 도매상 사토주식회사를 경영했던 실
업가 사토 덴키치(1887~1967년)가 반세기 이상에 걸쳐 군사와 전쟁에 관련된 서적, 사료, 사진 등
13,000건 이상을 수집하여 후쿠시마 현립도서관에 기증한 것이다. 그중 일본 육군참모본부가 작
성한 『일청전사』 초안의 일부가 들어있었는데, 그 내용 중 '조선왕궁에 대한 위협적 운동'이라는 제
목 하에 경복궁 점령 사건에 관한 상세한 기록이 있었다.

자, 이제 경복궁 점령 사건의 실상은 어떠했는지 일본 육군참모본부가 작성한 『일청전사』 초안을 중심으로 추적해 보자.

4. 경복궁 점령의 진실

가. 계획

오토리 공사가 조선 정부에 최후통첩을 통보함으로써 오토리가 그간 수차 본국에 승인을 요청한 왕궁 포위의 군사적 조치가 현실화될 가능성이 높아졌다. 오토리 공사의 뜻을 전달받은 모토노 이치로 참사관이 7월 20일 오후 1시 제5사단 혼성여단장 오시마 요시마사 소장을 방문하여 조선 정부를 위협하기 위해 왕궁을 포위할 것을 제안했다.

　『일청전사』 초안은 모토노 참사관의 제의를 다음과 같이 기록했다.

> 　최근 조선 정부는 갑자기 강경해져 우리에게 철병을 요구해왔다. 이는 우리 측의 모든 요구를 거부한 것으로서 이에 단호하게 대처하기 위해, 오늘 조선 정부를 향해 청병을 철수시키라는 요구를 제출하고 그 회답 기한을 22일까지로 정했다. 만일 기한이 되어도 확답을 얻지 못하면, 먼저 보병 1개 대대를 경성으로 들여보내 조선 정부를 위협하며, 이것 또한 우리의 뜻을 만족시키는 데 충분하지 않으면 여단을 진격시켜 왕궁을 포위하기로 한다. 그런 다음 대원군을 입궐시켜 정부의 수령으로 추대하고, 그에 따라 아산에 있는 청병 격퇴를 우리에게 맡기도록 만들어야 할 것이다. 따라서 여단의 (아산으로의) 출발은 잠시 미루어야 한다.
>
> — 나카츠카 아키라, 같은 책, 64~65쪽.

용산에 진을 친 채 아산의 청군 공격을 준비하던 오시마 여단장은 모토노 참사관의 제의가 좋다고 판단했다. 왕궁을 포위해 조선 정부를 일본의 손안에 넣는다면 조선 정부로부터 청군 축출 의뢰를 받아 개전의 명분을 얻고, 또 청군 축출을 위해 여단이 남하하는 도중 부대 후방의 안전을 도모하고 군수품 운반 및 징발에 결정적인 편의를 얻을 수 있기 때문이다.

　사실 왕궁 점령은 고종을 사실상의 포로로 삼고, 왕비 일족과 대립 중인 대원군을 떠받들어 정권을 잡게 함으로써 조정을 일본에 종속시키고 청군을 조선 밖으로 쫓아내기 위한 선제적 핵심 조치였다. 즉 개전 명분인 조선 조정의 청군축출의뢰서를 일본의 손에 넣고, 나아가 한성에 있는 조선군을 무장 해제시킴으로써 일본군이 남쪽에서 청군과 싸우는 동안 한성의 안전을 확보하고 동시에 군수품 수송과 징발 등을 조선 정부의 명령으로 시행하는 편의를 얻는 등 일석삼조의 목적 아래 계획한 것이다.

　다음날, 오토리 공사를 방문한 오시마 여단장은 '1개 대대로 위협한다'는 공사의 제안에 한발 더 나아가 '곧바로 여단 전체를 진격시켜 이 일을 추진할 것'을 역제안했다. 그리고 보병 21연대장 타케다 히데타카 중좌에게 은밀히 작전계획을 입안하라고 지시했다. 그래서 타케다 중좌가 작성한 작전계획이 '조선왕궁에 대한 위협적 운동계획'이다. 『일청전사』 초안에 기록된 이 작전계획을 살펴보자.

〈조선왕궁에 대한 위협적 운동 계획〉

1. 부서 및 임무

○ 여단 사령부

경성 공사관으로 옮긴다.

○ 보병 제11연대(연대장 중좌 니시지마 스케요시)

• 본부

용산에 남겨 연대장으로 하여금 그곳에 주둔한 제대의 지휘를 맡게 한
다. 단, 군기를 호위하는 장교 이하 35명의 부대를 여기에 소속시킨다.

• 제1대대(대대장 소좌 이치노에 효에)

- 본부

- 제1중대(중대장 대위 마치다 사네요시)

- 제2중대(중대장 대위 카와나미 타마키)

거류지 수비를 위해 오전 4시 화성대에 집합하여, 종루까지 시가 쪽
을 경계한다. 단 제1중대 1소대는 오전 2시 출발하여 남대문에, 제2중
대 1소대는 동시 출발, 서대문에 도착하여 외부로부터 입경하는 모든
군대를 위해 문을 열 것. 파괴해도 관계없음(경성의 모든 문은 매일 일몰까
지 폐쇄하는 규정이 있다).

- 제3중대(중대장 대위 쿠와키 타카모토)

오전 2시 반 출발, 동대문과 남소문 점령을 맡는다.

- 제4중대(중대장 대위 시모에다 칸이치로)

오전 2시 출발, 동소문 점령을 맡는다.

• 제2대대(대대장 소좌 하시모토 마사요)

- 본부

- 제5중대(중대장 대위 나카 히데아키)

- 제7중대(중대장 대위 후쿠다 나카이치)

오전 3시 반 출발, 입경하여 종루 부근에서 시가 동부와 북부 경계를 맡는다.

- 제6중대(중대장 대위 타카미 사토루)

오전 3시 반 출발, 이하응(대원군)의 저택에 도착해서 이하응의 호위를 맡는다.

- 제8중대(중대장 대위 오노 마키타) (용산 병참수비대인 1소대 결)

용산 막영지에 남겨 제3대대장의 지휘 아래 그곳 수비를 맡는다.

• 제3대대(대대장 소좌 마츠모토 미오키) (둔지리 파견 제12중대 결)

- 본부

- 제9중대(중대장 대위 키무라 이스케) (군기 호위대로서 연대 본부에 파견한 장교 지휘에 속하는 34명 결)

- 제11중대(중대장 대위 오하라 분페이)

제8중대와 더불어 당현 동방고지의 남단부터 아현동에 이르는 사이의 선을 점령 경계한다.

- 제10중대(중대장 대위 시즈마 히로스케)

오전 3시 반 출발, 주력으로 서소문, 1소대로 남대문의 점령을 맡는다.

○ 보병 제21연대(연대장 중좌 타케다 히데타카)

• 본부

• 제2대대(대대장 소좌 야마구치 케이조) (부산 수비대인 제8중대 결)

(* 이 부대가 뒤에 얘기할 '핵심부대'다.)

　공병 1소대와 더불어 오전 3시 출발. 왕궁으로 들어가 왕궁 수비를 맡는다. 단 제5중대(중대장 스기오카 나오지로)는 군기 호위임.

• 제1대대(대대장 소좌 모리 마사타카) (임진 수비대인 제2중대 결)

- 본부

- 제4중대(중대장 대위 와가사와라 마츠카게)

　오전 3시 반 출발해 입경하고 친군장위영(당시 사람들은 이 영을 삼군아문이라고 통칭했다)을 개방하여 점령하고, 또한 광화문 앞 교통을 차단하는 것을 맡는다.

- 제1중대(중대장 대위 하토리 히사시)

　오전 3시 반 출발, 아현산을 점령하고 왕궁수비대 및 제11연대 막영지와 연락하여, 장교가 지휘하는 2분대로 오전 4시부터 서대문을 수호하며, 기타 포병 호위 · 연대 막영지 순라 · 식사 운반 호위 및 필요할 경우 외인 보호를 맡는다.

- 제3중대(중대장 대위 카와무라 타케토모)

　오전 3시 반 출발, 입경하여 왕궁 동북고지 점령을 맡는다(이 고지에는 당시 호포대 같은 것이 있어 포문의 방향이 일본공사관을 향하고 있었기 때문에 만일의 위험을 고려하여 이 같은 병력 배치가 있었음).

- 기병 제5대대 제1중대(중대장 대위 토요베 신사쿠)

　여단장 호위를 맡는다.

- 야전 포병 제5연대 제3대대(대대장 소좌 나가타 히사기)
  아현동 북방고지에 방열을 깔고 시위한다.
- 공병 제5대대 제1중대(중대장 대위 아시자와 마사카츠) 21소대(소대장 소위
  츠치야 요시히사)는 보병 제21연대장의 지휘에 속하며, 그 외는 용산 막
  영지에 남아 명령을 기다린다.
  각대는 한어 통역을 배치한다.

2. 약속

　　하나, 한병이 발포할 때는 정당방위를 위해 이에 응사할 것.

　　하나, 한인 가운데 경성을 떠나는 자는 동소문 · 동대문 · 남소문에
　　　　서 허락할 것. 한병의 퇴거 또한 그와 같다.

　　하나, 구미인은 가능한 한 아현산으로 피하도록 할 것. 단 어떤 경우
　　　　에도 4대문 밖을 나가는 자에게는 호위병 두 명을 딸릴 것.

　　하나, 가능한 한 사격하는 것을 피하며, 각국 공사관 방향으로 탄환
　　　　이 날아가지 않도록 주의할 것.

　　하나, 만일 사격을 하지 않을 수 없는 경우에는 각대 상호 사격 한계
　　　　에 주의하여 위해를 피할 것.

　　하나, 국왕의 신체를 상하지 않도록 주의할 것. 사건 발생 이전 국왕
　　　　이 몰래 빠져나가지 못하게 막는 일은 공사가 맡는다(국왕이 북
　　　　한산으로 피신하려 한다는 소문이 6월 하순 이래 수차례나 퍼짐).

위의 계획은 처음부터 비밀로 하여 아직까지 각대에 공식적으로 전달하
지 않았다. 각 부대장에게만 훈시하고, 부대에는 "23일이 채 밝기 전부터 경

성으로 행군한다"라고만 공식 전달했다. 이렇게 해서 출발해야 할 각 부대는 22일 밤부터 집합, 야영하며 때가 오기를 기다렸다.

『일청전사』 초안은 계속해서 이 '계획의 정신'을 정리하고 있다.

> 이상의 계획을 생각건대, 보병 제21연대장이 직접 인솔하는 같은 연대 제2대대(제8중대 결)와 공병 1소대로 이루어진 일단의 부대를 동작의 핵심으로 삼아, 이 부대로 하여금 불시에 왕궁으로 침입하여 한병을 몰아내고 '국왕을 옹위하여'(제3 초안 원문에는 '국왕을 포로로 삼아'라고 되어 있다) 그것을 수호하도록 하는 데 있음[국왕을 옹위하는 것이 당시 일본 공사가 희망하는 바이지만 그 도주를 막기 위해 신체를 상해하는 일이 있으면 쉽지 않은 큰 사건을 불러일으킬 염려가 있었기에 공사는 설령 왕이 도망가도 그 신체에 해를 가하지 말 것을 여단장에게 요구했다. 이 같은 공사의 뜻은 만일 국왕이 도주하더라도 이하응(대원군)을 섭정으로 삼아 임시정부를 조직한다는 안이 있었기 때문이다. 즉, 왕궁을 위협하고 협박할 때 창의문을 개방하게 할 수 있었기 때문이다(이 설명은 제3 초안 수정 과정에서 새로 쓰인 것이다)].
>
> 그리고 그 외의 모든 부대는 외부를 맡아, 그 일부는 주로 경성의 모든 영의 한병을 감시하고 무기를 압수하여 왕궁을 돕지 못하도록 하며, 핵심부대가 쉽게 목적을 달성할 수 있게 돕는다. 또한, 일본과 구미의 관민 모두와 이하응 일파에게 위해를 끼치지 못하도록 하고 다른 일부는 만일의 경우를 대비하여 경성의 여단 막영지를 수호하는 것을 맡는다.

— 나카츠카 아키라, 같은 책, 64쪽~70쪽.

일본의 근대사 왜곡은 언제 시작되는가

놀랍지 않은가?

그간 일본 정부와 군 당국이 '한일 양국 병사의 우연한 충돌' 또는 '조선군이 발포해 이에 일본군이 응전하여 벌어진 우발적 사건', 심지어 '국왕 알현을 위해 호위병과 함께 왕궁에 접근하는 오토리 공사에게 조선군이 발포하여 응전한 사건' 등으로 주장했던 사건의 치밀한 기획과 준비에 관하여 육군참모본부가 작성한 실체적 기록이다.

혼성여단이 작성한 '조선왕궁에 대한 위협적 운동계획'이란 '경복궁 점령 작전계획'이었다. 이는 청일 양국의 충돌을 앞두고 어떤 수단과 방법을 동원해서라도 조선의 국왕과 정부를 일본 편으로 만들라는 일본 정부의 포괄적 훈령(6.21., 194쪽.)에 따라 그간 오토리가 본국에 수차 강경 제안(「청국의 종주권 시비와 관련 조선 정부의 답변 여하에 따른 양면대책 건의」, 6.29., 211쪽. / 「내정개혁의 권고가 거절될 때 일본이 취할 수단에 관한 품의」, 7.10., 235쪽.)을 했으며, 결국 '어떤 핑계를 만들어서라도 결정적인 조치를 취하라'는 일본 정부의 포괄적 승인(「영국의 중재 실패에 따른 오토리 공사의 대처방안 지시」, 7.12., 238쪽.)이 내려짐에 따라 조선 현지의 오토리 공사와 오시마 여단장이 협의해 구체적으로 만들어 낸 일본 정부와 일본군의 합작품, 즉 '합동군사작전계획'이었다.

작전계획 중 '핵심부대'인 보병 제21연대장이 직접 인솔하는 제2대대에 '공병 1소대'가 동행한 것은 왕궁을 둘러싸고 있는 담과 문을 파괴할 때 폭약 취급 등에 익숙한 공병부대가 필요했기 때문이었다.

7월 23일의 경복궁 점령 사건이 일본공사관과 일본 육군의 혼성여단이 하나가 되어 사전에 주도면밀하게 준비한 작전계획에 근거하였다는 사실, 그리고 그 작전은 경복궁과 그 주변 한성의 중추 지역에 대한 전면적인 점령이었다는 사실이 『일청전사』 초안의 기록에 의해 확인되었다.

합리적 추론과 『주한일본공사관기록』에 나타난 전문 등으로 경복궁 점령이 우연이 아니라 일본 정부가 기획하고 의도한 대로 발생한 사건이라는 것은 알았지만 조선 현지에서 어떻게 준비되고 누가 실행했는지에 관하여는 전혀 알 수가 없었으나 비로소 그 실체가 백일하에 드러난 것이다.

나. 경복궁 점령의 실상

『일청전사』 초안은 경복궁 점령의 실상을 다음과 같이 기록했다.

> 모든 준비가 완전히 끝나자 여단장은 밤을 새우며 시기를 기다렸는데, 23일 오전 0시 30분쯤 "계획대로 실행하라"는 공사의 전보가 도착했다. 이를 기점으로 혼성여단은 7월 23일 조선왕궁에 위협적 운동을 일으킨다.
>
> ○ 조선왕궁에 대한 위협적 운동의 실시
>
> 7월 23일 오전 0시 30분, 공사의 전보를 받은 오시마 여단장은 모든 부대를 향해 계획을 실행할 것을 명령하고, 또한 사람을 시켜 서울~의주 간과 서울~인천 간 전선을 절단하여 이 일이 청나라에 빠르게 전해지는 것을 막으면서, 막료를 이끌고 일본공사관으로 지휘부를 옮겼다.
>
> ○ 핵심부대의 동작
>
> 여기서 모든 부대는 예정대로 출발하여 계획을 실행했다. 먼저 타케다 중좌가 지휘하는 '동작의 핵심인 일단(보병 제21연대 제2대대와 공병 1소대)'의

행동부터 설명하기로 한다.

타케다 중좌는 제6중대(중대장 대위 진 리키노신)로 하여금 남대문 쪽으로 입경하여 왕궁 동쪽의 건춘문에 도착, 안에서 문이 열릴 때까지 기다리도록 먼저 파견하고, 자신은 다른 부대를 지휘하여 왕궁 서쪽의 영추문으로 들어가기 위해 서대문을 통해 입경한다.

단 왕궁의 모든 문이 폐쇄된 경우에는 처음부터 파괴하고 침입할 각오이며, 이를 위해 보병 중위 카와치 노부히코에게 제5중대의 2분대를 딸려 공병 소대와 함께 문을 여는 일과 그 문을 수비하는 일을 맡겨야 하므로 이 부대를 선두로 한다. 그 다음으로 제7중대(중대장 대위 타나베 미츠마사), 제5중대의 순서로 행진한다(외부 동작의 모든 부대 중 직접 왕궁의 북쪽과 남쪽으로 행동해야 할 같은 연대의 제3·제4중대는 행진을 시작할 때 제3·제4중대의 순서를 취하고, 제7·제5중대의 중간에 들어서 이 부대와 함께 행진하며 입경 후 각자 선택된 장소로 향한다).

○ **타케다 중좌 부하의 일대, 영추문을 파괴하다**

이렇게 해서 타케다 중좌가 지휘하는 일단이 영추문에 도착했는데, 대문이 굳게 닫혀 있어 들어갈 수 없었다. 북쪽 금화문을 살펴보았지만 역시 막혀 있었다. 결국, 영추문을 부수기로 결정하고 공병 소대가 폭약을 장치하고 시도해 보았으나 폭약의 양이 적어 효과를 거두지 못했다. 똑같은 방법으로 세 번 시도했지만 결국 부수지 못했고 도끼를 사용해보았으나 또한 실패했다. 이에 긴 장대를 성벽에 걸어놓고 고용 통역관 와타나베 우사쿠가 먼저 기어올라 문 안으로 들어갔으며, 이어서 카와치 중위가 장대에 의지하여 벽을 넘어들어가 안에서 문을 열고자 했으나 역시 실패했다. 결국 안과 밖에서 서로 도와 톱으로 빗장을 절단하고, 도끼로 대문을 부수어 가까스로 문을 연 것이 오전 5시경이었다.

영추문을 부순 후 카와치 중위의 2분대가 먼저 돌입하여 문을 지키고, 차례로 제7·제5중대가 진입하였으며, 제7중대는 함성을 지르며 곧바로 광화문으로 나아가 수비하는 조선 병사를 쫓아내고 점령한 다음 안에서 문을 열었다. 그리고 그 1소대(소대장 중위 토키야마 오카조)는 다시 건춘문으로 나아가 안에서 문을 열었다. 이 사이에 수비하던 조선 병사는 한 명도 저항하는 자 없이 모두 북쪽으로 도주하였다(처음 민영순이 통솔하는 평양의 구영병 500여 명은 서별궁과 의빈부에 분산 주둔했는데, 이때 서별궁의 병력이 교체되어 내병조로 들어갔으며, 경리청 병력 200명은 신영을 수비하고 있었다).

이때 제6중대는 예정대로 남대문으로 들어가 오전 4시 20분 건춘문에 도착했는데, 문밖에 있던 조선 병사가 이들을 향해 총을 쏘아 즉각 응사했다. 5시 조금 지나 영추문으로 들어온 제7중대의 1소대가 도착해 안에서 문을 열어 곧바로 문 안으로 진입하였다. 건춘문으로 들어온 제6중대는 다시 북방의 춘생문, 신무문, 순거문을 점령하라는 임무를 부여받고 병력을 나누어 조선 병사를 추격하면서 왕궁 내부를 지나 북쪽으로 일제히 행진했다. 그런데 춘생문으로 향하던 부대가 왕궁 북부 외곽에 이르자 북쪽 소나무 속에서 조선 병사(생각건대, 왕궁 호위병으로 북쪽으로 쫓겨간 병력인 듯하다)가 사격을 가해 그에 응사하였다(이때 제3중대는 근처 왕궁 성벽의 외부에서 남쪽의 조선 병사와 총격전을 벌이고 있었다).

이때 제5중대는 군기를 호위하면서 타케다 연대장 야마구치 대대장과 함께 광화문 안에 있었는데, 북쪽에서 격렬한 총성이 들려오자 타케다 연대장은 군기 호위 임무를 제7중대(이때 광화문을 수비하고 있었다)로 넘기고, 야마구치 대대장으로 하여금 제5중대를 지휘하여 제6중대를 지원하게 하였다.

이에 제5중대는 즉각 건춘문 안에서 성벽 안쪽을 따라 북진하였다(야마
구치 대대장은 건춘문의 누각 위에 올라 일반적인 정황을 시찰한 뒤 제5중대를 뒤따랐
다. 이때 외부독판 조병직이 궁내에서 나와 오토리 공사를 면회할 것을 청했다. 대대장
은 이를 허락하고 호위병을 딸려 광화문으로 나가게 했다). 제5중대가 지원하자 처
음에 제6중대에 맞서 저항하던 조선 병사는 속속 북쪽 왕궁 성벽을 넘어
백악 방향으로 도망감으로써 양쪽 사격이 가까스로 멈추었다(오전 7시 반).

이미 왕궁 안 조선 병사 대부분을 쫓아내 성벽은 사방 모두 일본병이 점
령하게 되었다. 이제 핵심은 그저 왕궁 내부를 수색하여 국왕의 소재를 발
견하여 포위하는 데 있다(제3 초안의 원문에는 "이 핵심 동작으로 남아있는 것은
단지 왕궁 내부를 수색하여 국왕을 수중에 넣는 데 있다"라고 되어 있다). 즉 야마구
치 대대장(이때 왕궁 북부에 있었다)은 제5중대와 제6중대의 2분대(중위 하야
시 야스히로가 지휘했다)에게 수색을 명령했다. 잠시 후 제5중대장으로부터
"국왕이 옹화문 안에 있고, 조선 병사가 지키고 있다"는 보고가 들어왔다.
이에 대대장은 우선 부하들의 사격을 제지하고 직접 왕이 있는 곳으로 갔
다[당시 국왕은 옹화문 안 함화당에, 왕비와 후궁은 집경당에 있었는데, 전투가 시작되
자 왕비가 함화당으로 거처를 옮겨 국왕과 함께 있었다(이 주석도 제3 초안 수정 과정에
서 새로 덧붙여진 것이다)].

야마구치 대대장이 옹화문에 이르렀을 때는 제5중대 일부가 이미 문 안
에 있었고, 장교는 조선 관리와 담판 중이었다. 우포장 김가진 등 여러 사
람이 즉각 대대장에게 청하기를 "외무독판이 지금 오토리 공사 있는 곳으
로 가서 담판 중이다. 그가 돌아올 때까지 병사를 옹화문 안으로 들여보내
지 말기를 바란다"고 하였다. 대대장이 말하기를 "문 안에 있는 조선 병사

들을 보라. 만일 그들이 갖고 있는 무기를 나에게 내주지 않는다면 청에 응할 수 없다"라고 했다. 그들이 말을 듣지 않자 대대장이 즉각 칼을 빼들고 군대를 지휘하여 질타하면서 문 안으로 돌입하려고 하였다. 그들은 크게 놀라 대대장의 요구를 받아들여 국왕의 재결을 얻을 때까지 미루기를 청하였고, 잠시 후 문을 나와 조선 병사의 무기를 내주었다.

○ 야마구치 대대장, 국왕을 알현하다

대대장은 즉각 국왕 알현을 청해 허락을 받았다. 이에 아뢰어 말하기를 "지금 뜻하지 않게 양국의 병사들이 교전하여 전하의 마음을 괴롭게 한 것은 외신이 유감으로 여기는 바입니다. 그렇지만 귀국 병력이 이미 우리에게 무기를 내주었습니다. 우리 병사가 옥체를 보호하여 결코 위해가 미치지 않게 할 것입니다. 전하 이것을 이해해주십시오"라고 하였다. 그로부터 옹화문 내에 있는 조선 병사의 무기는 물론, 문안에 숨겨둔 무기까지 압수하여 모두 순거문 밖으로 옮겼다(이때 제7중대장이 1분대 병력을 이끌고 와서 이들 작업을 도왔다). 이 사이 제5중대를 옹화문에 집합시켜 궁궐 주위에 초병을 배치하여 경계했다. 이 모든 일이 전부 끝난 것은 오전 9시가 지나서였다.

— 나카츠카 아키라, 같은 책, 71~76쪽.

그간 일본 정부와 군 당국이 공식적으로 표명한 것과 얼마나 다른가? 대표적으로 몇 가지만 대조해 보자.

- 결정적으로 『일청전사』 초안에는 조선왕궁에 들어가 한병을 몰아내고 '국왕을 포로로 삼아'를 수정한 후 '국왕을 옹위하여'로 바꾼 흔적까지 남아있고, '조선왕궁에 대한 일본군 위협적 운동계획'이란 타이틀까지 적혀 있어서 일본의 사전 계획에 의한 사건임이 밝혀졌다.

- 오토리 공사가 사건 당일 오후 3시 구체적 정황을 본국에 보고한 전신(제2신)은 '대략 15분간이나 발포가 계속되었으나 지금은 모두 평온해졌다'라며 극히 간단하게 조선군의 저항이 끝난 것처럼 보고했으나, 『일청전사』 초안에는 위와 같이 장시간 양측의 총격이 이곳저곳에서 계속되었다는 것을 알 수 있다.

- 아래는 국왕이 사실상 포로가 된 상황에 관한 일본군의 공식 기록이다.

… 야마구치 대대장은 국왕이 옹화문 안에 있다는 소식을 듣고 부하의 사격을 제지하고 국왕이 일시 머물고 있는 곳으로 향했다. 그런데 문 안에 있는 조선 병사 여럿이 한 곳에 모여서 반항하는 상황이라 조선 관리와 교섭하여 그들이 갖고 있던 무기를 우리에게 내놓게 하였으며, 이어 국왕의 알현을 청하여, 양국군병의 뜻하지 않은 충돌로 국왕의 마음을 괴롭힌 것을 사죄하고, 맹세코 옥체를 보호하여 결코 위해가 없게 할 것임을 아뢰었다.

— 육군참모본부 『일청천사』 1, 120쪽. /
나카츠카 아키라, 같은 책, 76쪽에서 재인용.

그러나 살펴본 바와 같이 『일청전사』 초안에는 보유 무기를 인도하지 않으려는 국왕 주위의 조선군에게 야마구치 대대장은 칼을 빼 들고 일본군을 지휘하고 질타하여 일본군을 문 안으로 돌입시키려고 했다. 즉 일본군이 총검의 위협을 통하여 국왕을 보호하고 있던 조선군의 무장을 해제시킴으로써 무방비 상태가 된 국왕을 포로로 삼은 것이 사건의 진실에 가까운 것이다.

또 하나 짚고 넘어갈 포인트가 있다. 그러면 『일청전사』 초안은 진실을 기록한 것일까? 사실의 왜곡이나 조작은 없었을까? 대표적인 한가지 사례만 살펴보자. 왕궁 점령 후 국왕을 찾는 과정에 관하여 『일청전사』 초안은 이렇게 기록했다.

야마구치 대대장(이때 왕궁 북부에 있었다)은 제5중대와 제6중대의 2분대(중위 하야시 야스히로가 지휘했다)에게 수색을 명령했다. 잠시 후 제5중대장으로부터 "국왕이 옹화문 안에 있고, 조선 병사가 지키고 있다"는 보고가 들어왔다. 이에 대대장은 우선 부하들의 사격을 제지하고 직접 왕이 있는 곳으로 갔다[당시 국왕은 옹화문 안 함화당에, 왕비와 후궁은 집경당에 있었는데, 전투가 시작되자 왕비가 함화당으로 거처를 옮겨 국왕과 함께 있었다(이 주석도 제3 초안 수정과정에서 새로 덧붙여진 것이다)]. 야마구치 대대장이 옹화문에 이르렀을 때는 제5중대 일부가 이미 문 안에 있었고, 장교는 조선 관리와 담판 중이었다. 우포장 김가진 등 여러 사람이 즉각 대대장에게 청하기를 "외무독판이 지금 오토리 공사 있는 곳으로 가서 담판 중이다. 그가 돌아올 때까지 병사를 옹화문 안으로 들여보내지 말기를 바란다"고 하였다.

그러나 혼성여단의 보고(「메이지 이십칠 년 6월~9월 혼성 제9 여단 제5사단 보고」, 방위연구소 도서관 소장) 중 7월 23일의 기록은 다음과 같다.

오전 5시 40분, 우포장(김가진)이 왕궁으로 들어왔다. 이에 왕의 소재를 따져 물어 길을 인도하게 해서 옹화문에 이르러 무기가 있는 것을 발견하고 몰수하려고 했다. 국왕이 나와 이를 막으며 말하기를, "일본 공사관에 외무독판을 파견했으니 돌아올 때까지 유예하라"고 하였다.

즉 『일청전사』 초안과 같이 일본군이 자체적으로 수색하여 국왕을 발견한 것이 아니라, 왕궁에 들어온 우포장 김가진에게 왕의 소재를 추궁하고 그에게 안내하게 해서 국왕이 있는 곳을 찾아냈던 것이다. 무기를 몰수하려는 일본군을 막은 것도 조선 관리가 아니라 국왕이 직접 했다는 것이다.

전투 현장에서 보내온 보고가 사후 편찬된 『일청전사』 초안의 기록보다 현장의 진실을 더 반영하고 있을 것이다. 그렇다면 이 책의 중요한 기준이 된 『일청전사』 초안이 최종 출간된 『일청전사』보다는 진실에 더 가깝기는 하지만 이것조차도 사건 현장의 진실을 일부 윤색했을 가능성이 높다고 볼 수 있다. 한 단계씩 인위적 편집을 거칠 때마다 일본 당국의 눈에 거슬리는 부분은 줄어들고 매끄럽게 변하겠지만, 현장성과 진실성은 희석되기 때문이다.

까치발을 해서라도 서구와 대등한 근대국가로 발돋움하려는 신흥국 일본의 입장에서는 서구 열강의 지대한 관심 속에 벌어진 경복궁 점령 사건이 당시 통용되는 국제법에 위반되지 않았다는 근대적 평가를 서구 열강으로부터 받고 싶어 했기에 더더욱 그렇다. 사건 직후 조선 조정을 장악한 다음 조선과 체결한 조일잠정합동조관에 일본은 이 사건의 우연성을 강조하고 차후 조선이 이 사건을 따지지 않겠다는 내용을 굳이 삽입할 정도로 국제적 평가에 강박관념을 가지고 있었다.

또 경복궁 점령 이전은 물론 이후에도 일본 측은 어떻게든 이 사건의 축소화와 합리화에 집요하게 신경을 썼다. 실체적 진실과는 다른 증거를 사후적 문서에서라도 합법으로 포장해 남기려는 끈질긴 일본 당국자들의 노력에 의해 "청일전쟁과 러일전쟁 무렵까지는 일본이 국제법을 잘 지켰다"라는 조작된 평판이 오늘날까지도 일본에서 끊이지 않고 있는 이유가 아닐까?

다. 러시아공사의 기록

고종 및 왕비와 상당히 친밀한 관계를 유지하고 있었으며, 조선 정세를 매의 눈으로 지켜보고 있던 러시아공사 베베르가 본국에 타전한 당시의 상황 보고를 제3자의 기록이라는 입장에서 한번 살펴보자.

7월 18일 자 보고

'우호적 중재는 성공하지 못했습니다. 일본군은 서울의 성문을 장악하고 있습니다. 포위상태가 시작되었습니다. 공황과 도피가 이어지고 있습니다. 국왕과 왕세자는 러시아의 보호에 유일한 희망을 걸고 계십니다. 앞으로도 아무 조치를 취하지 않으면 조선 내 러시아의 영향력이 파괴될 것입니다.'

— 벨라 보리소브나 박, 같은 책, 161쪽.

사건 당일 7월 23일 자 보고

'7월 23일 오전 6시경, 총성에 잠이 깼습니다. 저는 서대문 근처에 사는 국왕 고문이 보낸 "일본인들이 궁궐을 공격하고 있다"는 단신을 받고는 즉시 옷을 갈아입고 침실에서 나가야 했는데 그러질 못했습니다. 저는 조선 하인들이 부산을 떨고 있는 테라스로 나가서 우리 탑 위로 올라갔습니다. 이 탑 위에 올라가면 서울과 궁궐의 전경이 펼쳐집니다. 사격은 궁궐 인근에서 이루어지고 있는 것으로 보였으며, 약 25분 정도 지속되다 다시 적막이 이어졌습니다. 전 도시는 공포로 움직일 수 없는 듯 보였습니다.

당시 우리는 경황이 없었습니다. '무슨 일이 일어났는가? 일본인들이 어떤 조처를 하기로 했으며, 불쌍한 국왕은 어디에 계신가?' 이 모든 질문에 대한 답변을 받을 수 없었습니다. 도시가 실신에서 깨어나 몇 시간이 지난 후 우리는 서로 모순되는 소문들을 듣기 시작했습니다. 단장(한성주재 외교관모임의 단장을 의미하는 것으로 추정) 미국 변리공사 실(John M. B. .Sill)을 만난 자리에서 우리는 이미 알려진 바와 같이 모든 성문을 장악하고 있는 일본 초병들과의 오해를 피하고자 오토리에게 미리 통보한 후 오후 3시에 국왕을 알현하자는 결정을 내렸습니다.

우리가 (일본 정부로부터) 알게 된 아침의 총격 원인은 다음과 같습니다. 일본 정부의 의견에 따르면 조선 정부로부터 만족스럽지 못한 답변(청과의 속방 관계를 단절하라는 일본의 기한부 요구에 대한 답변을 의미하는 것으로 추정)을 받은 일본인들은 궁궐 북쪽의 작은 언덕과 궁궐 안에 있는 언덕을 점령하기로 했습니다. 일본군 분견대는 이른 아침 서울로 진입하여 궁궐로 향했으며 2개 종대로 서쪽과 동쪽에서 궁궐을 지나면서 그곳에 있는 성문들을 점령했습니다. 일본군 종대가 두 방향에서 언덕에 도착하자 일본군과 그곳에 주둔 중이던 평양에서 파병된 수백 명의 병사 사이에 총격전이 시작되었습니다. 누가 먼저 총격을 가했는지는 규명하기 힘듭니다.

알려진 사실은 총격이 있기 며칠 전 조선 정부가 일본 측의 무력 공격 가능성에 대해 논의했으며, 절대 저항하지 않는다는 결정을 내렸다는 것입니다. 또한, 정확하게 알려진 사실은 총격전이 시작되자 국왕께선 평양에서 온 병사들에게 사격중지를 명령하셨다는 것입니다.

같은 날 오토리는 자신의 동료들(외교관들)에게 이 사건의 경위를 설명할 필요가 있다고 판단하여 회람을 발송했습니다. 그는 협상 과정 때문에 일본군이 불가피하게 도시로 진입하여 궁궐 뒤편 언덕에서 숙영할 수밖에 없었다고 했습니다. 그런데 조선의 궁궐수비대와 주변 거리에서 숙영 중이던 조선군이 일본 병사들에게 총격을 가했으며, 일본군은 자기방어를 위해 응사했고 이후 궁궐을 장악했다는 것입니다. 오토리는 이런 사실을 우리에게 통보하면서 일본 정부는 조선에 대한 그 어떤 공격적 의도도 없다는 사실을 우리에게 확인시켜 주었습니다.

약속한 대로 모든 외국대표, 즉 저를 비롯해 미국, 독일, 영국, 프랑스 대표들은 3시에 정장을 갖추고 궁궐로 향했습니다. 길거리는 비어 있어서 우리는 가는 동안 사람을 거의 만나지 못했습니다. 모든 성문을 경계하는 그리고 문마다 서 있는 소규모의 일본군 병력을 제외하면 거리에서 본 사람이 총 500명 정도였습니다. 병사들은 우리에게 경의를 표하며 우리가 자유롭게 드나들게 했으며, 국왕의 임시 처소인 작은 건물을 알려 주었습니다. 일본군 장교가 서 있는 대문을 지나 하인용으로 보이는 방이 있는 건물로 둘러싸인 좁은 문지방으로 들어섰습니다. 작고 아주 초라한, 아무런 가구도 없는 그런 방 안에서 외무독판과 몇몇 고관들이 우리를 맞이했습니다. 시간이 조금 지난 뒤, 우리에게 의자를 가져다줘서 그 의자에 앉았으나 일본인들이 빼앗아 가 적절한 손님 대접이 없었습니다. 한마디로 모든 상황이 우리가 포로의 손님이라는 인상을 받도록 만들었습니다.

일본의 근대사 왜곡은 언제 시작되는가

조속한 시간 내에 우리가 국왕을 알현할 수 있는지 외무독판에게 문의했습니다. 처음에는 다양하게 말을 바꾸어 답을 하더니, 나중에는 국왕께서 일본공사 접견을 거부하자 일본공사가 국왕에게 알현을 요청했기 때문에 우리를 인견하시길 두려워하신다고 솔직하게 말했습니다. 이후 그는 국왕께서는 우리가 오늘 아침 약 10시경 일본군의 호위를 받으며 입궁한 대원군을 먼저 만나보기를 원하신다고 말해 주었습니다.

마침내 우리는 국왕을 알현했으며 그다음에 대원군을 만났습니다. 국왕의 안색은 매우 창백했습니다. 오늘 아침의 사건이 국왕에게 큰 충격이었던 게 확실해 보였습니다. 얇은 붉은색 비단 천에 금룡이 들어간 곤룡포가 아닌 평상복을 입고 계셨던 국왕께서는 외국이 협력하여 출구가 없는 지금의 상황으로부터 조선을 해방시켜 달라고 부탁하셨습니다. 국왕께서는 개혁의 실행이 불가피하여 이 문제를 다른 고관들과 논의해보라고 대원군에게 하명했다고 말씀하셨습니다. 그러고는 국왕에서 직접 대원군을 만나보라고 우리에게 부탁하셨습니다.

대원군은 70살이 넘었음에도 역동적이고 매우 활기찬 외모를 지니고 있습니다. 매우 명료하게 행동했으며, 우리에게 담배와 궐련을 권하는 등 대체로 상당히 상냥했습니다. 조금 전에 국왕과 나누었던 것과 같은 내용의 대화가 이루어졌습니다.'

— 벨라 보리소브나 박, 같은 책, 162~165쪽.

7월 24일의 보고(베베르가 상트페테르부르크로 보낸 마지막 전문)
'조선 사람들은 청군의 철수 및 청과의 협약파괴를 거부했습니다. 일본인들은 서울과 궁궐을 장악했습니다. 국왕께서는 감시를 받고 있습니다. 어제 알현 자리에서 이후로는 외부세계와 연결해주던 조선의 전신이 단절되었다(일본군이 청일전쟁을 위해 일본과의 전신 외의 모든 전신을 단절시킴).

라. 민심 수습을 위한 대원군 포섭

경복궁 점령 이후의 조선 정국 장악을 위해 일본은 사전에 치밀하게 준비했다.

무쓰의 지시에 따라 조선의 개혁파 인사들을 일본공사관이 규합하고 있었고, 오랜 기간 민심을 정탐한 결과 대부분의 조선인이 왕비와 민씨척족에 대하여는 혐오감을 가지고 있는 반면 대원군 이하응에 대하여는 여전히 많은 기대와 호감을 품고 있다는 것을 알고 오래전부터 대원군을 관리하고 있었다.

경복궁 점령 이후의 조선 조정 장악을 위해 일본공사관은 심지어 홍콩에 망명해 있는 민영익을 불러들이는 방안까지 검토했으나, 민영익과 대원군 간의 불화와 알력을 염려해 포기할 정도로 민심을 등에 업은 대원군을 얼굴마담으로 활용하려는 일본의 계획은 일찌감치 정해져 있었다.

경복궁 점령 사건에 대원군이 관여하게 된 경위를 오토리가 본국에 보고한 경위서를 통해 알아보자.

발신자: 오토리 공사(1894.7.31.)

수신자: 외무대신 무쓰

제목: 대원군의 입궐 전말

내신

이 나라의 폐정 개혁을 위해 대원군의 입궐은 처음부터 바라고 있던 바입니다. 그래서 우리 군대가 조선으로 들어온 이후 누차 사람을 보내 대원군의 의향을 살피게 하였습니다. 대원군은 은근히 기회를 기다리고 있는 기색이 엿보였으나 표면상으로는 자신은 너무 늙어서 다시 세상에 나갈 생각이 없다고 하면서 입궐을 거절하므로, 그의 진의가 어디에 있는지 매우 헤아리기 곤란했습니다.

지난 6월 하순 경부터 대원군이 믿고 가까이하는 관리 모씨가 여러 번 고쿠분 서기생과 몰래 만나서 대원군이 정계에 다시 나오는 문제를 서로 의논하고, 또 한편으로는 안경수와 사전에 의논하여 오카모토를 몰래 보내 대원군의 의견을 알아보게 하였더니 결국, "나갈 수 있게만 해 준다면 나가겠다"는 결심인 것을 확인했습니다. 그러나 이쪽에서 어느 선까지 움직여야 대원군이 나오게 될지 사전 타협이 마련되지 않아 진작부터 여러 가지로 고심하던 중, 대원군이 우리의 실행을 고대하고 있었는지 일본파의 간부를 고쿠분 서기생에게 보내서 이달 10일경부터 우리의 실행을 재촉하였고, 어떤 날에는 일본군으로 왕궁과 의정부를 둘러싸면 대원군이 그때는 그 기회를 타서 입궐하겠다고까지 말해 온 적이 있습니다.

이 일을 전후해서 일본파 조선인들도 역시 점차 사대파의 혐의를 사서, 언제 어느 때 중상을 당할지 예측할 수 없는 형세에 이르렀으므로 안경수를 시켜서 계속 우리의 실행을 재촉해 왔습니다. 그렇지만 우리 쪽에서 일을 실행하기까지에는 각기 이에 임하는 일의 순서도 있고 게다가 두말할 것 없이 우리의 방책과 절차를 사전에 누설할 사정도 못되므로 적당히 대답해 두고 지난 23일, 즉 일을 실행하는 그 날 아침까지 대원군과 안경수 등에 대해서도 이 일을 감추고 조금도 누설하지 않았습니다.

그리고 실행하기 전전날에 이르러 오시마 여단장과도 사전에 협의해서 23일 오전 3시경에 보병 1개 중대를 파견하여 대원군 저택 근방에 배치하고 대원군이 입궐할 때 호위하게 하였습니다. 또 저택 안에는 오카모토와 그 밖에 평소에 대원군과 잘 알고 지내는 2~3명(모두 관과는 줄이 닿지 않는 사람)의 사람들을 보내서 대원군의 입궐을 재촉하게 하였으며, 또 그 밖에 오기하라 경부와 순사 몇 명을 보내서 외국에 누설되지 않도록 저택 밖을 경계하게 하여, 모든 부서를 먼저 정했습니다.

일이 임박해서 대원군이 우리의 권고를 거절하든가 또는 궐기를 주저할 것이 염려되어 조선 사람 중에 대원군이 가장 믿고 가까이하는 사람을 구했습니다. 대원군에 딸려있는 관리 모씨를 통해 현재 감금 중에 있는 정붕구라는 사람이 오랫동안 대원군과 가까이 지내고 가장 신임을 받고 있으며 중국에 구류되어 있는 동안 이 사람이 주종해서 충절을 다했는데 대원군과 함께 귀국한 뒤 곧 민씨 일족의 혐의를 받아 감금당하고 있음을 알게 되었습니다. 그래서 우선 이 사람을 끌어낼 계책을 강구하여 23일 오전 2시쯤 고쿠분 서기생에게 순사 10명과 병사 10명을 부쳐서 감금된 곳에 파견하여 어려움 없이 그 사람을 끌어내 일단 공사관으로 데리고 와서 간곡히 설유해서 겨우 그의 마음을 정하게 할 수 있었습니다.

이보다 앞서 수많은 우리 군대가 갑자기 입경하여 왕궁에 박두하게 되면, 성안 사람들이 틀림없이 동요할 것이라 염려되어 이날 밤 1시경부터 미리 두 종류의 고시(즉 그 하나는 별지 갑호와 같은 것으로 우선 대원군이 입궐하여 정사를 보게 된다고 고시했고, 다른 하나는 별지 을호와 같은 것으로 일본군대의 거사에 대해 악감정을 일으키지 않도록 꾸민 것)를 여러 곳에 붙이게 했습니다.

같은 날 오전 3시 전에 오카모토 등 일행이 대원군 저택에 갔는데, 이때 장사들

몇 명이 이날의 일을 미리 탐지하고 문 앞에 지키고 있었으므로 오카모토 등이 문지기를 꾀어서 명함을 들여보냈지만, 문을 열어주지 않았습니다. 그래서 일행 중 한 사람이 틈을 타서 몰래 잠입하여 문을 열고 문 앞에 있던 일행이 문 안으로 들어갔으며 일행이 다 들어가는 것을 기다려 문을 잠가 버렸습니다. 이어서 경부와 순사 및 보병 1개 중대도 대원군 저택을 향해 진군해 갔습니다.

　같은 날 오전 4시 30분이 지나 날이 밝아옴과 동시에, 왕궁 안팎에서 총성이 일어나고 성안이 한때 매우 혼잡했으나 이어 총소리도 멈추었습니다. 그랬는데도 대원군 저택으로부터는 아무 연락이 없어서 그 사태가 어떻게 돌아가고 있는지 매우 궁금해하고 있던 차에, 오전 6시가 지나 오기하라 경부가 보낸 기마 전령이 와서 "대원군의 입궐 결심이 아직 서지 않아 오카모토 등에게 맡겨 두어서는 우리의 목적을 달성할 가망이 없다. 힘으로 대원군을 끌고 감이 어떠한가"라고 물어왔습니다. 이에 대해 일단 "지장이 없다"고는 지휘했습니다만, 그래도 걱정이 되어서 즉시 스기무라 서기관과 고쿠분 서기생을 대원군 저택으로 보내 간곡히 입궐의 필요성을 설득게 하였습니다. 정붕구도 옆에서 입궐을 권고하니, 대원군도 점차 그의 마음을 정하고 급히 사자를 보내 김홍집·조병세·정범조·김병소 등 4 대신 외에 외무독판 조병직, 내무협판 김영수, 영사 신정희 이종건의 입궐을 재촉했습니다.

　그러나 대원군이 마음속으로 국왕으로부터 꼭 칙사가 오기를 기대하고 주저해서 입궐할 결심을 하지 않으므로 스기무라 서기관이 몰래 사람을 조희연에게 보내어 속히 입궐해서 칙사를 대원군에게 보내도록 조치하라고 알렸습니다. 그리고 한편으로는 "이럴 때 칙사가 오고 안 오고를 따질 계제가 아니다. 오직 시기를 놓치지 말고 빨리 입궐해 주기 바란다"고 대원군에게 권고했습니다. 이로부터 대원군은 조반을 끝내고 뒷간에 갔다가 (2~3일 동안 설사했다고 함) 피로하다고 다시 누워서 약간의 시간을 보냈습니다. 8시가 지났는데도 아직 칙사가 떠난 것 같은 기미가 보이지 않으므로 대원군이 스스로 입궐하겠노라고 명령을 내려 수행원이 수행차비를 하고 있을 때 칙사가 떠났다는 통지가 있었습니다.

이에 일단 수행차비를 보류하고 오직 칙사가 당도하기를 기다렸습니다만, 늦도록 오지 않았습니다(아마도 조희연 등이 입궐하기 전에 먼저 칙사발령의 통지를 했던 것이라 추측됩니다). 오전 10시가 지나서 국왕 폐하로부터 내관 모 씨를 파견해서 칙어로 대원군의 입궐을 바라신다고 해왔으므로 대원군은 즉시 의관을 정제하고 입궐하셨습니다. 이때가 오전 11시경이었습니다.

이상 대원군의 입궐에 관한 경위를 지난번 서신 기밀 제136호로서 말씀드린 바 있어 약간 중복되는 곳도 있습니다만, 다시 상세히 말씀드립니다.

— 『주한일본공사관기록』 1, 「9. 제방기밀공신왕 1」, (20)

일본의 강압에 의해 고종과 왕비 민씨는 입궐한 대원군에게 개혁정무 일체를 위임하였다. 조병직 독판은 고종의 명령을 가지고 오토리를 방문하여 대궐로 입궐하였고, 대원군은 향후 모든 문제를 일본 공사와 의논하겠다고 오토리에게 약속하였다.

일본의 근대사 왜곡은 언제 시작되는가

제4절 경복궁 점령 이후

◇ 일본인이 그린 「풍도해전도」 (출처: 조선일보/ 영국박물관)
일본군에 의해 격침되는 청나라 함대를 그렸다.

7월 23일, 경복궁을 점령하고 나자마자 일본군은 조선군의 무장을 해제하고 조선군 병영을 접수했다. 또한 일본군의 지휘본부를 경복궁 경회루에 두었다.

대원군은 일본공사관의 지원을 받아 개혁기구의 설치와 정부의 조각을 추진하여 영의정 김홍집을 총재관으로 하는 개혁기구 군국기무처와 제1차 김홍집 내각이 구성되었다(7.27.).

일본은 제1차 김홍집 내각이 채 구성되기도 전에 대원군을 통해 조선 조정으로부터 청군축출의뢰서 공문부터 확보하여 조선반도에서 청군을 공격할 명분을 확실하게 손에 쥐었다. 청군축출의뢰서를 받는 7월 25일 새벽(새벽이었으니 정확하게는 아직 공문을 받기 전이다), 일본 군함은 아산만 풍도에서 청 군함에 대한 공격을 개시했다. 마침내 일본이 그렇게 오랫동안 준비했던 청일전쟁의 막이 오른 것이다.

이와 같이 치밀한 사전 계획으로 경복궁을 점령하여 일본이 조선에 정치적·군사적 교두보를 확보하고 나자, 조선반도에서는 역사적인 갑오개혁과 청일전쟁이 벌어진다. 동시에 일본군과 조선군에 의한 동학 농민군 합동토벌작전이 진행되는 것은 우리에게는 상상하기도 싫은 역사적 사실이다. 이 시기 조선의 중북부는 청일전쟁으로, 남부는 동학 농민군 토벌전쟁으로 조선반도 전체가 전쟁터로 돌변하게 된다.

이상 자세히 살펴본 바와 같이 일본군의 경복궁 점령 사건이 우발적으로 벌어졌다는 일본 정부와 일본군의 주장은 전후의 사건들과 도대체 앞뒤 역사적 맥락이 맞지 않는 억지 주장임이 분명해졌다. 게다가 『주한일본공사관기록』에 남아있는 보고와 훈령 등 본국과 주고받은 각종 전신기록, 당시의 신문 보도, 최근 발굴된 새로운 사료와 이에 따른 학자들의 연구 등은 이 사건에 관한 일본 정부와 일본군의 기존 주장이 실체적 진실과 다른 또 하나의 역사 왜곡일 뿐이라는 사실을 입증해 주고 있다.

따라서 "청일전쟁과 러일전쟁 시까지는 일본 정부와 일본군이 국제법을 잘 지켰다"라는 일본인들의 일반적인 인식은 당시 국제적 눈초리를 의식한 일본 정부의 의도적 사건 조작과 각색을 거친 허상이며, 일본인의 국뽕에 불과할 뿐이다. 그런 의미에서 일본군의 경복궁 점령 사건은 일본 정부의 한일 근대사 역사 왜곡의 시발점이다.

일본의 근대사 왜곡은 언제 시작되는가

역사를 직시하라는 일본을 향한 외침 말고도 이 사건은 우리에게도 자신을 돌아보게 만드는 소리 없는 큰 경종을 주는 역사의 교훈이기도 하다.

조선 파병 후 내정개혁 및 속방론 공세를 통하여 경복궁을 점령해 조선 조정을 확실한 자기편으로 만들어 놓고 나서 조선 정부의 청군축출의뢰를 명분 삼아 청일전쟁을 시작한 일본 지도부의 치밀한 사전 기획 및 종합적 수행 역량에 비해 자주적 개혁의 의지와 역량 부족, 국제 정세에 어두워 결정적 패착인 청군 파병 요청과 이를 뒤엎는 철군 요청 등으로 사태를 이 지경까지 이르게 한 조선 지배층의 무모하고 한심한 대처 역량이 대비되는 안타까운 역사적 지점이기에 더더욱 그렇다.

역사에 만약이라는 가정은 없다고들 말하지만 동학 농민군의 1차 봉기 때 농민군이 주장한 폐정 개혁을 조선 조정이 수용했거나, 전주 함락 시에도 농민군과의 협상을 통해 개혁안을 수용하는 방향으로 조선이 자체적으로 움직였더라면 역사는 전혀 다른 방향으로 전개되지 않았을까?

참고 문헌

‖ 참고 문헌 ‖

원전

『동래부계록』 8책, 「각사등록」 경상도편 2, 국사편찬위원회 한국사데이터베이스

『승정원일기』, 국사편찬위원회 한국사데이터베이스

『신편한국사』 37~42권, 국사편찬위원회 한국사데이터베이스

『약조제찰비 비문』

『조선왕조실록』, 국사편찬위원회 한국사데이터베이스

『주한일본공사관기록』, 국사편찬위원회 한국사데이터베이스

박규수, 『환재집』, 한국고전번역권 한국고전종합DB

윤치호, 『윤치호일기』, 한국사료총서, 국사편찬위원회 한국사데이터베이스

정교, 『대한계년사』, 한국사료총서, 국사편찬위원회 한국사데이터베이스

최익현, 『면암집』, 한국고전번역원 한국고전종합DB

황현, 『매천야록』, 한국사료총서, 국사편찬위원회 한국사데이터베이스

단행본

가루베 다다시·가타오카 류, 고희탁·박홍규·송완범 옮김, 『교양으로 읽는 일본사상사』, 논형, 2010.

김기수, 구지현 옮김, 『일동기유』, 보고사, 2018.

김동한, 『19세기 말의 동아시아와 김홍집』, 좋은땅, 2019.

김시덕, 『일본인 이야기』 1~2, 메디치미디어, 2019.

김용삼, 『지금 천천히 고종을 읽는 이유』, 백년동안, 2020.

김홍식, 『전봉준재판정 참관기』, 서해문집, 2017.

김홍집·강위·소가 소하치로, 최이호·조영심 옮김, 『조선국수신사김도원관계집·동유초·동유속초·조선응접기사』, 보고사, 2018.

김희영, 『궁금해서 밤새 읽는 일본사』, 청아출판사, 2019.

_____, 『이야기 일본사』, 청아출판사, 2018.

나가타 아키후미, 김혜정 옮김, 『세계사 속 근대한일관계』, 일조각, 2017.

나이토 아키라, 이용화 옮김, 『에도의 도쿄』, 논형, 2019.

나카츠카 아키라, 박맹수 역, 『1894년, 경복궁을 점령하라』, 푸른역사, 2002.

무쓰 무네미쓰, 김승일 역, 『건건록』, 범우사, 1994.

박경민, 『한일 근대인물 기행』, 밥북, 2022.

박종인, 『대한민국 징비록』, 와이즈맵, 2019.

_____, 『매국노 고종』, 와이즈맵, 2021.

박훈, 『메이지유신은 어떻게 가능했는가』, 민음사, 2019.

벨라 보리소브나 박, 최덕규 옮김, 『러시아 외교관 베베르와 조선』, 동북아역사재단, 2020.

성정현, 『알기 쉬운 근현대 한일관계사』, 실크로드, 2020.

신상목, 『학교에서 가르쳐주지 않는 일본사』, 뿌리와이파리, 2020.

신순철·이지영, 『실록 동학농민혁명사』, 서경문화사, 2010.

안상윤, 『고종과 메이지』, 휴먼필드, 2019.

안승일, 『김옥균과 젊은 그들의 모험』, 연암서가, 2012.

_____, 『김홍집과 그 시대』, 연암서가, 2016.

야마구치 게이지, 김현영 옮김, 『일본 근세의 쇄국과 개국』, 혜안, 2001.

야마모토 히로후미, 이원우 옮김, 『할복』, 논형, 2013.

앤드루 고든, 문현숙·김우영 옮김, 『현대일본의 역사』 1~2, 이산, 2019.

와카모리 타로, 이세연·송완범·정유경 옮김, 『술로 풀어보는 일본사』, 이상, 2017.

우에노 도시히코, 이용화 옮김, 『신기수와 조선통신사의 시대』, 논형, 2017.

윤덕한, 『이완용 평전』, 길, 2012.

이선근, 『한국사』 현대편, 을유문화사, 1963.

이이화, 『전봉준 혁명의 기록』, 생각정원, 2018.

이현희·교양국사연구회, 『이야기 한국사』, 청아출판사, 2007.

조경달, 최덕수 옮김, 『근대 조선과 일본』, 열린책들, 2017.

정일성, 『후쿠자와 유키치』, 지식산업사, 2012.

최제우, 윤석산 역주, 『동경대전』, 모시는 사람들, 2020.

한국문화연구회, 『소설보다 재미있는 역사 이야기 조선왕조 오백 년 실록』, 늘푸른소나무, 2012.

한중일3국공동역사편찬위원회, 『한중일이 함께 쓴 동아시아 근현대사』, 휴머니스트, 2014.

황준헌·김홍집, 윤현숙 옮김, 『조선책략·대청흠사필담』, 보고사, 2019.

현광호, 『대한제국과 러시아 그리고 일본』, 선인, 2007.

호즈미 가즈오, 이용화 옮김, 『메이지의 도쿄』, 논형, 2019.

일본의 근대사 왜곡은 언제 시작되는가

논문

조재곤, 「1894년 일본군의 조선왕궁(경복궁) 점령에 대한 재검토」, 『서울과 역사』 94, 서울역사편찬원, 2016.

조재곤, 「1894년 7월 일본군의 경복궁 점령에 대한 반향」, 『한국근대사연구』 96 - 2021 봄호, 한국근현대사학회, 2021.

최덕규, 「청일전쟁과 고승호사건의 국제법」, *Journal of Military History*, No.113, 2019.

홍이표, 「일본의 역사 사회 교과서 속에 그려진 한국」, 『기사연리포트』 11, 한국기독교사회문제연구원, 2019.9.

기사

박훈, 「박훈의 일본사 이야기」, 『서울경제신문』, 2019.12.18.~2020.5.27.

신명호, 「신명호의 근대 동북아 삼국지」, 『월간중앙』 2017년 1월호.~2018년 12월호.

일본의 근대사 왜곡은
언제 시작되는가

펴낸날 2023년 12월 11일

지은이 박경민
펴낸이 주계수 | **편집책임** 이슬기 | **꾸민이** 이승훈

펴낸곳 밥북 | **출판등록** 제 2014-000085 호
주소 서울시 마포구 양화로7길 47 상훈빌딩 2층
전화 02-6925-0370 | **팩스** 02-6925-0380
홈페이지 www.bobbook.co.kr | **이메일** bobbook@hanmail.net